문예신서
363

영화 장르

라파엘 무안

유민희 옮김

東文選

영화 장르

Raphaëlle Moine

Les genres du cinéma

© Armand Colin, 2005

차 례

제5장 장르의 역사에 대해 어떻게 생각하는가?

제6장 컨텍스트 장르

서 론

시네마토그래프 장르는 프로그램에서 영화를 선택하고, 그 영화를 몇 마디로 친구에게 소개하며 공통적인 성격을 보여주는 영화 그룹을 구분하고, 그 특징을 말하며 구별짓는 등, 이러한 것을 열망하는 모든 관객들에게 친숙한 개념인 동시에, 영화 제작과 영화 역사에서 중심적인 개념이다. 사실 평범하거나 박식한 관객들이, 영화 작품 전체 속에서 주제적·내러티브적·이데올로기적·미학적 형식과 불변수를 표지하고 계층화시키기 위해, 멜로드라마나 뮤지컬 코미디를 거쳐 서부 영화에서 공상-과학 영화까지, 장르(générique)[1] 카테고리의 분류 사용보다 더 흔한 것은 없다. 마찬가지로, 영화의 역사는 한 시대의 영화 제작의 전체적인 면을 규정짓기 위해 모든 장르의 명칭을 이용하고 있다: 이런 식으로 시네마토그래프 언어·형식·움직임·테크닉 등의 역사는 무성 영화의 벌레스크나 1960-1970년대 이탈리아의 서부 영화처럼 어떤 영화나 시기를 상징하는, 수많은 '장르의 멈춤'으로 경계 표시된다. 끝으로 경제적인 차원에서, 우리는 일반적으로 반복과 변화의 작용을 활용하는 장르 속에서 내러티브, 도상적, 문체론적 협약의 총체, 제작과 이미지 활용의 합리적인 시스템을 찾을 수 있다는 데 동의한다. 이 중 특히 고전 시기에 할리우드는 이 시스템의 규범적인 예를 제공하고 있다. 한편 이런 흔해 빠진 생각으로 특히 프랑스 비

---

1) 이 책에서 '장르의(générque)'라는 형용사는, 특별한 언급을 하지 않은 이상, '영화 첫머리 자막(générique)'이라는 명사의 의미가 아니라, '장르에 관계된 의미'에서 사용되었다. 이 영화 첫머리 자막(générique)'이라는 명사는 제목·연출자·기술자·해설자 등이 제시된 영화의 머리말 시퀀스를 지칭한다.

평은 피상적인 방식으로, 상업적이며 거의 창조적이지 않은 장르 영화와 작가 영화를 대립시키고 있다. 여기서 작가 영화란 작가가 회피하고, 자유롭게 다시 찾거나 위반하는 장르의 제도적 · 경제적 · 이데올로기적인 제약에서 벗어난 것이다. 이 작가 영화와 장르 영화의 가치의 대립 역시 뒤집어질 수 있다: 이때 영화는 창의적이고 구경할 만하고 재미있는 영화(바로 아메리카 영화를 표지하는 이미지)와 무미건조하고 나르시스적이며 재미없는 작가 영화로 구분된다.

우리가 널리 퍼져 있는 라틴어 역 성서의 이런 몇몇 요소들을 서두에서 환기시키도록 선택했던 것은, 장르가 얼마나 영화 세계와 우리의 관계를 구조화하는지 강조하기 위해서이다. 그렇지만 장르에 관한 고찰은, 영화에 관한 프랑스어권 문학에서 거의 연구하지 않은 영화 이론 분야를 이루고 있다. 물론 프랑스에서 장르 연구의 존재와 활성화를 증명할 만한 훌륭한 책들이 최근 있기는 하지만, 이것은 특별한 장르에 국한된 연구이다. 예컨대 할리우드 멜로드라마에 대한 장 루 부르제, 이탈리아 코미디에 대해 장 질리, 웨스턴의 기원에 대해 장 루이 뢰트라, 필름 누아르에 대해 안 프랑수아즈 르쉬스 등의 책들을 인용할 수 있다.[2] 더불어 우리는 이러한 작품에 장르와 그 변화를 조사한[3] 파노라마, 사전, 백과사전 등을 덧붙일 수 있다. 그러나 프랑스에서 출판되고 전체적으로 여러 장르나 그렇지 않으면 장르에 할애한 최근 유일한 작품(1995년에 출판된 《아이리스》 20호)은 시네마토그래프 연

2) 장 루 부르제, 《할리우드 멜로드라마》, 파리, 스톡, 1985; 장 질리, 《이탈리아 코미디》, 파리, 앙리 베이리에, 1983; 장 루이 뢰트라, 《웨스턴. 장르의 고고학》, 리옹대학 출판, 1987, 안 프랑수아즈 르쉬스, 《필름 누아르에서 누아르까지. 할리우드 영화 속에서 형태론적 흔적》, 브뤼셀/파리, 드 보엑대학, 2002.

3) 미셸 세르소, 《영화 장르의 파노라마》, 《시네막시옹》 68호, 파리, 코르레-텔레라마, 세번째 계간지, 1993; 비르모 알랭과 오데트, 《세계 영화 사전. 변화, 학파, 흐름, 경향과 장르》, 파리, 로셰 출판, 1994; 뱅상 피넬, 《학파, 장르와 영화 장르와 변화》, 〈이해/인정〉, 파리, 라루스-보르다스, 2000.

구에 관한 퀘백 영화 연구협회의 주도로 만들어진 아티클 모음집이다. 프랑스에서 영화 장르에 대한 연구에 흥미를 상실하게 만든 요인은 여러 가지로 설명될 수 있다. 장르 카테고리의 경험적 성격은 항상 정의하기보다 인정하기가 더 자주 혼탁하다. 왜냐하면 장르의 혼합은 엄격한 분류 계획을 완전히 무산시키고, 많은 영화 장르는 다른 매체 속에 이미 존재하는 장르를 연장하고 재창조하기 때문이다. 사실상 이론이 장르의 기본적인 개념에 집착하고 있는 한, 틀림없이 많은 장르는 이론에 있어 불완전한 대상인 것 같다. 장 마리 셰퍼가 지적한 것처럼 문학 장르의 문제는 아리스토텔레스와 또다시 18세기 말부터, 역사적으로 문학의 정의 문제와 관련이 있다는 사실과 모든 언어적 실천이 문학적이거나 예술적이지 않다는 단순한 사실에서, 그 이론적인 중요성과 합법성을 끌어낸다면 영화에 있어서는 그렇지 않다.[4] 우리는 영화에 있어 반대 명제를 주장할 수조차 있다: 영화 장르가 장르 영화를 한정할 수 없다 할지라도, 대중문화 속에 경제적이고 이데올로기적인 그 강력한 정착과 같이 대중적이고 상업적인 영화 속에서 장르의 두드러진 성격은 영화를 예술적인 영역 밖으로 내던지고 있다. 그러므로 영화 장르는 거의 불안전하기 때문에 역시 잘 찾지 않는 개념이다. 결국 고정되고 변별적인 성격을 확인하는 것을 목표로 하고 있는 모든 장르 이론이 아주 빠르게 이르고 있는 아포리마를 피하고 특별한 사례 연구에 내재되어 있는 한계에서 벗어나기 위해, 장르 문제의 중심을 이동시키는 것이 적합하다. 즉 카테고리 논리에 의거하지 않고 영화 장르를 고찰하는 것이 가능하다. 카테고리 논리란 영화 텍스트 전체의 일치에서 기인한 소산이나 이 영화 텍스트가 순응하고 있는 규범을 장르로 만들고 있다. 약 20년 전부터 몇몇 앵글로색슨 연구자들이 특히 보여주었던 것처럼 장르는 역시 담론적 행위이고, 커뮤니케이션 도구이

---

4) 장 마리 셰퍼, 《문학 장르란 무엇인가?》, 〈시학〉, 파리, 쇠이유, 1989, p.8-10.

며 문화적·이데올로기적·사회적 매개물이다. 영화 세계의 다양한 관계자들인 프로듀서·영화인·비평가와 평범한 관객 등을 통한 장르의 명칭과 인정, 때로 부인 행위 역시 영화 텍스트의 비교 분석만큼 '장르성'의 연구에서 중요하다. 그러므로 영화 장르는 영화 장르만이 아닌, 역시 제작과 해석의 카테고리이다. 이런 관점에서 영화 장르 이론은 텍스트적 접근과 컨텍스트적 접근을 양립시켜야 한다. 프랑스 컨텍스트에서 영화 분석의 이 두 가지 유형 사이에 존재하는 강력한 분할은 장르의 문제를 새로운 틀 속에서 재조사하려는 망설임을 역시 보여주고 있다. 여기서 새로운 틀이란 장르 개념이 영화와 영화 제작과 수용 컨텍스트 사이에 복잡한 상호 작용 기능 속에서 그 방향과 조작적인 가치를 찾는 것이다.

그러므로 이 작품의 야심은 장르 개념, 즉 여러 장르들과 동시에 '장르의 제스처'에 대한 고찰을 조목조목 진술하려는 것이다. 그렇기 때문에 우리는 영화 장르 **이론**과 동시에 **사용**과 **실천** 연구에 중심을 두기로 했다. 즉 이 책의 목표는 영화 장르의 목록을 제시하려는 것이 아니다. 또한 우리의 의도는, 장르 카테고리를 구분하는 해결할 수 없는 어려움 앞에서 걱정하고 그 전문가들에게 권위 있는 대답을 기대하는 학생들에게 자주 주어지는 문제의 항목을 다시 취해, "이런 영화가 어떤 장르에 들어가는가?"라는 질문에 대한 대답을 주려는 것도 아니다. 그렇기 때문에 우리는 존재하는 장르 카테고리의 유효성과 관여성을 다시 문제삼지 않을 것이다. 비록 장르 카테고리가 영화 산업, 박식하고 (역사적이고 이론적인) 비평적 사고 혹은 가장 '평범한' 영화의 사회적 사용 등에 의해 만들어졌다 하더라도 말이다. 사실 이런 모든 '장르의 제스처'를 비평하는 것이 아니라 그 방향과 기능을 포착하는 게 관건이다. 더욱이 우리는 여기서 광범위한 일련의 장르 사용과 사고에 관심을 가질 것이고, 시네마에서 장르의 가능한 용법들 중 하나만을 해석하는 오로지 장르 영화에만 흥미를 갖지는 않을 것이다. 이러한 동일한 생각에 의거해, 마치 이 문제에 대해 대다수의 미국 작품들이 그렇게 했던 것처럼 우리는 우리의 조사 영역을 오직 할리우드 영화에만 국한하지 않았다: 할리우드 장르들이 특히 풍부하고 구조화된 시스템을 구성하고 있다 해도, 이것들은 단지 영화에서 장르의 사용(혹은 일련의 복잡한 사용)을 하고 있다. 미국 영화의 지배적인 위치, ——장르의 용어를 포함해—— 또 다른 시네마토그래프에 미국 영화의 영향, 미국 영화가 목적으로 삼은 수많은 분석 등은 물론 영화 장르의 조사를 약간 불균형하게 만드는 효과를 가졌다. 이 책은 아마도 이런 불균형을 이어받아 피해받고 있지만, 그 의도 중 하나는 적어도 신중하게, 다양한 장르 체제를 생각하도록 해주는 흔적을 발견하거나 알리려는 것으로, 할리우드 고전주의는 모두 다양한 장르 체제로 나타나고 있다: 이 책은 할리우드계에서 장르 문제의 파괴와 각 컨텍스트에 특정한 ‘로컬’ 장르들의 이론 제작이라는 이 두 가지 암초 사이를 항해하려고 시도하고 있다. 마침내 독자가 확인하게 되겠지만 우리는 이 작품을 철저하다고 자부할 수 없는데, 왜냐하면 그 성향이 사전적이지 않기 때문이다. 더불어 몇 가지 장르에 대한 너무 빠른 환기는 단지 이 책과 이것을 쓴 작가, 그의 취향과 문화 등의 물질적 한계 탓으로 돌릴 수 있다. 그럼에도 불구하고 제1장과 제2장에서 환기된 별 가치 없는 다큐멘터리나 다큐멘터리 영화 장르들의 존재는 신중한 선택임을 환기시켜 보자: 다큐멘터리의 순환[5] 같은 문제는 우리에게 너무 특별해서 영화 픽션 장르에 할애하고 있는 일반 작품 속에서 일관성 있고 관여적인 방식으로 통합되고 분절되지 못한 것 같다.

끝으로 독자가 따라가야 할 여정을 몇 마디하자면 다음과 같다: 장르의 분류 사용에서 출발하고 있는 제1장은 각 장르의 사용에 내재하

---

5) 기 고티에, 《다큐멘터리. 또 다른 영화》, 〈나탕 시네마〉, 파리, 나탕, 1995; 프랑수아 니네이, 《스크린에서 현실 체험. 다큐멘터리의 실제 원칙에 대한 고찰》, 브뤼셀/파리, 드 보엑대학, 2000.

고 있는 분류학적인 혼동된 모순을 부각시키고 있다. 그 다음 제2장과 제3장은 장르 정의의 두 가지 유형을 연속적으로 고찰하고 이것을 한정하는 영화와/혹은 문화의 이론으로 이 두 유형을 바라보기 위해 장르 명칭의 경험주의를 버린다: 구조적인 정의는 영화 텍스트 속에서 장르의 변별적인 규칙과 기준을 찾는다; 기능적인 정의는 장르의 유용성과 경제적이고 이데올로기적이며 문화적인 커뮤니케이션의 효용성을 고찰하고 있다. 제4장에서 우리는 해석의 카테고리로서 장르의 기능에 대해 더 길게 검토할 것이다. 해석의 카테고리는 다양한 장르성의 기준과 장르 혼합의 존재를 고찰하도록 한다. 정태적이고 기본적인 개념들은 이 두 가지 명백한 사실을 설명하는 데 실패하였다. 역사와 장르와의 관계는 제5장과 제6장의 대상이다: 우리는 초창기 이론적 틀을 조사할 것이다. 역사 속에서 장르의 등장, 역사적 컨텍스트를 통한 장르의 규정, 장르의 자료체, 장르의 명칭, 장르의 사용이 뚜렷해지는 동시에 현실화되는 장르 체제의 역사성 등에 대해 자문하기 전에, 장르의 역사는 이 이론적 틀 속에서 생각될 수 있다.

감사의 말

나는 미셸 마리의 호의적인 관심, 지지, 조언에 대해 대단히 감사드립니다. 더불어 나에게 정확한 지적을 해주셨던 주느비에브 셀리에 · 피에르 베일로 · 크리스티앙 비에 · 알랭 클렝베르제 · 자클린 나카시 · 로렌스 시파노와 이 작업의 모든 단계마다 주의를 기울이고 내가 이 책을 완수하도록 도와준 제롬 시르벤에게도 감사의 말을 드립니다.

제1장
장르의 정글

　예술적 실천에 대한 담론에서, 하나의 작품을 특징짓기 위해 우리는 보통 장르의 구분을 이용한다. 《라 조콩드》는 '초상화,' 샤르댕의 《가오리》는 '정물화,' 시므농이 쓴 메그레 경감의 수사를 '탐정 소설,' 《할리퀸》 소설 총서를 '달콤한 소설'로 지칭하는 경우나 라신의 《앙드로마크》를 '비극'으로 그리고 몰리에르의 《수전노》를 '코미디'라고 부르는 경우이다. 즉 우리는 특별한 작품을 명칭하고 분류하고 구분하기 위해 회화 · 문학 · 연극 등의 장르에 도움을 구하고 있다. 영화도 예외는 아니다. 가령 21세기 초기의 관객은 경험적으로 〈사랑은 비를 타고〉(도넌/켈리, 1952)를 명칭하기 위해 '뮤지컬 코미디,' 〈매드매드 펀치〉(오우리, 1973)를 지칭하는 '코미디,' 〈노스페라투〉(무르나우, 1922)를 특징짓기 위해 '판타스틱 영화'에 대해 말할 것이다. 마찬가지로, 일반 잡지나 전문 잡지에 비평가들은 새로운 영화를 소개하고 이 영화를 시네마토그래프 상황 속에 위치시키기 위해 아티클 서두나 텍스트 본문에 장르의 명칭을 자주 사용한다. 다른 문화적 작품들처럼 영화는 우리의 담론과 머릿속에 장르로 구성된 지리로 나누어져 있다.

영화 장르: 경험론적 카테고리

　우리는 첫번째 접근으로, 장르 개념의 일상적인 사용에서 출발할 수 있다. 다시 말해 경험론적 카테고리는 작품을 명칭하고 구분하며 분류하는 데 소용되면서, 작품의 형식적이고 주제적인 유사성 전체를 분명히 설명하는 것으로 간주되고 있다. 이는 관객뿐 아니라 비평가, 영화역사가나 이론가 등이 영화를 장르 카테고리에 관계시키고, 이 장르카테고리를 인식하고 인정한다고 말하는 것과 같다. 〈OK 목장의 결투〉를 서부 영화로 간주한다는 것은, 1957년에 존 스터지스가 연출한이 미국 영화와 우리가 '서부 영화' 장르라 알고 있는 것 사이에 공통적인 자질을 발견한 것이다. 그러므로 한 편의 영화를 장르에 관계시켰을 때, 우리는 영화의 특이한 한정의 아이덴티티보다 더 광범위한아이덴티티를 이 영화에 주고 있다. 우리는 영화에 **장르의 아이덴티티**를 부여한 것이다. 더욱이 장르 카테고리가 (적어도 이것을 사용한 사람들에 의해) 인정된 카테고리이고, 주어진 공동체에게 있어 문화적으로 관여적인 영화 세계의 포착을 표현하고 있다고 인정한다면, 이같은 장르를 가진 또 다른 영화와 비교를 반드시 거칠 필요 없이 영화를장르에 대조하는 것이 가능하다. 즉 '서부 영화' 장르에 대한 확산된문화적인 지식을 공유하고 있는 관객은 서부 작은 도시에서, 클랜턴갱에 대항하는 닥 할리데이와 보안관 와이어트 어프의 피를 흘리는 복수전을 이야기하는 〈OK 목장의 결투〉가 서부 영화라고 단언하기 위해, 또 다른 서부 영화의 기억에 호소할 필요가 없다는 것이다(가령 19세기 후반에 미국 서부에서 전개되는 행동, 서부 작은 도시와 술집, 사막등의 상징적인 장소, 보안관이나 도박꾼 같은 전형화된 등장인물, 결투 신(scène), 법과 법의 위반과 제정을 둘러싸고 구성된 줄거리 등은 서부 영화에 대한 문화적인 지식이다).

　장르는 현재의 의미로 여전히, 이 카테고리 안에 재편성된 영화들의총체, 즉 구체적인 총체만큼 영화를 재편성하는 데 소용되는 추상적인카테고리를 지칭하고 있음을 강조해야 한다. 이렇게 문학·연극·회화·음악 등의 장르를 본떠, 영화 장르는 **작품류**인 동시에 **작품 그룹**

(부류의 내용)으로 나타난다. 그러므로 영화에 장르의 아이덴티티를 줄 때, 우리는 그 영화를 하나의 카테고리에 배열하는 데 만족하지 않고 역시 유사한 주제·내러티브·형식 등, 이러한 특성을 제시하는 몇몇 영화들과 시리즈로 놓는다. 장르를 구성하는 공통의 자질 전체는 유사성을 인정할 수 있는 수많은 영화 속에서 이런 자질들을 찾아내는 행위에서 기인한다. 다시 말해 '뮤지컬 코미디' 장르가 세워지기 위해, 1930년대 무렵 할리우드 스튜디오는 사랑의 이야기를 전달하려는 말〔言〕과 노래와 춤이 혼합된 수많은 영화를 먼저 제작해야만 했다. 그러므로 유사한 특징을 제시하고 있는 중요한 (그러나 수량화할 수 없는) 수많은 영화들은 장르 구성·인정·의식 등에 필요한 선결조건이다. 그 반면 설정된 동시에 인정되고, 영화 해석의 관습상 통용되고, 집단의 '지식'이 되고 있는 장르 카테고리는 그 프레그넌시로 인해 같은 장르의 또 다른 영화와의 비교를 뛰어넘을 수 있다. 이렇게 두 개의 다른 방향은 관객으로 하여금 하나의 장르 속에 새로운 영화를 분류하도록 한다: 한편으로, 관객은 장르를 구성하는 영화 전체를 거치지 않고, 장르의 특징적인 자질에 직접적으로 참조한다. 다른 한편으로, 관객은 장르의 또 다른 영화에 이 새로운 영화를 대조하고 유사성을 논의하며, 장르에 새로운 요소든 아니든 첨가하면서 장르 카테고리의 존재를 영속시키거나, 반대로 이 새로운 경우에 비추어 관여성을 재검토한다. 이러한 영화와 장르의 결합된 비평적 재해석은, 이 책에서 보게 되겠지만, 장르에 대한 역사가와 이론가들의 행동에 기초를 두고 있지만, 이것이 재해석의 전유물이라고 생각할 이유는 없다.

아직도 아메리카의 미국이 아닌 동부에서, 독립 전 개척자들의 이야기를 하고 있는 영화의 경우는, 비교될 수 있는 자질을 가진 상당한 양의 영화들이 장르 카테고리를 창조하는 데 있어 충분하지는 않지만 필요 조건임을 보여주고 있다. 〈미국〉(그리피스, 1924), 〈모호크족의 북소리〉(포드, 1939), 〈신세계 정복자〉(세실 B. 드밀, 1947) 등, 〈라스트 모히칸〉(터너와 브라운, 1920; 세이츠, 1936; 셔먼 1947——〈라스트 모히칸〉이라는 제목으로; 만, 1991)의 다양한 버전이나 1995년과 1998년에 디즈니 스튜디오에서 제작한 〈포카혼타스 I, II〉 등, 분명 이 모든 영화들이 인디언과의 대치나 프랑스인과 영국인의 전쟁을 배경으로 신대륙에 정착한 개척자들을 다루고 있다 해도, 이 많은 영화는 '이스턴'(동부 영화)이라는 장르류의 구성을 인정하지 않았다. 이 영화들은 미시시피의 서부에서도, 19세기 후반에도 나온 것도 아니기 때문에, 서부영화 전문가들의 논쟁의 주제인 이것은 영화 줄거리(정착과 국경선에서의 전쟁)와 서부 영화의 것들과 유사한 등장인물(인디언·사냥꾼·개척단) 속에서 보여지는 것들로 인해 '펜실베이니아 주 서부 영화'라는 명칭 아래, 서부 영화 장르 안에 배치된다. 그들은 펜실베이니아 주에서 1859년 독립 바로 직후 일어난 〈하이, 와이드 앤 핸섬〉(마물리언, 1937)과 같은 또 다른 영화들을 서부 영화의 하위 장르 속에 결합시킨다.

모든 분류 작업은 재편성할 뿐만 아니라 배제하는 데 있다: 그렇기 때문에 영화를 장르에 합병시키면서, 우리는 그 영화를 또 다른 영화 전체와 구분한다. 이 작업의 이상적인 목표는 그 자체로 시네마토그래프 장르 유형론에 재연결되는 영화의 유형론에 도달하려는 것이다. 영화를 특징짓기 위해 장르의 논리를 이용하는 것은, 곧 변별적인 논리에 순응하면서, 작품의 더 광범위한 카테고리에 영화를 귀착시키는 것이다. 그렇지만 구조·형식·내용 등 전체적인 유사성에 근거를 두고 있지 않은 장르 유형론과는 또 다른 영화를 재편성하는 방법과 유형론이 존재한다. 우리는 영화인·배우·국가·시대·제작자·학파 등에 따라 일련의 영화 전체를 조직할 수 있다…. 이처럼 〈OK 목장의 결투〉는 또한 존 스터지스가 감독한 영화, 1950년대 미국 영화, 파라마운트사가 제작한 영화, 어프 형제를 다룬 영화적 사가를 구성한 영화 등에 속한다. 여기서는 이런 분류화의 관여성을 논의하는 것이 문제가 아니라, 장르 분류 작업이 영화의 여러 가능한 정돈 법 중 하나일 뿐이라는 것을 환기시키는 것이 문제이다. 그럼에도 불구하고 장르별 영화 분류는 여전히 **추상적인** 장르 명칭[1]을 정의한다고 전제하는 반면 또 다른 가능한 영화 집합체를 한정하는 기준은 즉각 정해지고 조절될 수 있음을 환기시켜 보자. 왜냐하면 이 기준은 영화에 내재한 혹은 영화가 구성하고 있는, **구체적인** 요소에 근거를 두고 있기 때문이다.[2] 학파에 따른 분류만이 그 카테고리의 추상적 구성을 필요로 하는데, 특히 우리가 이론가, 미학적 표현이나 프로그램 등으로 자리매김될 수 있는 유일한 학파들에 이 명칭을 국한하지 않는다면, 그리고 가령 우리가 국내 시네마토그래프 학파를 고려한다면 말이다. 더욱이 장르별 확인은 서구 전통뿐 아니라 일본 전통에서 오래 전부터 획득한 문화적 습관이다: 장르는 시네마에 장르성의 실천을 영속시킨다. 장르성의 실천이란 공통적인 성격별로 예술 작품을 구분하는 것이다(한편, 이는 가령 문학 분야에서, 아리스토텔레스의 《시학》부터 끝없는 토론과 재정의의 주제였다).

끝으로, 비록 장르에 대한 초기 접근에서, 우리가 의도적으로 그 평범한 사용만을 취했다 해도, 장르 카테고리의 구성 · 의식 · 조작 등은 상업적 성격을 띤 모든 문화적 산물처럼 시네마에서, 영화 제작과 수용(réception)을 횡단하는 행위라고 환기하는 것이 적합하다. 왜냐하면 한편으로 제작자 · 배급자 · 배급원, 또 다른 한편으로 아마추어 관객, 영화 비평가와 이론가, 영화 역사가 등은 장르의 명칭을 이용하기 때문이다. 이 마지막 지적은 아마도 시네마에 장르 개념의 영향력을 말하고 있지만, 유형론의 극도의 가변성을 설명하고도 있다.

---

1) 자크 오몽과 미셸 마리, 《영화 분석》, 〈나탕 시네마〉, 파리, 나탕, 1988, p.190.
2) 비록 적합한 기간별 정의가 역사가의 행동에서 주요한 문제라 해도, 1930년이나 1990년 혹은 정의된 또 다른 기간의 영화들은 출발부터 구체적인 집합체이다.

각 사용에 따른 그 유형론

장르로 영화를 다양하게 분류하는 신속하지만 철저하지 못한 조사는 장르 카테고리와 그 사용과 내용 등의 다양성을 보여주기에 충분하다. 그러므로 우리는 이러이러한 구분의 단순함이나 스타일을 비웃는 것이 아니라, 각각이 무엇을 고려하고 어떻게 기능하는지 또 기능하고 있는지 아닌지를 보려는 의도로, 이 유형론 중 몇 가지에 역점을 두고 설명할 것이다.

공연 가이드

《로피시엘 데 스펙터클》과 《파리스코프》,[3] 파리 관람자의 진정한 핸드북으로서, 일드프랑스에서 다양한 '개봉'을 조사한, 이 두 개의 주간 가이드는 둘 다 장르별 영화 분류를 소개하고 있다. 《로피시엘 데 스펙터클》에서, 두 항목('개봉작'과 '재상영작')으로 나눠지고 알파벳순으로 소개되어 있는, 스크린 위에 실제 영화 제목은 그 장르를 가리키는 문자나 약자로 선행되고 있다. 《파리스코프》에서도 마찬가지로, 이것은 장르별로 소개된 두번째 영화 리스트를 제시하고 있다. 이 장르의 명칭 기능은 두 개의 소책자에서 동일하다. 즉 영화는 그 독창성 속에서 제목·제작 국가·날짜·배급·연출자·요약 등을 통해 신속하게 확인되어진다. 그러나 장르의 명시는 영화를 더 광범위한 카테고리로 이끌면서, 파리의 실내 게시판에 약 100여 개 가량의 영화 중 관

---

3) 이 책에서는 두 가지 예를 보는 것으로 그치겠지만 여기서 이끌어진 분석은 총칭적인 분류의 거의 전부로 확장 해석할 수 있다. 그런데 이 총칭적인 분류는 신문, 텔레비전 잡지, 비디오클립 등에서 관객을 인도하기를 목표로 한다. 그렇지만 신문과 잡지 속에 제시된 범주의 조사는 그 유권자의 특유한 사회학을 제시한다.

객의 선택을 유도할 수 있는 더 넓은 정의를 영화에 부여하고 있다. 그 때문에 여기서 모든 영화는 예외 없이 장르의 아이덴티티를 가지고 있고, 이런 식으로 이 가이드는 영화 전체를 완전히 분할하고 있다. 여기서 장르의 한정은 지표의 기능을 가지고 있고 독자와 미래의 관객에게 기대치를 구축한다. 즉 〈탕기〉(샤틸리에즈, 2001)가 '코미디'라고 읽었을 때, 관람객은 이 영화가 자신을 웃기리라고 기대하지, 자서전적 영화라고 기대하지 않는다. 또한 〈땅 속 여행기〉(레빈, 1959) 앞에 '모험'의 약자를 보았을 때, 관람객은 위험하고 적대적인 외부 세계에서 영웅의 위업의 열망하는 이야기를 보기 원하지, 지구의 마그마에 대한 과학적인 다큐멘터리를 보려는 것이 아니다. 이 두 개의 가이드에서 사용된 장르의 한정은 작성자에 의해 부여되고 있지만, 주간지가 영화관을 찾는 모든 사람에게 소용되어야 하는 것처럼, 장르 명칭의 결정은 '평범한 관객'이 사용하는 명칭의 결정과 무언중의 합의에 근거를 두고 있다.

그러므로 두 개의 가이드에서 장르의 동일한 사용과 비교될 수 있는 렉토라에도 불구하고 분류 시스템은 같지 않다. 《로피시엘 데 스펙터클》에서 영화는 열다섯 개 장르로 나누어진다. 모험/자서전/코미디/드라마/공포, 참혹/판타스틱, 공상과학/전쟁/역사/만화 영화, 동물의 세계/당수/뮤지컬 영화/극코미디/탐정, 정탐/에로티시즘/웨스턴/다양한 영화 등으로 분포되어 있다. 《파리스코프》에서는 그 나름대로 스물두 개의 장르 카테고리를 제시한다. 애니메이션 영화/모험/극코미디/코미디/단편 영화/만화 영화/다큐멘터리/심리 드라마/드라마/에로티시즘/판타스틱/댄스 영화/뮤지컬 영화/필름 누아르/정치 영화/전쟁/참혹/당수/탐정/공상과학/스릴러/웨스턴으로 분류되어 있다.

나는 단순히 다섯 가지 점을 다음과 같이 환기시킴으로써 독자로 하여금 비교 사항을 조사하도록 배려할 것이다:

— 사용된 장르 카테고리의 차이는 그 명칭만큼 그 수에 관계된다.

— 두 개의 가이드 리스트에 나타나는 공통 장르는 ('코미디'나 '극코미디'처럼) 수많은 영화 분류의 구실을 한 장르들이다. 그러나 현재 거의 공급되지 않은 몇몇 장르는, 거의 재상영작에 마련된 '웨스턴'이나 이소룡에 의해 대중화된, 1970년대에 유행하던 무술 영화의 진실한 잔재인 '당수'의 명칭처럼, 지나간 지루한 것임을 표현하고 있다.

— 이용된 카테고리는 극도로 다양하다. 카테고리의 윤곽은 가끔 '극코미디'처럼 모호하거나 반대로 '당수'나 '서부 영화'처럼 아주 정확하다. 이 카테고리들은 때로는 주제·테마·내용 등의 공통성을, 때로는 제작 테크닉('만화 영화'), 크기의 차이('단편 영화')를 지적하고 있다.

— 영화들은 동일한 장르의 아이덴티티를 부여하는 것으로 보이지 않는다. 이처럼 《로피시엘》에서 〈마이크로 코스모스〉(누리드사니/페레누, 1996)는 '만화 영화―동물의 삶'의 장르에 속하고, '…jeunesse(젊음)'처럼 'J'로 표시되었고, 《파리스코프》에서는 '다큐멘터리' 항목에 속한다. 그러나 이러한 불일치는 이 두 가이드 속에서, 단지 카테고리의 존재 유무에서 기인하지 않는다. 〈어둠 속의 댄서〉(라스 폰 트리에, 1999)는 《로피시엘》에서 뮤지컬 영화이고 《파리스코프》에서는 드라마이며, 〈영국 여인과 공작〉(로메르, 2001)은 여기저기 주간지에서, 극코미디에서 심리 드라마로까지 말한다.

— 영화를 총괄적이고 관여적인 장르의 패로 나누는 어려움은 소책자의 텍스트 자체 속에 나타나 있다: 《로피시엘》에서 '다양한 영화'는 다른 열네 개의 장르 속에 들어갈 수 없는 모든 영화를 위한 헛간이고 또 최소한 한번은, 자신의 서가나 비디오테이프 수집을 정돈하고 조직하려 했던 모든 사람들이 인식하고 있는, 대상의 완전한 분류 작업에서 처리하기 어려운 남은 것을 나타내고 있다. 게다가 영화의 장르 아이덴티티는, 아마도 그 항로 표지 기능을 완벽하게 수행하지 못하기 때문에, 작품을 소개하는 텍스트에서 가끔 하위 명칭으로 보완한다. 하

위 명칭은 하위 장르에 상당하는 것이지만, 그럼에도 불구하고 이 하위 장르는 잡지를 통해 어휘화(다시 말해 체계적으로 재이용할 수 있는 하위 카테고리로 정의된 것)되지 않았다. 이처럼 코미디는 가끔 '유치한' '풍속' '낭만적'일 수 있다.

영화 책의 장르별 분류

장르는 도서관에서 영화에 관한 책 파트를 분류하는 카테고리로 역시 이용된다. 이때 장르별 분류는 정확한 평가에 부합하고, 관객을 위한 공연 가이드의 기능과 같이 독자를 위한 방향 결정의 기능을 수행하고 있다. 그러나 장르별 분류는 사서에게 있어, 공간 속에, 책장에 구체적인 대상인 작품들을 배열하는 방식이다. 총서로의 접근이 자유로운 '프랑스 영화 도서관'[4]에서 매스미디어 파트의 예를 고찰해 보자. 영화 도서관의 전문화로 인해 《로피시엘》이나 《파리스코프》의 관계자보다 더 국한된 아마추어 영화팬, 학생, 연구자 등의 관계자가 주로 자료를 참조한다. 작품으로 그치기 위해 이 책들은 부류별로 재편성되어 있다(참조 서적/시네마의 역사/이론 연구/유형, 장르, 테마/영화: 시나리오에서 비평까지/자서전/테크닉/법제(法制), 경제, 행정). 그러므로 장르별 분류는 세번째 부류의 하위 부류일 뿐이고, 여기서 유형별 하위 분류인 분류 기호 '32'에 뒤따르고 있다. 여기서 재편성된 작품들은 시네마 장르 이론에, 그 다음 Bifi(프랑스 영화 도서관)에 목록화되어 알파벳 순서로 조직되어진 열아홉 개의 영화 장르에 할애한 작품들이다. 즉 무술/모험/영화화된 전기/코미디/희극, 벌레스크/드라마/아이들을 위한 영화/에로티시즘, 포르노그래피/스파이/판타스틱/전쟁 영화/역사 영화/뮤지컬 영화/페플럼/탐정/정치, 군대/공상과학/

---

4) 영화 도서관, 포부르그가 100, 생 앙투안, 75012 파리.

연속물, 시리즈 B/웨스턴 등, 알파벳 순으로 조직되어 있다. 다음과 같이 네 가지를 주목해야 한다:

— 도서관 사서가 인정하는 장르 카테고리는 영화 전체가 아니라, 영화에 대해 쓰여진 책 전체를 배열하고 있다. 장르 카테고리는 영화가 어느 장르에 속하는지가 아니라, 머릿속에 그리고 영화 전문가들의 펜대 아래, 장르의 이론적인 존재를 나타내려 하고 있다. 각각에 주어진 선반 자르기처럼 구분된 열아홉 개 장르는 무엇보다도 영화에 대해 생각하고 쓰는 사람들, 즉 기자, 수필가나 대학인 등의 연구에서 이 열아홉 개 장르의 생명력을 반영하고 있다. 여기서 확인된 장르는 영화 전문가 공동체가 가지고 있는 이론적 존재를 확인할 수 있다.

— 우리는 이용된 명칭 속에서 공연 가이드와의 어느 정도 연속성을 확인할 수 있는데, 이는 몇몇 장르가 전문가와 일반 대중 사이에 합의된 인정 대상임을 지시하는 것 같다. 이것은 이들 서로가 이러 이러한 영화가 서부 영화나 코미디에 속한다거나 이런 장르들의 경계선에 대해 의견이 일치한다는 것이 아니라, 장르 카테고리가 서로에게 존재함을 말하려는 것이다. 그럼에도 불구하고 다시 한번 변이형들이 존재한다. 즉 '희극, 벌레스크' '페플럼'이 그 모습을 나타내고 있다.

— 프랑스 영화 도서관의 분류는 '장르'와 '유형론'을 구분한다. 이 분류는 이렇게 '다큐멘터리'와 '애니메이션'을 장르의 명칭에서 배제한다. '유형론'의 여덟 개 항목은 영화의 테마 혹은 형식적인 요소들이 아니라 영화의 화용론적 상태, 다시 말해 영화가 수용되고, 기관이나 해석 양식을 통해 정의된 커뮤니케이션 공간에 전체적으로 참고하고 있다.[5] 그래서 유형론의 여덟 개 항목에서 다큐멘터리나 애니메이션은 분명히 대중 공연의 가이드에서 존재할 어떤 이유도 없었던 '아

---

5) 로제 오딘, 〈시네마와 오디오비주얼의 기호-화용론과. 양식과 제도〉, 《오디오비주얼의 화용론을 향해》 1권, 위르겐 E. 뮐러 · 뮌스터 · 노두스 푸블리카티오넨 등이 지도, p.33-46.

마추어 영화'나 '기업 영화' 옆에서 그 위치를 찾아볼 수 있다.

— 장르별 분할은 영화에 관한 도서관에 모여진 문학 전체를 설명하고 있지 않다. 장르별 분할은 《로피시엘》이나 《파리스코프》에서 영화의 분할을 실현한 반면, 프랑스 영화 도서관에서 이것은 또 다른 부류와 공존하고 있다. 각각의 이 장르별 분할은 영화의 다른 접근을 나타내고 있다: 장르는 다른 것보다도, 영화에 흥미를 느끼고 시네마를 이해하는 방식일 뿐이다.

백과사전

시네마 혹은 영화 장르와 움직임에 관한 백과사전은 영화 장르 전체를 목록화시키기에 적격한데, 이것 역시 장르 카테고리를 제시하고 있다. 이 사전은 일반적으로 각 장르로 들어갈 때마다 명칭, 특성에 관한 리스트, 역사적 통찰, 장르에 관계된 '주요' 영화 리스트 등을 보여주고 있다. 말하자면 백과사전은 아마도 실천적·편집자적·교육학적 근거로, 동일한 장르의 영화 전체를 자주 유명한 소수의 제목으로 변형시키는 경향이 있다. 주의 깊은 독자가 여기서 기대하는 것처럼, 분명히 이런 유형의 저서에는 역시 장르의 이름·수·크기·정의 등에 대한 완벽한 일치란 없다.[6] 이러한 사전들은, 한편 모든 사전에서 사용처럼 하나의 장르에서 또 다른 장르로의 반송을 과감하게 실천하고 있다. 이렇게 뱅상 피넬이 쓴 《학파, 영화 장르와 움직임》에서 그는 자신이 역사극에 대해 주었던 정의에 따라 자신의 독자가 네 개의 또

---

6) 《세계 영화 사전》에서 보여준 항목을 비교하기 위해 비르모 알랭과 오데트의 《움직임, 학파, 사조, 경향과 장르》, 뱅상 피넬의 《학파, 영화 장르와 움직임》 참조. 후자의 책은 한편 다양한 상태의 범주를 동일한 목록 안에 처리한다. 즉 움직임과 장르는 동일한 기준에서 영화 집합체를 조직하지 않고 영화를 비교 파악하여 해석하지 않고 있다.

다른 장르의 표제 항목에 참고하도록 권유한다:

　　시간의 후퇴와 함께 모든 영화는 '역사적,' 다시 말해 역사의 대상이
된다. 그렇다고 우리가 여기서 다음과 같이 이해하게 될 방향에서 역사
극이 아니다: 재구성된 과거 속에서 행동이 전개되는 픽션 영화. 이렇
게 정의된 역사극은 단어의 좁은 의미에서 장르가 아니라 영화계에 수
많은 유명한 장르, 특히 '서부 영화와 전쟁 영화'를, 모두 아니면 부분
적으로 포함하는 광대한 영역을 구성하고 있다.

　　한편, 역사극은 단지 픽션에만 속하지 않는다(다큐멘터리와 몽타주 영
화 참조).[7]

비록 **모든** 다른 장르에 무언의 참조는 '역사극' 카테고리의 관여성
에 대한 의심에 빠져들 수 있을지라도, 이런 반송 시스템은 이전의 분
류가 고려하지 않은 중요한 사실, 즉 장르 혼합을 강조한다는 장점을
가지고 있다.

사전 속에 종류별로 나누어진 장르 역시 대단히 많다. 이러한 장르
는, 그 존재가 시네마 역사와 그 연구 역사의 순간순간에 입증되어졌
던 영화 장르 전체를 목록화하고 있다. 또한 이 장르는 당시의 영화
제작, 현재 사용하고 있는 명칭이나 비평가를 통해 세워진 독자적인
카테고리조차 고려하는 것으로 만족하지 않고 있다.

일치하지 않은 장르의 카테고리

우리가 방금 보았던 분류는 그 정의만큼 수 · 명칭 · 내용 등을 통해

---

7) 뱅상 피넬, 《학파, 영화 장르와 움직임》, 같은 책, p.120.

다양한 장르 카테고리를 제시하고 있다(비록 우리가 구분 유형의 논리를 특별한 방식으로 포착하기 위해 이런 최악의 결점을 현재까지 잠정적으로 남겼다 해도 말이다). 영화 산업이 이용하는 카탈로그와 명칭을 조사해 보면 사용된 카테고리들의 가변성을 확인할 수 있다. 영화 비평가와 역사가가 창작하고 사용하며 연구하던 장르 이름도 마찬가지인데, 더구나 영화 부류와 집합체를 엄격하고 정통한 방식으로 구성하고 조직하고 논의하는 것이 바로 이들의 역할 중 하나라고 볼 수 있다. 이렇게 스티브 닐은 할리우드 장르의 파노라마를 제시하기 위해 선별하여 열여섯 개의 주요한 장르를 유치하는데, 열여섯 개의 장르는 다음 두 가지 기준에 대답하기 때문이다; 열여섯 개의 장르는 비평가들의 상세한 조사 대상이기 때문이다; 그 이론적 명칭은 영화 산업이 부여한 명칭과 일치한다.[8] 그렇지만 이 장르는, 그는 이의가 없다라고 규정하지만 사실은 이의를 제기할 수 있다. 그는 사실상 이 조사의 서두에서, 이론가들은 일반적으로 열두 개 가량에 동의하고 그 자신은 리처드 말트비가 지적했던 처음 열 개의 명제에서 출발하였다고 지적한다. 확실한 네 개의 카테고리(서부 영화, 코미디, 뮤지컬 코미디, 전쟁 영화), 네 개의 '추가' 카테고리(스릴러 영화, 갱스터 영화, 호러 영화와 공상과학 영화), 따로 두 개의 카테고리가 있는데, 이 두 개의 카테고리는 연구대상이며 수많은 중요한 토론대상이기 때문이다(필름 누아르와 멜로드라마).[9] 스티브 닐은 가시적으로 동일한 입장을 가지고 있지 않은, 이 카테고리 리스트에 여섯 개의 장르를 추가한다. 즉 탐정 영화(detective film)와 화려한 스펙터클의 서사 영화(epic), 사회 영화, 성인 영화(teenpic, 이 영화의 주요 등장인물은 일반적으로 성인이고 성인 대중에게 말을 건넨다), 전기 영화, 액션 영화와 모험 영화, 이 여섯 가

---

8) 스티브 닐, 《장르와 할리우드》, 런던/뉴욕, 루틀리지. 2000, p.51.
9) 리처드 말트비, 《할리우드 시네마: 서문》, 옥스퍼드, 블랙웰, 1995, p.116.

지이다. 게다가 이러한 열여섯 개의 장르는, 각각에 할애한 비평 문학에 이어 닐이 했던 세부적인 조사에서 보여준 것처럼, 끊임없이 제작자들에 의해 개장(改裝)할 수 있고 토론과 재정의의 대상이다. 할리우드 시네마에서, 다시 말해 시네마토그래프에서, 영역의 제한조차도 명칭의 가변성을 모면할 수 없도록 한다. 이 시네마토그래프에서 이 영역의 제한은 장르에 의해 구성되고 조직된다고 종종 고찰한 바 있다.

장르 카테고리는 도처에, 모든 사람들, 모든 시대 등에 존재하지는 않는다. 왜냐하면 이 장르 카테고리는 영화와의 다양한 관계를 가리키기 때문이기도 하고 이로 인해, 장르 카테고리는 동일한 의미와 기능을 가질 수 없기 때문이다. 장르별로 영화를 분류한다는 것은, TV 방송 장르에 대해 장 피에르 에스크나지가 제시한 용어와 비트겐슈타인이 서술한 '언어 유희'에서 영감을 얻은 용어에 따라 '분류 놀이'의 형식을 실천하는 것이다.[10] 관객·제작자·비평가 등의 공동체가 실천한 '분류놀이'는 공통적이고 종종 함축적인 참조 시스템을 전제로 하고, 무엇보다도 제작과 수용 습관에서 나온 결과이다. 영화 세계에 대해 동일한 이해를 공유한 사람들이 거의 자동적으로 이용하고 있는 이러한 분류는 그러나 실제적인 장르의 구분을 낳고 있다. 그러므로 가능하고 경쟁하는 수많은 분류놀이가 존재한다. 즉 각각의 분류놀이는 영화에 대해 특별하지만 공유된 시각과 사용에서 나온다. 다시 말해 분류놀이는 이것을 사용하는 사람들의 선결된 동의에 근거하기 때문에, 그 외의 모든 분류놀이는 분류 의미와 가치를 갖지 못한다. 놀이의 메타포를 부여해 보면, 분류 시스템에 동의하는 다양한 공동체는 카드 패(고찰된 영화 자료)와 놀이 규칙(영화를 식별하는 유사점과 차이점을 결정하는 데 사용되는 기준)에 동의한다고 말할 수 있다. 그러므

---

10) 장 피에르 에스크나지, 〈언어 유희의 쇄신〉, 《레조》 81호, 프랑수아 조스트, 파리, 〈TV 장르〉, 《CNET》 1-2월호, 1997, p.105. 루트비히 비트겐슈타인, 《철학 탐구》, 파리, 갈리마르, 〈텔〉, 1961[1945]: '언어 유희'라는 개념에 대해 참조.

로 서부 영화, 코미디, 전쟁 영화나 뮤지컬 코미디, 공상과학 등과 같이, 앞서 우리가 상기했던 다양한 유형론 속에서 몇몇 장르 명칭의 반복은 오로지 이 명칭이 지칭하는 영화 형식의 '순수성'에서 기인하지 않는다. 다시 말해 이 장르 명칭은 제작자·지시자·비평가·관객 등 특별한 공동체를 초월하고 무시한, 더 세계적인, 즉 더 무른 문화적 합의를 보여주고 있다.

불가능한 유형론?

모든 이들에게 인정된 구분 위에 구축되고, 안정된 카테고리로 구성되며 결정적으로 영화 파노라마를 영화 그룹으로 자르고 있는 장르의 보편적 유형론을 여기서는 가질 수 없을 것이다. 그러므로 우리는 다양한 통상적인 카테고리가 구성되어진 원리를 보기 위해, 지금 영화 장르 리스트 내부로 들어갈 것이다.

다양한 성격 규정 충위

코미디의 속성은 웃기고 미소 짓게 하는 것이다(물론 성공한다는 조건에서). 서부 영화는 1840-1890년 서부의 정복 시기에, 국경선에서의 삶, 미국 서부의 생활을 주제로 하고 있다. 이러한 정의는 너무 피상적이긴 해도, 이 두 개의 장르를 정의하도록 하는 기준이 동일한 차원에 놓여질 수 없음을 보여주기에는 충분하다. 코미디는 이것을 보는 관객들에게서 자아내고자 하는 효과로, 서부 영화는 그 주제적 내용으로 유명하다. 이 두 가지 예를 넘어 우리는 장르를 특징짓고 확인시키는 속성이 같은 성격에 속하지 않음을 확인할 수 있다. 영화에서 다양한 장르 카테고리의 정당화는 문학 장르를 구분하기 위해 내세웠

던 것만큼 다양하다. 장 마리 셰퍼는 문학 장르에 대해 다음과 같이 지적하고 있다:

> 우리가 평범한 장르 이름 리스트를 살펴볼 때, 이 이름을 통해 확인되는 현상의 이질성은 단순히 다음의 사실에서 기인한 것 같다. 즉 장르 이름은 모두 동일한 담론 층위를 부여하지 않지만, 어떤 때는 이런 것, 어떤 때는 또 다른 것, 종종 이들 사이에 몇 가지를 동시에 참조한다는 사실이다.[11]

문학 이론가들은 독특한 다섯 가지 구별 층위를 한정한다. 이 구별 층위는 모두 장르 카테고리를 만드는 데 소용될 수 있으며 이같은 현상을 은폐하지 못한다. 이 중 세 가지 층위(**발화 행위 층위**, **목적지 층위**, **기능 층위**)는 하나의 작품이 텍스트일 뿐만 아니라, 커뮤니케이션 행위를 실현한다는 사실에서 기인한다. 즉 '상황 속에서 특정한 목적을 가지고, 또 상황 속에서 다소 특정치 않은 목적을 가진 인물에 의해 표현된 메시지'를 의미한다.[12] 이렇게 발화 행위 층위는 '누가 말하는가?' 목적지 층위는 '누구에게 말하는가?' 발화 행위 층위는 '어떤 효과를 내는가?' 등 각각의 질문에 대응한다. 두 개의 또 다른 층위, 즉 **의미론적** 층위와 **통사론적**인 층위는 실현된 메시지, 다시 말해 텍스트, 아니면 우리에게는 영화에 관계된다. 의미론적 층위는 '무엇을 말하고 있는가' 그리고 통사론적 층위는 '어떻게 말해지는가' 등의 문제에 부합한다. 담론의 종류에 관하여 세워진 이 다섯 가지 구별 층위는 영화 장르의 구분이 어디서 어떻게 일어나는지 이해하기 위해 우리에게 아주 유용할 것이다.[13] 이러한 다섯 가지 층위 중 하나나 몇 가

---

11) 장 마리 셰퍼, 《문학 장르란 무엇인가?》, 같은 책, p.81.
12) 같은 책, p.80.

지에 해당할 수 있다.

— **발화 행위 층위**. (다큐멘터리를 형식이 아닌, 분명히 장르로 만든다는 가설에 의거해) 발화 행위 층위는 가령 다큐멘터리 장르를 구분하기 위해 개입한다. 다큐멘터리의 발화 행위는 정보를 주는 양식으로 만들어진다. 이 양식은 현상의 세계 속에서 실제적인 사건들을 설명하려고 한다.[14] 반면 다른 장르는 일반적으로 허구적 언술 행위에 속하는, 허구적 언표로 나타난다.

— **목적지 층위**. 우리가 벌써 아이를 위한 영화로 만났던 영화 장르 중 몇 가지는 특정한 수신자를 통해 정의되는 반면, **선험적으로** 다른 장르의 명칭은 특정한 관객을 함축하고 있지 않다. 이같은 방식으로 가족 영화는 그 구성원 중 한 사람에 의해 슈퍼 8이나 비디오로 제작되고, 이 영화를 촬영했고 영화의 주제가 된 가족에게 대개의 경우 말을 건다. 그러므로 우리는 공개 상영으로 극히 드물게 가족 영화를 보는 것에 대해 놀랄 것이 없다. 이런 식으로 레이몽 드파르동의 1974년 영화 〈들놀이〉가 27년 동안 방송하지 않은 것을 해명하고 2002년 초 이 영화의 개봉 허가를 설명하기 위해 발레리 지스카르 데스탱이, 물론 공식적으로 주장했던 것은 바로 목적지 변화였다. 데스탱 대통령은 자신의 선거 운동에 바쳐진 이 영화는——그는 이 영화 제작에 부분적으로 돈을 지불하였고 이것에 대한 검열과 검시를 할 수 있었다. 자기가 보기에 '상업적인 성향이 없는' 바캉스 사진 같았지만, "'자신의' 선거 운동에 대한 아주 개인적이고 감정적인 흔적을 보존하는 것이 종극 목적이었다"고 설명한다.[15] 2002년, 새 대통령 선거 운동을 위

---

13) 같은 책, p.82-115.

14) 윌리엄 권, 《논픽션 영화. 이론에 견뎌내는 다큐멘터리》, 엑상프로방스, 프로방스대학 출판, 2001[1990], p.16.

15) 2002년 1월 17일에 나오고 영화 잡지 투영 때 배치된 기술된 노트. 1974년 개봉된 〈들놀이〉에 일치되는 모든 인터뷰에서 지스카르 데스탱은 동일한 리스트를 전개시키고 있다.

해 그는 자신의 결정에 대해 재검토한다. 왜냐하면 그가 주장하기를 영화의 목적지가 변한 것 같기 때문이었다. 그러나 사적인 사용 영화(그럼에도 불구하고 전문 연출가가 평소에 없는 크기로 촬영했던 일종의 가족 영화)는 시간과 함께 일반적으로 공적인 사용의 이득 목적, 즉 선거 운동같이 정치 생활의 한 단면을 증명해 주는 역사적 가치가 있는 다큐멘터리가 될 수 있을 것이다.

— **기능 층위**: 장르의 이름은 장르가 수행하고자 하는 기능, 말하자면 그 프로그램으로 정의될 수 있다. 어떤 장르는 **언표내적** 기능을 가지고 있다. 다시 말해 이러한 장르는 영화와 영화작가가 실행하고자 하는 커뮤니케이션 목적을 말해 주고 있다. 이런 식으로 다큐멘터리는 여러 가지 일들이 어떻게 존재하는가를 관객에게 서술하는 데 자주 사용된다. 다른 장르는 **발화매개적인** 기능을 가지고 있다.[16] 다시 말해 이런 장르는 관객의 행동을 변화시키고 관객들에게 효과를 유발시키는 것을 목적으로 한다. 이렇게 코미디는 웃음을 자아내고, 에로나 포르노 영화는 성적 흥분을 야기시키고, 공포 영화는 무서움이나 심한 공포감을 준다.

— **의미론적 층위**. 수많은 장르들은 의미론적 요소를 통해 구별되어진다. 즉 장르의 테마·동기·주제 등으로 구분된다. 서부 영화는 19세기 미국 서부에 속하는 공간(산맥·사막·카누…), 장소(술집·은행…), 등장인물(카우보이·말·인디언·개척단·술집 여가수·보안관…), 물건(짐수레·역마차·자동권총·숏건…), 상황(영웅과 평민 사이에, 강을 가로지르면서 벌이는 대결, 인디언들의 수레 공격, 무법자의 객차 공격, 총포 결투) 등으로 특징화된다.[17] 다른 의미론적 요소들은 또 다른 장르로 정의된다. 즉 사무라이, 수도승과 그의 제자들, 항공 전

---

16) 존 설, 《의미와 표현》, 미뉘, 1982[1979], p.31-70. 언표내적이고 발화매개적인 행동의 정의에 대해 참조.

투, 맨손 대결 혹은 선과 악의 결투가 해결되는 검술의 결투, 해탈의 모럴과 자아의 육체적이고 정신적인 지배의 모럴 등은 무술 영화의 소재를 이루고 있다. 그 성격(악마, 영혼, 죽었음에도 살아 있는 자, 거대한 원숭이, 모든 종이 혼합된 창조물)과 행동(마법사, 미친 학자)을 통해 인간이 아닌 존재는 불안스런 공간(지하 납골당, 묘지, 폐허가 된 성, 유령이 있는 저택, 외딴 집, 오래된 건축물…)을 환상과 공포로 채우고 있다. 현대의 전쟁은 전쟁 영화의 주제로, 군대의 행동(전투·매복·전선…)을 연출하고 영웅적인 행동을 찬양하고 무장한 전쟁의 유용성에 대한 의심과 질문에 특권을 부여하며, 번갈아서 유능하거나 위험스런 군인이나 장교의 스토리를 서술하고 있다.

— **통사론적 층위**. 장 루이 셰퍼는 통사론적 층위 속에 형식적인 요소 전체를 재통합한다. 그러므로 '영화' 형식이 '텍스트' 형식이 아니고 '통사론적' 용어가 다양한 의미를 가질 수 있는 것처럼, 우리가 이 층위 속에 재통합시켰던 것은 논쟁에 빠질 수 있다. 영화 제작 테크닉은 이 층위에서 작용하고 우리가 이미 만났던 '만화 영화'라는 장르 카테고리를 입증하는 기준들 중 하나이다. 우리는 역시 '실재적인' 대화체로 된 신과 노래하고 춤추는 신의 교차가 뮤지컬 코미디를 구분짓는 형식적인 요소임을 고찰할 수 있다. 우리는 엄밀하게 통사론적 층위를 몇 가지 장르를 부분적으로 특징화시키는 서술학적인 특징으로까지 넓힐 수 있다. 마치 필름 누아르와 멜로드라마 속에서 이야기의 특별한 형식인 플래시백과 코미디나 스릴러 같은 서스펜스 장르들의 원동력인 관객의 집중화 같은 것이다.

작용하는 힘은 장르 지칭대상들의 다원성과 혼합적인 성격을 확증하는 것이다. 이는 장르의 명칭에 개입하는 것은 항상 동일한 층위가

---

17) 서부 영화 의미론적 요소들의 세부적인 카탈로그를 위해서는 장 루이 뢰트라와 수잔 리앙드라 기그 참조. 《서부 영화의 지도. 시네마토그래프 장르: 서부 영화》, 파리, A. 콜랭, 1990, pp.11–73.

아니라는 것이다: 가령 장르 다수가 아주 광범위하게 의미론적이고 주제적인 자질들의 공통성에 기초를 두었다면, 이러한 층위에 다큐멘터리 명칭이 없음이 분명하다. 왜냐하면 다큐멘터리는 한정된 주제를 함축하고 있지 않기 때문이다. 물론 우리는 항상 이러한 다섯 가지 층위의 결합으로, 장르 명칭의 근거를 대려고 할 수 있다. 가령 멜로드라마는 허구적 **발화 행위** 층위, 특히 미국에서 여성 대중에게 말을 하는 **목적지** 층위, 울게 만드는 **기능** 층위, 세대와 성의 갈등, 욕구와 법의 대립에 역점을 둔 **의미론적** 층위, 이야기의 등장인물 중 한 사람인 내레이터를 통해 이끌어지는 과거 이야기가 자주 플래시백으로 구성되는 **통사적인** 층위 등에 속한다고 말할 수 있을 것이다. 그러나 이는 멜로드라마의 보편적 한정이 아닌 장르의 성(性) 표지나 플래시백의 실천처럼, 역사적인 한정이 컨텍스트를 고려하지 않은 도식 속에 들어가도록 한다.

다양한 틀의 층위

평범한 장르 카테고리의 정확성의 정도는 극도로 가변적이다. 이것은 장르의 이해(장르의 정의 기준)와 동시에 그 확대 범위(장르에 관계시킬 수 있는 영화의 수) 속에서 나타난다. 이 정의가 일반적일수록 장르의 한계는 더욱더 불분명하고, 그러므로 더 많은 영화가, 가령 코미디나 멜로드라마 경우처럼 쉽게 이 카테고리 안에 '들어간다.' 더욱이 이 두 개의 장르는 다음과 같은 극적 유형에 속하는 것으로 지칭되어진다: 시네마는 이 두 개의 장르가 정의되고, 발전되며, 변형되어진 오랜 연극적 전통을 이어받고 있다. 이렇게 코미디와 비극의 중간 장르로서 18세기에 탄생한 드라마는 급격한 변화와 재형식화라는 두 세기가 지난 후, 19세기 말에 연극에 모든 각본을, 낮은 소리로, 마침내 아주 짜임새 없는 방식으로 정의한다. 이 각본의 행동은 한정된 이야기나 사회적 배경 속에서 기술된 등장인물들의 폭력적이고 감동적인 대결로 구성되어 있다. 곧이어서 드라마라는 명칭은 시네마로 옮겨간다. 시네마에서 이 명칭은 초창기에 아주 넓은 영역, 다시 말해 드라마의 성질(낭만적 · 역사적 · 심리학적 · 사회적인)을 밝히는 데 필요한 만큼의 광범위한 영역을 곧 커버하기에 앞서, 다큐멘터리도 코미디도 아닌 영화를 분류하도록 한다. 자주 초(初)국가적이고 초(初)예술적이며 초(初)역사적인 이러한 광범위한 틀, 즉 이 틀이 너무 광범위해서 그 조작적인 가치를 잃어버리게 되는 것과 반대로, 우리는 바로 〈피의 향연〉(고든 루이스)으로 1963년에 생긴 영화 장르인 고어 영화처럼, 아주 정확하게 카테고리를 찾는다. 이 장르에서 호러는 폭력을 보여주는 것이지 암시하는 것이 아니라는 결의에 따라 혐오와 결합된다. 즉 사지가 잘리고 온몸이 찢겨진 시체, 잔인하게 상처입고 팔다리가 잘린 육신, 사방에 흘린 피 등을 볼 수 있다. 마찬가지로 아시아 영화 중 홍콩 영화의 몇몇 특징적인 장르는 특히 서양 관객에게 특이하게 보일 수 있다. 가령 우리는 무협 영화와 그 무사 결투, 쿵후 영화와 그 공중 결투에 대해 생각해 볼 수 있다. 무협 영화는 1960년대 홍콩의 호금전(〈대취협〉, 1965/〈협녀〉, 1972)과 장철(〈타이거 보이〉, 1960) 영화에서 보여주고 있고, 쿵후 영화는 〈정무문〉(추문희, 1972) 같은 것이다. 이 영화는 이소룡이 배역을 맡은 쿵후 학교의 중국인 학생 첸첸이 자기 사부를 죽였던 가라테 학교의 일본인 지도자들과 1940년 상하이에서 대결하는 것이다. 실행된 결투 유형을 근거로 한 무협 영화와 쿵후 영화, 이 두 장르 사이에 중국인의 구분을 고찰하지 않고도 프랑스 관객에게 있어 자주 이 두 장르를 결합시키는 더 넓은 장르는——무술 영화——서양에 비추어, 여전히 아주 좁은 카테고리인 것 같다.

아주 보편적인 카테고리와 매우 정확한 내용에 따른 카테고리 사이에 차이는 부분적으로 장르가 구상되고 받아들여지는 더 총괄적인 예술적이고 문화적인 시스템에서 기인함에 따라 또 다른 테두르기의 행위이다. 시네마토그래프 장르는 그 장르와 함께, 그리고 그 장르 속에 문학이나 연극의 또 다른 장르 표지를 가지고 있다. 즉 이 시네마토그 래프 장르는 때때로 어느 정도 비(非)한정이나 혹은 정확성의 정도를 공유하고 있다. 더욱이 이러한 정도의 가치평가는 역시 관객의 문화와 관계가 깊다. 홍콩의 관객은 분명히 무술 영화라는 개념의 한계가 좁 다고 생각하지 않는다. 더불어 공포 영화를 좋아하는 사람들은 공포 의 구분이 너무 막연하다고 생각하고 이것을 격렬한 공포, 고어, **사이 코 킬러, 슬래셔, 스플래터,**[18] **스토커**[19] 등으로 구분하도록 제안한다. 이러한 테두르기는 또한 장르와 하위 장르 사이의 망설임을 반복적으 로 보여주고 있다. 통상적이거나 학술적인 유형론 사이의 몇몇 구별 은 바로 거기서 나오고 있다. 가령 어떤 것은 갱스터 영화, 필름 누아 르, 탐정 영화, 스릴러를 자율적인 장르로 만들고, 또 다른 것은 이러 한 것들을 대단히 복합적인 장르인 범죄 영화 속에 새기고 있다.

장르의 혼합

유형론의 기대치 못한 결과 중 하나는, 그 기능이 카테고리를 분류 하고 구축하고 있지만, 장르가 순수하고 견고하다는 착각을 주는 것이 다. 이러한 사실 속에서 우리는 1920년대 무성의 서부 영화가 먼저 벌 레스크와, 그 다음 멜로드라마와의 결합[20]에서 보았던 것처럼, 장르는

---

18) 영어로, 'to splatter(éclabousser, gicler). 스플래터 무비 개념은 고어 속에서는 나 타나지 않은 즐거운 차원을 강조하고 있다. 존 매카티, 《스플래터 무비: 스크린의 마지막 금기를 깸》, 뉴욕. 성 마틴 출판, 1984 참조.

19) 'to stalk' 영어 동사는 아무것도 멈추게 하지 못하는 규칙적인 걸음인 동시에 몰이라는 생각을 환기한다. 이 두 행동은 〈13일의 금요일〉에서 금요일의 살인자나 〈나이트메어〉(크레이븐, 1984)와 그의 후속 작품에서 프래디처럼, 스토커 무비의 살 인자를 정의하고 있다. 필립 루예, 《고어 영화. 피의 미학》, 파리, 세르프, 〈일곱번 째 예술〉 1997, p.87-90 참조.

자주 혼합되어 있음을 잘 알고 있다. 게다가 장르의 몇 가지 구분은 순수히 협약적인 것 같다. 즉 고전적인 형식에 의거해 서부 영화는 역사 영화의 장르에 포함될 수 있다. 왜냐하면 이 영화는 재구성된 지나간 극 서부 지방에서 일어난 실재적이거나 허구적인 사실에서 영감을 얻은 에피소드를 이야기하고 있기 때문이다. 그 반면 1920년대의 많은 서부 영화의 경우는 거의 옛날이 아니고(서부 정복은 1920년대를 기준으로 덜 오래된 시대에 속한다고 역시 말해야 한다) 그 영화 촬영 당시에 일어날 수조차 있기 때문이다. 그러므로 역사 영화 한편에, '서부 영화' 장르의 구성과 영속성은 미국 서부에 관한 영화를 정의하고 이 모든 영화를 포함하기 위해 더욱 밀도 있는 테두리를 선택하려는 의도를 나타내고 있다. 서부 영화 장르가 이런 주제에 관한 많은 영화를 근거로 하고 있다면, 이것은 미국의 설립을 할리우드 영화를 통해 1910년대부터 두드러진 영화 제작 속에 따로 하나의 카테고리를 만들려는 이념적인 동기를 역시 나타내고 있다.

 여러 장르에 속한 영화를 보면, 이런 영화는 많다. 아벨 강스의 〈나폴레옹〉(1927)은 역사 영화인 동시에 전기 영화이고, 도넌의 〈7인의 신부〉(1954)는 뮤지컬 코미디와 서부 영화에 속한다. 이와 더불어 와일더의 〈뜨거운 것이 좋아〉(1959)는 뮤지컬 코미디이고 갱스터 영화를 역시 차용하고 있다. 그리고 폴란스키의 〈뱀파이어 무도회〉(1967)는 판타스틱 영화인 동시에 코미디이다. 이러한 유형론별 혼합의 무시는 합리화의 일환으로, 과학적인 생물학적 모델을 토대로 그 분류를 하는 경향이 있다는 사실로 전가할 수 있다. 즉 장 루이 셰퍼가 "생물학적 분류는 특정 부류에 속하는 유기적인 구성 속에, 이처럼 개인을 전체적인 포함 관계에 놓는다"[21]라고 말한 것처럼, 영화처럼 인위적인 대

20) 《깨어진 연결. 1920년대 웨스턴》(1985)과 《서부 지도》, 같은 책에서 반복해 장 루이 뢰트라가 제시한 용어.
 21) 장 마리 셰퍼, 《문학 장르란 무엇인가?》, 같은 책, p.71.

상 분류의 경우와는 다른 것이다. 영화는 하나의 장르에 속하지 않고, 정확히 장르로 재편성될 수 있는데, 이것은 공통의 특성을 제시하고 있기 때문이다. 이런 식으로 영화 〈나폴레옹〉은 한 사람의 생애를 이야기하는 또 다른 영화들과 공통점을 가지고 있기 때문에 전기 영화일 수 있다. 더불어 역사적 시기의 재구성에 근거를 두고 있는 그 줄거리는 필연적으로 전기적인 노선을 선택하지 않고서도, 과거를 재구성하는 또 다른 영화와 근접하기 때문에 역시 역사 영화일 수 있다. 그 반대로 생물학적 관점에서 관찰된 나폴레옹 개인은 완벽히 인간의 종(種)에 속하지 어떤 다른 것에 속하지 않는다. 다시 말해 인간 종에 속하는 것은 나폴레옹이지, 그의 특성 중 어떤 것이 아니다.

장르의 등급

다양한 장르 카테고리의 구성을 주재하고 있는 다양한 테두르기를 명백하게 설명하면서 우리는 다양한 테두르기가 가변적인 문화적 지칭대상에 의거한다고 보았다. 그러나 이 유형론은 장르를 나열하면서, 문화 속에서 장르의 등급을 또한 무시하고 있다. 장 루 부르제는 할리우드 고전주의 속에서 장르는 모두 가치라는 용어와 같다고 강조한다. "문학의 각색, 드라마, 호화판 영화 등은 코미디, 공포 영화나 소예산을 들인 모험 영화 등이 가지고 있지 않은 터질 듯한 마력적 효과를 이용하고 있다."[22] A나 B급에 속한 것처럼 경제적 요인이 물론 작품의 고하(高下)를 설명하고 있지만, 경제적인 논리가 작품과 장르에 등급을 매기는 상징적이고 문화적인 논리를 표현하고 있지 않다고 생각하는 것은 순진할지도 모른다. 부르제가 지적한 것처럼, 역사 영화의 연출은 오늘날 공상과학 영화가 주지 못한 존엄성을 부여하고 있다.

---

22) 장 루 부르제, 《할리우드, 규범과 난외》, 파리, 나탕 시네마, 1998. p.12-13.

〈쉰들러 리스트〉에 대해 받았던 일곱 개의 오스카상이 이를 증명하는 데, 스필버그 이력의 초창기 작품인 〈미지와의 조우〉(1977), 〈쥐라기 공원〉(1993), 이 두 가지 모두는 그에게 아무런 가치가 없었다.[23] 〈ET〉를 보면 이 영화는 테크닉상을 받는 것으로 만족해야 했었다.

영화 장르의 등급별 상황은 이렇게 더 일반적으로 문화적인 합법성이나 비합법성을 가리키고 있다. 프랑스 영화를 관건으로 하였을 때 전통적으로 거의 가치가 없는 장르인 프랑스 코미디의 경우는 이를 잘 보여주고 있다. 희극 영화가 오히려 성공했다고 인정할 때조차 이 영화에 대한 비평과 기사는 이에 대한 열광을 자제하고 있다. "우리의 즐거움을 무시하지 말아라" "웃음의 역학이 작동한다" "좋은 시간을 보내도록 해주는 오락성 있는 영화" 등 거의 칭찬하지 않은, 이런 유형의 시시한 문구들은 비평가의 펜대 아래 앞다투어 줄줄이 이어졌다. 만약 영화가 다른 곳에서 기인했다면 덜 악평을 받게 될[24] 이 장르는 말하자면 이것이 엄격한 희극의 틀에서 나올 때, 그리고 희극에서 진실한 불안이 밝혀지거나 감정과 절망이 웃음 뒤에 숨겨질 때, 단지 기품 있는 작품임을 발견하게 된다. 더 보편적으로 프랑스 코미디는 저속하거나 역학적이며 부르주아적이다. 별도로 놓여진 영화의 질, 즉 이 장르에 대한 이러한 교만이나 경멸은 3세기 전부터 프랑스에서 코미디의 비합법성 속에 뿌리내리고 있다. 17세기의 희극 연극은 대립하는 두 가지 영향을 보여주고 있다. 이 중 하나는 소극(笑劇)과 웃음을 명예로 삼는 코미디아 델라르테이고, 다른 하나는 아리스토텔레스에서 물려받은 것이다. 우리에게 전해진 《시학》의 해석에서 그가 코미

---

23) 앞의 책. p.13.
24) 프랑스에서 순수한 희극 영화에 대해 던져진 오명의 베일은 거칠고 벌레스크한 외국 코미디에 피해를 입히지 않은 것 같다: 이탈리아 코미디나 제리 루이스의 영화가 프랑스에서 훌륭한 대접을 받았다는 것은 부분적으로 그것의 이국성과 이탈리아 코미디의 경우, 이탈리아적인 클리셰(cliché)와 그것의 일치가 코미디나 영화를 보호하고 있기 때문이다.

디에 바쳤던 몇 줄은 이 장르를 다음과 같은 장르로 만든다:

우리가 말했던 것처럼 코미디는 큰 효력 없이 인간을 모방한 것이다
──코미디는 대체로 악을 다루지 않는다. 왜냐하면 희극은 일부의 보
기 흉한 것을 다루기 때문이다. 사실 희극은 고통과 애석함을 초래하지
않은 결점과 추함에 큰 관심을 갖는다: 이런 식으로 희극의 가면은 가
령 고통을 표현하지 않는 추하고 보기 흉한 것일 수 있다.[25]

그러므로 17세기부터 연극 작가들은 소극(笑劇)의 영감을 받은 웃음
을 바탕으로 자신들의 작품을 구축하려는 의지와 코미디를 훌륭한 장
르, 즉 웃게 하지만 교훈을 주는 것으로 만들기 위해 강렬한 웃음을 제
거하려는 열망을 공유하고 있다. 유명한 예를 들면 첫번째 성향은 《스
카팽의 간계》 속 몰리에르에게서 두번째 성향은 《인간 혐오자》에서
나타난다. 이는 18세기가 보마르셰나 디드로와 함께 명예로 삼았고 그
후 19세기가 《스카팽의 간계》보다 《인간 혐오자》를 더 선호하는 이유
이다. 그래서 18세기와 19세기 고전주의를 해석해 보면 고전주의 모
두가 소극적(笑劇的)이고 야만적이거나 대중적인 웃음의 코미디를 제
거코자 했다고 생각하기에 충분하다. 만약 우리가 고전주의를 잘 읽어
보면 이 경우와는 거리가 먼 것이다. 고전주의와 그 계승자들은 그 이
후 야만적인 웃음의 코미디(대중의 웃음)를 제거코자 했었던 것 같다.
마치 현대성이 페이도나 라비슈 같은 사람의 '부르주아의 웃음'을 제
거한 것처럼 말이다. 프랑스 코미디는 오로지 코미디가 아니라는 조
건에서만 수용할 수 있는 장르이다.
　끝으로 수많은 용어가 목록에서 마음대로 사용할 수 있는 경우에도,

---

25) 아리스토텔레스, 《시학》 5장, 미셸 마니엥 번역, 파리, 리브르 드 포슈, 1990,
p.91.

다른 명칭보다 오히려 장르 명칭에 일치된 우선권은 구분의 논리에 따를 수 있음을 주목해 보자. 이런 식으로 '쿵후 영화'는 1970년대의 대중을 내포하고, 무술 영화는 더 일반적인 용어이지만 《카이에 뒤 시네마》는 좀처럼 드물게 알려진 '검도 영화'라는 학술 용어를 사용하기를 더 좋아한다.

역사의 문제

유형론은 장르의 존재를 기록하고 있다. 그러나 이것은 그 카테고리를 평평하게 놓으면서, 그 어떤 역사적인 관점을 제공하지 않고 있다. 장르의 역사는 그 분류와는 무관하다. 유형론은 초(超)역사적인 카테고리(코미디나 드라마)와 시네마의 역사의 순간에, 영화의 항목에 그 생산성이 기재된 카테고리를 나열하고 있다. 장르로서가 아닌 **정신**으로서만 1930년대 이후 영화계에 살아남은 벌레스크처럼 말이다. 블레이크 에드워즈 · 제리 루이스 · 우디 앨런 등과 같은 감독이자 배우, 막스 브라더스 같은 배우들, 가당찮은 코미디 같은 장르 등은 벌레스크 희극을 통합하고, 개그의 형태를 재현하고 장르 배우의 특징을 뛰어넘는 약간의 꼭두각시 몸체를 복원하고 있다.[26] 더욱이 장르의 분류는 시네마 역사상 서로 다른 시기에 속하고 있는 장르가 나란히 걸어가도록 하고 있다. 1970년대부터 쇠퇴한 서부 영화는 1970년과 1980년에 발전된 고어 영화와 유형론 속에 나란히 서 있다. '살아 있는' 장르는 '죽은' 장르와 유형론 속에 나열되어 있다. 이는 죽은 장르가 더 이상 아무것도 재현하지 않고 있다거나 의미하지 않다고 말하고자 하는 것이 아니다. 죽은 장르의 명칭이 정말로 새로운 영화를 창조하는 데 있어 적극적이지 않다 해도, 이것은 영화팬의 기억과 영화

---

26) 자클린 나카시, 《고전 할리우드 영화》, 파리, 나탕, 〈128〉, 1995. p.32.

분석 속에서는 생산적이다. 결국 장르 카테고리는 새겨진 문화 전체를 그 자체 속에 가지고 있는 것과 마찬가지로, 그 자체에 그 역사를 싣고 있다. 이를 입증하기 위해 앙투안 발레가 1963년에 《영화 장르》(파리, 리젤)에서 했던 분류를 보는 것으로 충분하다:

1. 자연과 인간: 다큐멘터리
2. 세계의 삶: 역사의 페이지
3. 역사와 전설: 서사극
4. 현실과 허구: 모험 영화
5. 영혼의 세계: 심리 영화
6. 인간 희극: 희극 영화
7. 꿈과 현실: 시 영화
8. 예술 영화
9. 애니메이션 영화

프랑수아 드 라 브레테크가 지적한 것처럼, 이 분류를 주재하고 있는 것은 앙리 아젤에서 영감을 얻은 시네마의 정신적 시각이다. 이 시각은 시와 예술에 이르기 위해 자연에서 영혼과 꿈으로 거슬러 올라간다.[27]

만약 우리가 시네마토그래프 장르를 분류 카테고리로 간주한다면, 경험적인 차원에서 장르 활동의 활력성과 이론적인 차원에서 결정적이고 절대적인 방식으로, 시네마를 절대적이고 보편적인 장르들의 유형론으로 조직하는 불가능성 등을 확인할 수 있다. 즉 명칭은 존재하

---

27) 프랑수아 드 라 브레테크, 〈유형론에 대한 고찰. 앙투안 발레의 시네마 장르를 재독〉, 《시네막시옹》 68호, 미셸 세로소의 지도로 쓰여진 〈시네마 장르의 파노라마〉, 같은 책, pp.11-15.

지만 견고하지 않고, 다시 잘라지고, 대립되기도 하고, 다양한 구별이나 테두르기 층위의 결실이다. 이 명칭은 장르의 내적 상호 작용도, 영화 장르와 예술적이고 문화적인 또 다른 작품 사이에 외적 상호 작용도 고려하지 않고 있다. 결국 장르의 지도는 모두 정확히 시기, 시네마와의 관계를 표현한 주어진 장소나 활동 기록 등에 의거해 구상되었던 반면, 지리학적이고 문화적인 차원을 무시하고 있다. 이는 보통의 많은 유럽 유형론의 자기 민족중심주의적 특성을 특히 설명하고 있다. 즉 유럽의 유형론은 가령 일본의 영화 장르처럼 유형과 장르로 강력하게 구조화된 세계를 자신들의 '이국적인' 시네마토그래프 특징적인 장르로부터 떼어 놓는다. 엄격하고 종합적인 장르 분류의 허상은 완전히 장르의 정글에 자리를 남겨두고 사라진다. 왜냐하면 장르의 정글에서 열대 숲의 나무처럼, 카테고리와 영화는 가지, 뿌리, 서로 뒤죽박죽되었다가 다시 합쳐지는 칡 등을 돋아나게 하기 때문이다.

제2장
장르 규칙을 찾아서

약탈자처럼 과감하게 몇 번 큰칼로 내리쳐서 장르의 정글을 밝히는 것 대신, 앞으로 우리는 정글을 관통하는 것에 대해 생각해야 한다. 우리는 영화 장르에 대해 제시했었던 처음 정의를 가이드로 끌고 가지 않는 게 더 현명할 것이다(처음의 정의란 작품을 명명하고 구분하며 분류하는 데 소용되고, 형식적이고 주제적인 유사성 전체를 고려한다고 여겨지는 경험적인 범주). 사실 만약 이 정의가, 이러한 분류 행위에 내재한 상호 모순과 한계처럼 장르의 유형론적 사용을 부각시키고 있다면, 이것은 장르의 존재와 인정이 근거를 두고 있는 (즉 변화할 수 있는) 문화적이고 역사적인 합의를 침묵하에 간과하고 있다. 그러므로 우리는 길을 트기 위해 프란체스코 카세티가 제안한 정의를 잠정적으로 유치해야 한다: "장르란 한편으로 '영화를 만드는 사람'이 설정된 커뮤니케이션 양식을 이용하고 다른 한편으로는 '영화를 바라보는 사람'이 그 자신의 기대 시스템을 조직하게끔 하는 공유하는 규칙들의 총체이다."[1] 이 두번째 정의는 결정적이지도 완벽하지도 않고 이의를 제기할 수도 있다. 이 정의에서 이용된 '규칙'이란 용어는 약간 엄격한 것 같고 그리고 장르를 관습, 즉 영화가 만들어지고 보여지게 될 모델로 만들려고 할 수 있다. 다시 말해 이 정의는 다음의 사실들로 인

---

1) 프란체스코 카세티, 《1945년 이후 시네마 이론》, 파리, 나탕, 〈나탕 시네마〉, 1999[1993], p.298.

해 자주 부인된 장르의 인정에 대해 영화 제작자와 관객 사이에 절대적인 일치를 전제하고 있다; 이 정의는 다양한 행동과 영역에 부합하는 '장르'라는 단어 뜻의 차이를 가다듬고 있다. 이 뜻의 차이는 '장르' 개념의 다원적인 의미를 가리킨다고 릭 알트만은 환기시켰다.

— 장르라는 단어는 모델, 즉 형식을 지칭하는데, 이 모델은 상업적인 작품을 앞서고 그 프로그램을 짠다.
— 장르라는 단어는 텍스트의 구조, 즉 개인 영화의 기본적인 시스템을 지칭한다.
— 장르라는 단어는 명칭, 즉 배급자와 영화관 경영자의 결정이 의존하는 카테고리 이름을 지칭한다.
— 장르라는 단어는 관객이 사인하고 장르 영화의 모든 해석을 이끄는 계약을 지칭한다.[2]

그러나 우리가 합법적으로 형식화할 수 있고 장르의 총괄적인 모든 정의에 줄 수도 있을 비평은 (왜냐하면 이런 정의는 상호 모순을 은폐하려고 하기 때문이다) 카세티 정의의 **조작적 가치**를 폐기하지 않는다. 그러므로 길을 트기 위해 우리가 이 정의를 선택한 것은 단지 이런 명목에서이다. 사실, 카세티의 정의는 장르를 일치에 근거를 두고 있기 때문에 카테고리의 가변성을 함축적으로 고려하고 있다. 더욱이 카세티의 정의는 일치란 이것이 관계하고 있는 다양한 네 개의 공간 속에서 일어난다고 암시하고 있다. 도식적인 방식으로 이 네 가지를 말해보면, 영화 제작의 세계, 수용의 세계, 영화 그 자체, 앞선 세 가지 것들의 만남으로 구성된 교섭과 커뮤니케이션의 공간이다. 따라서 만약

---

2) 릭 알트만, 〈재이용할 수 있는 상자. 총칭적인 산물과 재생 이용 과정〉, 《아이리스》 20호. 알랭 라카스, 〈영화 장르 개념에 대해〉, 파리/아이오와, 1995년 가을호, p.14.

이 정의가 불협화음을 삭제한다면, 이것은 장르성의 두 가지 자질을 종합하고 있다고 우리는 역시 생각할 수 있다: 동일한 장르의 '영화들' 속에 반복된 협약(규칙·형식)이 존재한다. 다시 말해 이 협약은 영화, 즉 영화의 주제적인 요소나 형식적인 기법을 초월하는 **커뮤니케이션 과정** 속에 삽입된다. 그래서 이 두 가지 자질은 영화 장르 이론의 두 가지 유형을 가리키는데, 이것은 30년 그 이전부터 수많은 발전을 겪었다:

— **구조적 텍스트 이론**. 이 이론은 텍스트 구조, 영화 텍스트의 총체로 간주된, 장르의 특징적인 자질을 확립하려고 한다;

— **장르의 기능적인 정의**. 이 정의는 이론적인 관점에 머무르면서 장르를 그 기능(사회·문화·경제·커뮤니케이션)을 통해 정의한다.

이 두 가지 접근은 영화 장르를 서로 다른 층위에서 설정한다: 하나는 구조적 텍스트 접근으로써 영화 속에서, 또 다른 하나는 기능적 접근으로써 그 제작과 수용 상황과 영화와의 상호 작용 속에서 설정한다. 게다가 두 가지 접근은 장르의 문제에 관해 영화를 생각하고 연구하는 두 가지 방식을 나타내고 있다. 즉 하나는 작품과 텍스트 연구 분석이고, 다른 하나는 다원적인 사회·문화적인 실천으로서 영화 분석이다. 이 구분은 역시 여전히 근원적이지 않다. 왜냐하면 기능에 대해 생각하는 구조적 이론이 역시 존재하기 때문이다(그러나 구조적 이론이 밝혔던 구조로부터 기능을 이끌어 내면서 말이다). 더욱이 몇 년 전부터 어떤 이론가들은 이 두 가지 접근의 편차를 줄이려고 노력하고, 앞으로 보겠지만, 영화 텍스트와 상황을 복합적인 장르 분석 방법 속에 합병시키려고 시도한다. 그럼에도 불구하고 명확성을 염려해, 우리는 다음 장을 위해 기능적인 정의의 조사를 보존하면서, 특히 영화 장르의 텍스트나 구조적 정의에 이번 장을 할애할 것이다.

장르의 형식적인 규칙을 찾아서

장르에 대한 몇몇 정의는 연역적 이론에 의거해, 장르 구성의 형식적인 규칙을 제시한다. 이렇게 이 정의는 장르를 형식적인 기법의 닫힌 시스템으로 만드는 경향이 있다. 그런데 이 시스템은 그 고유의 변이형으로 먹고살고, 그 다음 쇠퇴할 것이며, 새로운 형식(다른 장르들)과 경쟁한다. 그러므로 장르라는 용어에 논리학에서 영감을 얻은 아주 일반적인 의미를 부여해 보면, 우리는 이 정의를 '형식주의'라고 부를 수 있다: 그 사용에 있어서, 이 용어는 러시아 형식주의자들의 역사적 학파와 그 이후 이들의 영향을 포함하고 있지만, 거기에 국한될 수는 없다.

러시아 형식주의자들과 시네-장르

먼저 이들을 중상모략하는 자와 전통적 비평이 '러시아 형식주의자'라고 부르는 사람들은 시(詩) 언어 연구를 위한 단체 구성원과 1915년에 모스크바에서 창설되고 1930년까지 활동한 러시아 비평가와 연구 그룹이다. 이들의 프로젝트는 각각의 예술로서 예술을 그 특성 속에서 정의하는 것이다. 즉 치클로프스키가 시작한 형식에 따르면, 작품은 '여기에 사용되어진 모든 예술적 기법의 총계'로 지칭되어지는 것으로 보인다.[3] 그러므로 그룹의 또 다른 구성원처럼 영화에 관심을 가진 사람들에게 있어, 이들의 분석은 내용보다 형식적인 현상에 더 많이 집

---

3) 러시아 형식주의자 소개에 대해서는 《문학 이론》을 참조해 볼 수 있다. 츠베탕 토도로프가 모아서 소개하고 번역한 러시아 형식주의자들의 텍스트, 파리, 쇠이유, 1965. 프랑수아 알베라의 《러시아 형식주의자와 시네마. 영화의 시학》, 파리, 나탕, 〈영화 기금〉, 1996.

착한다. 이들의 목표가 시네마의 진정한 법칙을 구분하는 것인 만큼, 우리는 그들이 시네마토그래프적 특성을 가지고 있지 않은, 내러티브 구조나 주제적 요소가 아닌 영화 영상, 촬영 효과, 편집 등 독특한 속성으로부터 영화 장르를 정의하는 것에 놀라지 않을 것이다.

우리는 기법 전체를 시네-장르라고 부를 것이다. 시네-장르는 의미론적 재료와 특정한 감정적인 목표와 관계가 깊은 구성, 스타일과 주제 등에 관련되지만, 전체적으로 예술의 정확한 장르 시스템, 즉 시네마 장르에 들어간다(…). 그러므로 시네-장르를 확립하기 위해 우리는 편집과 촬영 효과의 관점에서, 다양한 장르와의 관련하에 공간, 시간, 사람과 대상 등의 이용을 조사할 것이다; 주제에 관련된 부분들의 배치; 장르 내부에서 다양한 요소들 사이에 설정되는 관계.[4]

그러므로 시네-장르의 정의 기준들은 형식주의자들이 영화 예술의 특징적인 스타일 법칙으로서 간주하는 것이고, 각각의 시네-장르는 이런 법칙의 특별한 적용인 규칙 전체에 근거를 두고 있다.

피오트로프스키는 무엇보다도 먼저 1920년에 존재하는 장르들 사이에서, 카탈로그에서 제외되어진 두 개의 장르를 구분한다. 그 하나는 '시네-드라마'로서 연극 작품을 영화로 번역하였지만, 더 넓게 줄거리, 극적 행동, 변화하는 등장인물들의 대결 등에 역시 역점을 둔 완벽한 영화이다. 다른 하나는 '시네-소설'로서 이야기의 구성과 주제를 보존하고 있는 문학 각색이지만, 역시 더 전체적으로 내러티브 문학, 특히 심리소설과 중편소설에서 그 양식을 차용한 완벽한 영화이다. 이 두 개의 장르는 시네마토그래프로 간주되지 않는데, 첫째로

---

4) 아드리안 피오트로프스키, 〈시네-장르 이론〉, 《러시아 형식주의자들과 시네마》, 《영화 시학》, 같은 책, p.144.

는 극적인 관습, 둘째로는 내러티브 관습을 채택하여 각색하고, 또한 특별히 영화의 표현성이라는 수단을 사용하고 있지 않기 때문이다. 가령 '시네-드라마'는 인간의 감정의 대결에 역점을 두고 인간을 그 기본적인 재료로 만드는 드라마화를 연극에서 차용하면서, 시네마 포토제닉의 질을 소홀히 하는데, 즉 대상과 동일한 지각 층위에 인간을 놓는다. 시네-드라마는 선적인 시간에 특권을 부여하고 오늘날 우리가 다이제시스적 시간이라 부르는 것을 영화적 시간에 접근시키려고 노력하며, 단순한 구성의 지주로서 공간을 사용하기 때문에, 이것은 편집의 힘과 잠재성을 필요로 하지 않는다. 그 결과 이 장르는 영화의 특징인 표현적 질을 무시하다 못해, 빈약하게 한다. 반대로 시네마토그래프적 시네-장르는 진실로 단지 영화의 테크닉 가능성으로부터 만들어진 것이고 그 출현은 이런 가능성들의 증가를 통해 허용된다. 즉 '미국 희극'(오늘날 벌레스크 장르라 부르는 것), 모험 영화, 서정적 장르, '진행중인' 두 개의 장르인 불멸의 영웅주의(에이젠슈테인의 〈파업〉(1924)이나 〈전함 포템킨〉(1925)이 예로 보여줌)와 베르토프와 키녹의 혁명 영화 등이 이것들이다.

  벌레스크는 특히 클로즈업의 사용을 통해, 웃음 창고를 부활시키는 대상물의 엉뚱하거나 어긋난 이용을 제시하기 때문에 확실히 시네마토그래프적이다. 우리는 〈증기선의 빌 주니어〉(키튼과 라이스너)의 시작에서 버스터 키튼이 모자를 써보는 시간과 〈황금광 시대〉(채플린, 1925)에서 작은 빵들의 댄스에 대해 생각할 수 있다. 벌레스크의 주인공은 역시 대상물인 세계에 밀접하게 연결되어 있다. 말하자면 주인공은 자신의 상징적인 마스크로 자동인형화된다(샤를로는 무엇보다 먼저 멜론이고 지팡이이고, 해럴드 로이드는 둥근 안경으로 상징화된다). 또한 더 넓은 장면들은 주인공과 무대장식과의 투쟁적이거나 융합된 관계를 부각시키고 있다. 버스터 키튼은 〈장군〉(키튼과 브루크먼, 1927)에서 자신의 기관차와 합체가 된다. 〈증기선의 빌 주니어〉에서 폭풍우는 집 정면이 그에게 와르르 무너지도록 하는데, 그는 열린 창문에 발을 내밀어 기적적으로 무사히 목숨을 건진다. 샤를로는 〈백화점 주인〉(1916)에서 에스컬레이터와 멀어지지 않는다. 〈세이퍼 라스트〉(뉴메이어와 테일러, 1923)에서 해럴드 로이드가 마천루의 시곗바늘에 매달린 채 있는 것 등이다. 벌레스크는 동일한 포토제닉 제스처에 따라 인간과 사물을 연결시키기 때문에 시네마토그래프 장르라고 한다면, 모험 영화는 그 구성 원칙인 '비약적 구성'에 따라 시네마의 표현 가능성을 보여주고 있다. 파블보다 더, 이것은 에피소드와 더욱더 큰 위험의 연속이 긴장감을 창조하고 영화를 구조화하고 있다. 그리피스, 그가 만들었던 형식에 따라 미국 멜로드라마는 '재난, 추적, 구출' 등의 구조 때문에, 모험 영화의 결말처럼 피오트로프스키에 의해 보여지고 있다. 편집은 〈폭풍우 속의 고아들〉(1921)의 마지막 시퀀스처럼 '재난, 추적, 구출'에 큰 감정적인 힘을 첨가하고 있다. 두 자매 중 하나인 루이즈와 보드리의 기사는 사형을 언도받는다. 사형 실행 준비 장면에서는 단두대를 작동시킬 손은 더욱더 가까이서 영화화되고, 이 장면은 그들을 도와 최후의 순간에 구출하기 위해 파리 거리를 질주하는 당통의 말발굽 장면과 교차한다. 엡스탱·델뤽·클레르·레르비에 등의 영화에서 특히 예로써 보여주는,[5] 서정 장르는 그 표현성을 분위기 있는 부분에 집중시키고 있다——가령 〈어셔가의 몰락〉(엡스탱, 1928)에서 음화로 영화화되고 섬뜩한 이미지로 움직이지 않고 죽어가는 마틸드의 얼굴에 집중시키는 것이다. 서정 장르는 〈간주곡〉(르네 클레르, 1924)의 후반부 전체를 차지하고 있는, 어떤 때는 열광적이고, 어떤 때는 슬로 모션으로 영화화된 경주에서 보여주는 것처럼, 움직임과 대상물의 찬양으로 이야기의 요구 조건에서 해방된다. 최근의 영화 장

---

5) 서정적 영화 장르 속에 1920년대 프랑스 아방가르드 영화인들의 분류는 러시아 형식주의자들의 행위임을 부각시켜 보자.

르, 즉 두 개의 소련 장르인 불멸의 영웅주의와 혁명 영화에 관해, 피오트로프스키는 이것을 '파블이 아닌, 만약 우리가 원한다면 내재적인 시네마토그래프적 결합에 기반을 둔 편집 기법 위에, 새롭고 예상치 못한 방식으로 보여지는 대상물의 구성에 근거한 주제 없는 장르'로 간주한다. 〈전함 포템킨〉과 〈파업〉은 첫째 사자상, 둘째는 사이렌처럼 강한 감정적인 임무를 가지고 있으며 영화의 또 다른 요소들과 강한 관계를 유지하고 있는 대상물을 제시하고 있다. 결국 에이젠슈테인에게 있어 어트랙션 몽타주 원리와 키녹의 리듬 있는 구성 법칙은 특별히 자신의 시네마토그래프적 표현성을 드러내기 위해 편집을 그 내러티브 기능과 멀리하게 한다.[6]

정말로 다섯 개의 시네마토그래프적 시네-장르는 분명히 동일한 척도에 의거해 그렇지 않은 것 같다. 즉 희극 영화는 코미디가 될 때, 가끔 연극 형식과 혼합되고 모험 영화는 너무 공상적인 이야기에 특전을 부여하면, '시네-소설' 장르에 도달함으로써 그 시네마토그래프적 진실성을 잃어버린다. 세 개의 또 다른 장르는 영화 그룹을 통해 명백하기는 하지만, 그 스토리적 존재가 더 많이 영화 그룹이 되는 것 같은데, 더 이상 전혀 그 주제를 통해서가 아니라 오로지 그 형식을 통해서 정의된다. 그러므로 이런 그라데이션은 시네마토그래프 장르의 서열을 함축하고 있다: 이런 장르는 특히 시네마토그래프적 테크닉을 움직일수록, 더욱더 문학적 이야기와 연극적인 드라마의 요구 조건에서 멀어지고 영화의 본질에 더욱더 가까워진다. 더욱이 서정 장르, 불멸의 영웅주의와 혁명 영화 등은 오히려 우리가 현재 학파나 운동이라고 부르는 것에 속한다. 즉 1920년대 프랑스와 소련의 아방가르드 학파이다. 이런 혼동은 피오트로프스키의 이론적 방향에서 직접 유래한다: 장르의 문제를 시네마토그래프 예술의 성격을 정의하는 데 종속시

---

6) 같은 책, p.143-162.

키면서 그는 시네마를 예술로 정의하려고 노력하고, 그렇기 때문에 자신들의 실천을 표현성과 영화에 적합한 형식에 기반을 둔 학파들을 시네-장르로 간주하기에 이른다.

그러므로 러시아 형식주의자들은 장르를 구분하기 위해 보통 환기되는 기준(주제적 요소나 내러티브 구조)이 아닌, 시네마토그래프 이미지의 유일한 속성에 의존해 시네-장르를 정의하고 있다. 1995년에 출판된 아티클에서[7] 톰 거닝은 또다시 시네-장르 개념에 대해 심사숙고하기를 제안한다. 그는 초창기 시네마에서 '내러티브 통합 시스템' 옆에, 완전히 내러티브 의도가 없는 '몬스터의 어트랙션 시스템'을 정의하기 위해 어트랙션과 포토제닉 개념에서 이미 영감을 얻었었다.[8] 오늘날 지배적인 의미·통사론적 모델의 효율성을 부인하지 않고 (p.77-84 참조), 그는 장르 분석이 시네마의 특성에서 유래한 영화 스타일적인 면에 역시 관심 갖기를 기원한다. 그에 따르면 판타스틱 영화와 호러 영화의 주제와 줄거리가 시네마와 문학에 공통적이라 해도, 시네마 장르의 기원은 시네마토그래프적 이미지의 존재론적 애매성에서 유래하고 있다: 부재하는 현존이다. 러시아 계몽주의 투사 이후 고리키가 말한 '어둠의 왕국' '삶의 환상' 앞에서 첫 이미지였던 관객의 불안이 오래 전부터 사라졌을지라도, 호러 같은 몇몇 장르는 기본적이고 머리를 돌게 하는 이런 애매한 지각을 일깨울 수 있다.

살인자가 젊은 희생자들의 꿈속에서 이들을 몰아세우는 특성을 가

----

7) 톰 거닝, 〈아주 좋은 낙타 붓으로 그려진 것들: 영화 장르의 기원〉, 《아리리스》 20호, 〈영화 장르 개념에 대해〉, 같은 책, p.49-61.

8) 앙드레 고드로와 톰 거닝, 〈초창기 시네마, 시네마 역사에 대한 도전〉, 《시네마 역사, 새로운 접근》, 파리, 누벨 소르본 출판, 1989, pp.49-63, 자크 오몽·앙드레 고드로·미셸 마리 등이 지도. 톰 거닝, 〈어트랙션, 트릭과 포토제닉. 1896년과 1907년 사이에 제작된 트릭 영화 속에서 현재의 폭발〉, 《프랑스 영화 초창기 20년대》, 파리, 누벨 소르본 출판, 1995, pp.177-193, 장 질리·미셸 라니·미셸 마리·뱅상 피넬 등이 지도.

지고 있는 〈프레디〉 시리즈는 이를 잘 보여주고 있다: 첫번째 에피소드(〈나이트메어〉, 크레이븐, 1984)에서 몇몇 청년들은 자신들을 추격하는 불에 그을린 얼굴과 철로 된 발톱을 가진 한 남자에 대한 꿈을 동시에 꾼다. 아가씨들 중 한 명인 티나는 악몽으로 너무 충격을 받아, 자기 친구들에게 함께 밤을 보내기를 요구한다. 다음날 아침 사람들은 잔인하게 살해당해 있는 그녀를 발견하고, 그녀의 방에서 밤을 함께 보냈었던 소년 로드는 감옥에 갇히게 된다. 이 사건 이후, 또 다른 청년 낸시는 계속해서 유령 꿈을 꾸고, 로드는 자기 독방에서 목이 매달린 채 발견된다. 티나의 암살자가 자신의 악몽에 나타난 남자와 다르지 않다고 확신한 낸시는 이 남자를 죽이기 위해 자신의 꿈속에서 '그를 내보내기'로 결심한다. 자신을 죽이려고 준비한 유령에게 붙잡혔던 낸시가 자신을 추격한 자의 존재를 믿기를 거부하기로 결정한 순간까지, 그녀의 시도는 헛된 것이었다. 이때 모든 것이 사라졌고, 마침내 영화의 첫 영상부터 사실상 시작했었던 긴 악몽에서 낸시는 깨어났다. 스토리와 판타스틱 장르 안에 〈프레디〉가 들어가도록 하는 것은 고어의 스토리와 특징적인 미학 속에 꿈과 현실이라는 애매성의 통합이다.

　만약 우리가 불안감을 자극하기 위한 시네마토그래프 이미지의 애매성을 이용하는 역량에 따라 장르를 정의한다면, 보통 그 주제와 모델로 인해 판타스틱이나 호러 장르에 속한 것으로 간주된 모든 영화는 장르에 속할 수 없음이 자명하다. 그러므로 거닝은 구분되는 두 개의 장르 자료를 설정하도록 제안한다. 그 하나는 의미론적이고 통사론적인 요소를 통한 장르의 정의이고, 다른 하나는 시네마토그래프 영상의 특성과 연관된 스타일 기법으로 만들어진 장르의 정의에 부합한다. 더욱이 통상적인 장르는(한편, 러시아 형식주의자들의 장르 이론의 경우처럼) 영화 특유의 특성에 의거해 그 기원을 찾을 수가 없을 것이다. 이런 제한 옆에 거닝이 제안한 시네마토그래프 장르의 정의는 '시네마 형식 자체 속에 존재하는 독창적인 매력을 내러티브화하고 정착시키는 수단' 으로 장르를 서술하기에 이른다.[9]

이론적인 장르 개념

러시아 형식주의자들의 시네-장르는, 거닝이 정의하도록 제안한 것처럼 이론적인 장르이다: 사실 시네-장르는 시네마 이론이 기초를 두고 있는 연역법에서 나온 결과이다. 이론적인 장르와 역사적인 장르 사이에 구분은 츠베탕 토도로프의 《판타스틱 문학 입문》 서문 속에 있는 장르의 연구 영역 속에 도입되었다. 토도로프는 모든 작품들의 앞선 경험적인 관찰에 기초한 엄격한 분석의 불가능성을 부각시킴으로써 시작한다: 아무리 분석가가 철저하고자 해도, 그는 곧바로 책이나 영화로 무너지게 될 것이다――그럼에도 불구하고 특히 책이나 영화에 대해, 가장 구식의 분석가들이 잃어버리지 않았다고 가정한다면 말이다. 게다가 그는 먼저 견본들을 연구하고 거기서 일반적인 가설을 끌어내고, 그 다음 이 가설을 유효화하고 고치기 위해 또 다른 예로 그 가설을 증명하는 식의 방향에 대해 반박한다: 연구된 중요한 수많은 작품들은 여기서 보편적인 법칙들을 연역해 낼 수 없게 만든다. '관찰의 양이 아니라, 오로지 이론의 논리적인 일관성이 관여적인'[10] 것처럼 장르의 이론은 토도로프에게 있어서는 문학, 우리에게 있어서는 시네마토그래프 작품 이론에 기초가 되고 있는 것 같다: 역사적인 장르가 작품들의 관찰에서 추론을 이끌어 낸 반면, 이 이론에서 연역해 낸 장르 카테고리는 이론적인 장르를 구성하고 있다. 프란체스코 카세티가 자신이 1979년에 소개한 장르에 관해 토도로프의 다양한

---

9) 톰 거닝, 앞의 책, p.60.
10) 츠베탕 토도로프, 《판타스틱 문학 입문》, 파리, 쇠이유, 〈푸앵〉, 1970, p.8.

연구물들의 종합에서 발전시킨 것과 같다:

　　첫번째 경우인 '역사적인 장르' 속에서, 우리는 수많은 구체적인 데이터들의 공리화와 일종의 원형 텍스트, 즉 장르의 모든 텍스트 성격을 요약하는 표준 텍스트 구성을 가지고 있다; 두번째 경우인 '이론적인 장르' 속에서, 반대로 우리는 전체적으로 고찰되고 앞서 선택된 분야의 분절과 가능한 모든 데이터들을 근거로 얻어졌으며 결과적으로 이미 실현된 유형 이상으로, 잠재적인 것들도 역시 포함하고 있는 목록의 구성을 가지고 있다.[11]

　　토도로프의 이론 전에 수많은 장르 이론은 문학 이론을 귀납해서 구성되어지고, 그러므로 이론적인 장르를 제시하고 있다. 우리는 러시아 형식주의자들과 이들의 유산을 가지고 이론적인 장르를 보았지만, 아리스토텔레스의 《시학》에서도 동일한 고찰이 이루어질 수 있다. 그의 《시학》은 이론의 창시자로 간주되고, 문학사 2500년을 통해 많이 읽혀지고 해석되고 교정되고 각색되었다. 《시학》의 처음 몇 줄에서는 시학의 정의는 그 종류의 정의 속에서 그것의 연장 부분을 발견할 수 있다고 강조하고 있다:

　　우리는 시론 그 자체와 종류, 이들 각각에 고유한 효과 등에 대해 논할 것이다. 이 구성이 성공적이기를 원한다면 역사를 정리해야만 한다: 우리는 자연적인 질서에 따라 먼저 오는 것으로 시작하면서, 이 구성을 이루고 있는 부분들의 수와 성질 또 같은 연구 영역에 속하고 있는 모든 문제 등에 대해서도 마찬가지로 논할 것이다.[12]

---

11) 프란체스코 카세티, 〈시네마토그래프 장르. 몇몇 방법 문제〉, 《사 시네마》, 1979, p.38.
12) 아리스토텔레스, 《시학》 1장, p.85.

아리스토텔레스의 방향은 규범적이라고 해도, 서술적이고 분석적이기도 하다. 그는 최소한 우리에게 전해졌던 시학의 해석에서, 시론을 운문 모방의 예술로 국한시키는데, 이처럼 모든 산문과 모방하지 않은 운문을 배제시키고 있다. 이 이론에서는 시론을 표현적인 시 예술로서 정의하고 있다. 여기서 카세티의 약간은 시대착오적인 표현을 다시 취해 보면, 아리스토텔레스가 자신의 일반적인 목록을 세우도록 했던 두 가지 기준이 유래한 것은 이런 표현의 문제로부터이다. 제라르 주네트가 보여주었던 것처럼,[13] 시론을 체계화시킬 목적이던 아리스토텔레스의 해석 속에서 첫번째 차이의 자질은 모방하는 방법(어떤 발화 행위 양식인가?)에, 두번째 것은 모방된 한 대상에 근거를 두고 있다. 시 작품들은 아리스토텔레스의 시스템 속에서 이야기하면서(내러티브 양식) 아니면 움직이고 말하는 등장인물(극적 양식)을 연출하면서 모방할 수 있다. 이러한 이중의 차이로 인해 시론의 장르에 부합하는 네 가지 종류를 연역해 낼 수 있다. 더욱 명확히 하기 위해 주네트가 보여준 도표는 이러한 아리스토텔레스의 시스템을 상기시키고 있다. 이 시스템 속에서 장르 카테고리는 두 가지 기준들의 교차로 만들어진 칸이고 시적 장르는 이 칸의 내용이다.

대상 양식	극	내러티브
상위	비극	서사시
하위	코미디	패러디

이론적인 장르가 유래한 작품의 이론이 어떻든지간에 이 장르는 '면소(免訴)'의 형식, 비(非)역사적인 공간을 창시한다. 이 공간은 분명히 분석가들로 하여금 '과학적인' 기준들을 제시하고, 그리고 경험주의

---

13) 제라르 주네트, 〈원형 텍스트 입문〉, 《장르 이론》, G. 주네트·H. R. 야우스·J.-M. 셰퍼·R. 스콜스·W. D. 스템펠·K. 비에토르, 파리, 쇠이유, 〈푸엥〉, 1986, pp.97-106.

와 문화를 통해 만들어진 카테고리들의 가변성에서 벗어나도록 한다. 이 개념의 표면적인 강점은 이렇게 그 약점이기도 하다. 사실 시네마 이론과 마찬가지로 문학 이론은 예술과 사고의 역사 속에 위치하고 역사를 통해서만 만들어질 수 있다. 장르를 정의하기 위해 유치된 관여적인 이론적 기준들의 선택은 연구된 예술적 대상들의 역사적으로 표지된 개념을 반영하고 있다. 우리는 이런 지적을 통해 이론적인 장르의 신용을 떨어뜨리고자 하는 것이 아니라, 그 자체가 역사성을 가진다는 것을 부각시키고자 한다: 이론적인 판타스틱 장르를 정의하기 위해 토도로프가 유치한 기준들은 가령 1960년과 1970년 인문과학 영역에서 발전된 구조주의 모델과 불가분하게 연결된, 의미 있는 제작의 구조적 개념 속에 정착되었다. 더 일반적으로, 다소 형식적인 모든 시네마토그래프 장르의 이론은 토대로서 시네마의 특별한 이론을, 원형 구조로서 이론적인 가설과 분석가의 실천적 목표를 가지고 있는 구축물이다. 거기서 장르의 모든 접근 속에 숨어 있고 릭 알트만이 분명히 명시한 문제가 나온다. 즉 주관적인 비평이 어떻게 객관적으로 가치 평가되는가의 문제이다.[14]

끝으로 토도로프가 문학 영역에서 정의한 것처럼 이론적인 판타스틱 장르로 잠시 되돌아가 보자. 그는 시네마토그래프 연구 영역에서 위대한 후손이었다. 판타스틱 장르는 공존하는 두 가지 해석 사이에 **망설임**으로 특징화된다: 하나는 이성적인 해석으로서, 세상에 알려진 법칙을 존중하고(타락한 영혼을 통해 특히 잘 보여주는 인간의 환상 · 꿈 · 환영 · 음모 등일 뿐이다), 다른 하나는 초자연적인 해석으로서, 평범한 인간의 인식의 한계에서 나온 것이다(이것은 내세, 신이나 악마, 외계의 영혼 등의 힘의 표현일 뿐이다). 더욱이 텍스트는 그 독자

---

14) 릭 알트만, 《할리우드의 코미디 뮤지컬》, 파리, 아르망 콜랭, 1992[1987], p.21-23.

로 하여금 다이제시스적 세계를 현실적인 세계로 간주하고, 여기서 벌어지는 이상한 사건들에 대해 자연적인 해석과 초자연적인 해석 사이에서 **망설이도록** 해야 한다. 사실 해석 어느 쪽 선택이든 판타스틱 장르를 떠나 작품을 낯설거나 초자연적인 경이 세계로 전환시킬 수 있다. 결국 독자는 이런 망설임이 정착하기 위해 우의적이고 시적인 해석을 거부해야 한다. 이런 이론적인 정의는 넓게는 '관점'을 기준으로 구성되어진 것이고, 이 정의가 대신하는 고딕 소설, 유령 스토리, 콩트 등 이러한 것들처럼 다양한 역사적 장르를 포함하고 있다. 그런데 이 이론적인 정의는 분명히 초자연적 존재나 현실주의적 해석을 취하고 있는 작품들을 역시 전통적인 판타스틱 장르에서 벗어나게 한다. 그러므로 시네마토그래프 영역 속에서 전환된 이 정의는 '판타스틱 분위기'에 특권을 주는 주제적 정의를 대신할 수 있다. 이것은 자연 법칙에 순종하는 세계 속에 깊숙이 묻어져 있는 이런 불확실한 공간이 없는 모든 영화를 판타스틱 장르에서 배제시킨다. 〈당나귀 공주〉(드미, 1970)처럼 시네마토그래프 콩트와 미래의 공상과학은 특히 이론적인 판타스틱 장르에 부합하는데, 이것들은 현실적이지 않은 규칙이 있는 다른 곳에서 일어나고 있기 때문이다. 그러므로 이 정의는 판타스틱과 공상과학이라는 동일한 용어 아래, 1950년부터 빈번하게 수집하던 제작자와 관객의 평범한 목록과는 다르다.

이것을 자세히 들여다보면, 매우 극소수의 영화들이 토도로프가 이론화한 판타스틱 장르의 요구에 **정확한 의미에서** 충족되는데, 왜냐하면 처음에서 끝까지 망설임이 오래 계속되는 작품이 드물기 때문이다. 아주 오랫동안 의문을 지속시키는 수많은 영화들은 결국 초자연적인 해석을 선택해서 초자연적인 경이 세계로 전환한다: 로즈마리는 이성을 잃지 않았고, 그녀의 이웃과 남편은 정말 악마였으며 영화에서 결코 보여지지 않은 그녀의 아기는 악마의 자식이었다(〈악마의 씨〉, 폴란스키, 1968); 교묘하게 지속되는 서스펜스 이후, 우리는 〈식스 센스〉

(샤말란, 1998)에서 어린 남자아이가 많은 죽은 자들을 보고, 그를 돌보고 있는 정신과 의사가 고통받는 이 영혼들에게 역시 속해 있다는 것을 이해하게 된다. 이성적인 해석으로 딱 잘라 해결하는 영화들은 많지 않기 때문에 낯선 영화에 속한다. 가령 〈다섯손가락을 가진 동물〉(플로레이, 1947)의 경우이다. 이 영화에서 피아니스트 잉그람의 손은 등장인물이 죽은 후에 영주의 저택에 자주 드나드는 불길한 손발이 아니다. 이 손은 잉그람의 도서관 사서에 의해 시체 위에서 잘렸다. 도서관 사서는 자신의 희생자에게 자기 지문이 아닌 다른 지문들을 만들어 놓으면서, 상속인을 걱정하고 승계의 임무를 가지고 있는 공증 변호사를 암살하기 위해 잉그람의 손을 사용한 것이다. 관객은 손이 기어가는 것이 보였던 시퀀스가 사실상 살인과 동시에 광기에 빠져들었던 사서의 관점을 취했음을 영화 후반부에서 이해하게 된다. 소수의 영화만이 그 해석을 관객에게 자유롭게 맡기면서 토도로프의 정의에 부합할 수 있다: 로메르 감독은 자신의 영화 〈이블 헌터〉(1977)에서 진짜 성격(미치거나 진정한 흡혈귀)에 대한 편견을 결코 취하지 않는다: 아무것도 히치콕 작품에서 〈새〉(1963)는 본능적으로 우연히 혹은 그것의 평범한 동물성을 뛰어넘어 악의에 차서 공격한다는 것을 말하려는 게 아니다. 마찬가지로, 〈로스트 하이웨이〉(1995)나 〈멀홀랜드 드라이브〉(2001)는 린치가 이 영화의 영상[15]을 전개하는 시·공간의 혼합을 통해 해석의 문제를 활짝 열어놓고 있다. 그러므로 우리는 판타스틱 장르에 관하여, 현상들의 구체적인 현실에 이론적인 장르의 적용 한계를 볼 수 있다. 비록 이론적인 장르가 테마들로 가득 찬 판타스틱 장르의 상황 속에 더 흥미로운 형식적인 기준, 즉 기이한 사건들에 대한 관점을 도입할 만한 장점을 가지고 있다 할지라도 말이다.

15) 프랑시스 바누아, 〈서로의 꿈: 베리만, 린치, 큐브릭〉, 《꿈: 시네마/연극》, 다비드 레스코, 라파엘 무안, 크리스토프 트리오, 낭테르, 퓌블리디스, 총서, 2001, p.26-28.

장르: 상호 텍스트 현상

안정되고 일관적이고, 주제적이거나 형식적인 기준, 즉 특별한 작품의 적용을 보여주는 기준 등으로 장르를 정의하거나, 혹은 구체적인 현상들을 설명하기 위해 실제적으로 관여적인 이론적인 장르를 만들어 내는 어려움 앞에서, 기호학적 연구는 문학이나 영화 텍스트를 다른 텍스트들에 연결시키는 장르 관계를 서술하고 설명하려고 노력하면서 문제를 이동시킨다.

원형 텍스트로서 장르

제라르 주네트는 자신이 초(超)텍스트성[16]이라고 부르는 것, 다시 말해 텍스트를 다른 텍스트들과 관계시키는 모든 것인 더 넓은 틀 속에서 장르 관계에 접근한다. 이런 사실에서 장르성은 텍스트의 구성 요소이며, 초텍스트성의 양식 중 하나라면, 장르 관계는 이런 텍스트 구성 요소의 재투자와 조율의 총체이다.

초텍스트적 관계 전체 속에서 그는 파라 텍스트성(외적 상황과 텍스트의 관계: 제목, 서문), 상호 텍스트성(인용과 암시를 통해 다른 텍스트 속에 하나의 텍스트의 현존), 하이퍼 텍스트성(두 텍스트 사이 혹은 텍스트와 문체 사이에 모방과 변형 관계), 메타 텍스트성(텍스트와 이것의 요약 사이에 관계), 원형 텍스트성(각 텍스트를 그 원형 텍스트에 결합시키는 삽입 관계) 등을 구분한다. 더구나 이런 관계는 서로 배제하지 않는다: 가령 〈슬픔과 연민〉(마르셀 오퓔스, 1969)이나 〈비시에서 바라보다〉(클로드 샤브롤, 1993)처럼, 고문서 편집을 실천하고 있는 다큐멘터

---

16) 제라르 주네트, 《팔랭프세스트》, 파리, 쇠이유, 1982.

리들은 인용한 영화들과 상호 텍스트적 관계를 유지하고 있을 뿐 아니라 구두로 또 편집을 통해 영화를 해설하기 때문에 메타 텍스트적 관계도 유지하고 있다. 또한 다큐멘터리는 (포스터와 예고편으로) 파라 텍스트적이고 (다큐멘터리나 편집 영화 장르류로) 원형 텍스트적 관계망 속에서 다루어진다. 장르성, 다시 말해 텍스트를 '그' 장르에 연결시키는 관계는 원형 텍스트성의 형식 중 하나일 뿐이다. 사실 원형 텍스트의 여러 유형이 존재한다: 장르뿐 아니라 발화 행위 양태와 담화 유형 등이다. 장르 정의의 문제는 텍스트성에 관한 사항으로 남겨지면서, 이렇게 텍스트 서로서로가 유지하고 있는 관계 정의의 문제로 부분적으로 이동되었다.

만약 이러한 장르성의 이론이 텍스트들 사이의 순환 시스템 속에서 약간은 정적인 방식으로 장르를 고찰하는 데 커다란 이점을 제시한다면, 이 이론은 장르 규칙 대신에 텍스트들 사이에 교환 규칙을 대체하고, 텍스트와 '그 장르'와의 관계 또 장르와 '그 텍스트'와의 관계 문제를 전체적으로 남겨두고 있다. 그런데 이것은 장 마리 셰퍼[17]가 환기시킨 두 가지 근거를 통해서이다. 무엇보다 먼저 현실적이고 구체적인 텍스트의 관계적인 한 쌍을 정의하는, 초텍스트성의 여러 형식들을 가지고 우리가 관찰했던 것과 달리, 비유적인 것과 다른 원형 텍스트는 존재하기 않는다. 그 다음 장르성을 그 원형 텍스트에 텍스트의 소속이나 포함 관계로 생각하는 것은 문제가 될 수 있다: 사실, 장르는 영화의 글쓰기 모델이 아니고 연출된 영화는 그 변화를 통해 장르를 변형한다. 원형 텍스트와 초텍스트성의 일반적인 모델보다 더, 시네마 장르 분석 속에서 확실한 연장선임을 인정했던 것은 상호 텍스트적 관계의 조사였다. 가령 앨런과 고메리가 보여준 시네마토그래프 장르의 정의는 이를 증명하고 있다: 장르는 '영화의 상호 텍스트적 시

---

17) 장 마리 셰퍼, 《장르 텍스트》, 《장르 이론》, 같은 책, p.195-197.

스템,' '관객의 입장에서 정확한 기대를 창조하는 상호 텍스트적 배경'이다.[18] 그럼에도 불구하고 상호 텍스트성, 다시 말해 하나의 영화에서 다른 영화로 요소들이 순수하고 단순하게 반복된 장르성의 변형에 대한 매우 축약되고 요약된 면을 강조해 보자. 이러한 면은 희화적인 방식으로 초텍스트적 관계들의 복잡한 시스템을 줄이고 있다.

장르: 지속적이고 무한한 텍스트

크리스티앙 메츠가 《언어 행위와 시네마》에서 제시한 기호학적 모델은 주네트의 연구처럼 구조주의 언어학의 영향을 받았고, 개념적 도구를 제공하고 있다. 이 안에서 장르는 그 고유의 연장을 향해 끊임없이 열려 있는 유일하고 지속적인 텍스트로 간주된다. 장르는 '영화 상호간에 여러 경계선을 뛰어넘고, 영화에 텍스트 시스템을 가하는 '거대한 집합적 텍스트'로서 이해되는 '영화 그룹'이 된다.[19] 이러한 장르 개념은 메츠가 저술했던 논문에서 유래한다. 그의 논문에 따르면 시네마는 '언어 없는 언어 행위'이다. 이 언어 행위에서는 코드가 역할을 하는데, 이것의 분절은 극히 드문 언어 역할을 하고 있다. 텍스트는 구체적인 대상, '담화의 단위'로 간주되고, 단위의 각 요소들은(메시지) 코드를 표명하고 있다. 주어진 텍스트 속에서 사용되고 있는 코드의 집합은 그 텍스트의 단순한 시스템을 명시하고 있다. 그러므로 우리는 이중의 대립을 가지고 있다:

— 구체적인 실체와 추상적인 실체 사이에 대립. 텍스트와 구체적인 메시지는 이처럼 분석을 통해 구축된 명료함의 원칙인 (추상적인) 코드와 시스템에 대립된다;

---

18) 로버트 C. 앨런과 더글러스 고메리, 《영화 스토리: 이론적 모델》, 파리, 나탕, 〈영화 감수〉, 1993[1985], p.105-107.

19) 크리스티앙 메츠, 《언어 행위와 시네마》, 파리, 라루스, 1971, p.93-97.

— 단일성과 다원적인 존재 사이에 대립. 텍스트와 시스템은 유일한 존재인 반면, 메시지와 코드는 텍스트의 유일한 구성을 매번 한정하면서, 다양한 텍스트 속에서 나타난다.

이런 이중적 대립의 교차는 이렇게 장르의 특징적인 반복·변화 작용을 고려한 개념적인 틀을 제공하고 있다: 장르는 메시지와 코드의 규칙적인 반복으로 특징화된 단순한 텍스트이다.

더욱이 메츠는 세 종류의 코드를 구별한다: 특별하지 않은 주제적이고 문화적인 코드로, 이것은 전형적으로 시네마토그래프적이다. 왜냐하면 이 코드는 중요한 다른 작품 속에서 나타나기 때문이다. 두 번째는 시네마에 고유하고 실제 혹은 잠재적으로 모든 영화에 공통적인 일반적인 시네마토그래프 코드이다(편집 코드, 카메라의 움직임 코드, 분할점 코드 등); 끝으로 시네마에 고유하지만 몇몇 영화 그룹 속에서만 나타나는 특별한 시네마토그래프 코드이다.

각 영화가 이러한 세 가지 유형의 코드를 이용한다 해도, 이 영화는 특별한 시네마토그래프 코드를 이용함으로써 시네마토그래프 장르에 속할 수 있다.[20] 이처럼 고전 서부 영화는 모든 영화처럼 특정하지 않고 일반적인 시네마토그래프 코드를 소집하지만, 거기에 부분적으로 특정하지 않고, 부분적으로 시네마토그래프적인 특별한 코드를 첨가하기 때문에 이 영화는 단지 장르이다: 명예와 우정이나 결투 의식 등의 코드는 특별한 문화적인 코드이고, 우리는 서부 소설이나 노래 같은 다른 표현 분야 속에서 이것을 다시 만날 수 있다: 특히 앙상블 장면이나 파노라마 같은 규모의 이용으로, 이것은 특별한 시네마토그래프 코드이다. 이 모델은 장르의 혼합과 유사성의 문제에 대한 해결책을 제시하는 장점을 가지고 있다: 두 개의 장르가 교차하는 것 같아 보이는 것은 이 두 장르, 가령 서부 영화와 모험 영화가 유명한 앙상블

---

20) 앞의 책, p.46.

장면처럼 하나나 여러 개의 특별한 코드를 공유하고 있기 때문이다. 이 모델은 또한 시네마토그래프 장르를 시네마토그래프가 아닌, 가령 공통의 주제를 소유한 문학 장르와 관계시키고 구분하도록 한다: 시네마토그래프 장르는 특정하지 않은 특별한 동일한 코드에서 조직되지만, 그 특별한 시네마토그래프 코드로 인해 달라진다. 이처럼 탐정 영화는 탐정 소설과 미로 같은 탐정 줄거리를 동일하게 공유하고 있지만, 흑백과 강하게 대조된 조명의 이용은 시네마토그래프적 특성이다. 그 특정한 코드를 통한 장르의 정의는 그럼에도 불구하고 여러 문제를 미결인 채 남기고 있다. 메츠가 지적한 것처럼 우리는 강하게 코드화된 장르들, 즉 고전 서부 영화 · 고전 뮤지컬 코미디 · 탐정 영화(1940-1955) 등만이 거대한 유일한 텍스트로 간주할 수 있다. 그러므로 이 모델은 모든 시네마토그래프 장르를 설명할 수 없다. 더욱이 우리는 또 다른 영화 그룹 그 자체로부터 장르를 구분하는 것은 불완전하게 보인다. 즉 영화 그룹은 스타일, 동일한 학파의 영화, 동일한 '작가'의 영화 등, 특별한 코드로 조직된 유일한 텍스트로 간주된 것을 말한다.

크리스티앙 메츠에 이어 마르크 베르네는 장르를 정의하기 위해 영화 전단계(카메라 앞에 놓인 모든 것)와 영화적 단계에 드러나는 특별한 코드를 고려한다.[21] 무대장식은 가령 특별한 의미 자질들 전체 중 하나를 이루고 있다. 베르네가 그렇게 한 것처럼, 뮤지컬 코미디가 연극의 것과 가까운 양식화된 무대장식으로 구분된다고 단언하는 것은 부정확하다. 왜냐하면 수많은 뮤지컬 코미디가 자연적인 무대장식을 배경으로 촬영되었기 때문이다. 〈온 더 타운〉(켈리와 도넌, 1949)이나 〈오클라호마〉(진네만, 1955)를 인용해 볼 수 있다. 내가 보기에 뮤지

---

21) 마르크 베르네, 〈장르〉, 《영화 해석》, 파리, 알바트로스, 1980, p.108-114: 장 콜레 · 미셸 마리 · 다니엘 퍼셰롱 · 장 폴 시몽 · 마르크 베르네 등이 수록.

컬 코미디의 무대장식은 공간 표현을 가리킨다고 말하는 게 더 정확한 것 같다: 수로와 곤돌라가 있는 〈탑 햇〉(샌드리치, 1935)에서 베네치아는 재생지로 만든 고정된 이미지이다: 〈파리의 아메리카인〉(미넬리, 1951)에서 파리는 파리의 우편엽서와 실물로 착각할 만큼 정밀한 묘사화와 교차하고, 환상의 시퀀스에서는 툴루즈 로트레크가 그린 명작과 교차한다; 〈오클라호마〉처럼 서부에서 촬영된 뮤지컬 코미디는 웨스턴의 영화적 스테레오타입으로 이용된다. 영화적 단계에서 장르는 가령 특별한 컬러 코드의 이용으로 구분된다: 서부 영화는 컬러의 리얼리스트적 처리를 제시하고, 뮤지컬 코미디는 양식화된 방식으로 생생한 컬러 색조를 이용한다. 또 컬러의 사용이 주가 되었던 이후에도 오랫동안, 할리우드처럼 프랑스에서 탐정 영화는 흑백 처리로 구분되어진다. 마찬가지로 달리의 사용은 뮤지컬 코미디의 특별한 카메라 움직임의 코드인 반면, 빠른 트래블링과 카메라 기중기의 사용은 서부 영화를 특징화하고 있다. 트릭과 보이지 않지만 지각할 있는 특수 효과 등의 이용(관객은 트릭이 있다고 의심한다)은 판타스틱 영화와 공상 과학 영화의 표지이다.

장르의 구조를 찾아

우리가 방금 보았고 단순화하기 위해 첫번째로 '형식주의적,' 두번째로 '텍스트 상호적인'이라고 부르게 될 다양한 이론들은 시네마 이론과 기호학적 모델에서 장르의 정의를 연역해 낸다. 그러므로 이 이론과 모델은 이상적으로, 모든 장르를 설명할 수 있을지도 모른다. 또한 각 영화의 독자성을 초월할 수도 장르의 기초가 되는 변화와 반복 작용을 모델화할 수 있을지도 모를, 또 다른 접근들은 같은 장르의 영화들에서 공통의 구조들을 이끌어 내려고 노력한다. 이러한 접근은 최소한 공식적으로 이론적인 연역법이 아닌, 체계적인 분석에 따라 처리한다. 그러므로 토도로프의 목록을 취함으로써, 이 접근의 목표는 엄격한 방식으로 분석되었던 역사적인 장르를 정의하는 것이다: 이러한 접근의 프로젝트는 본보기가 되기를 바라고, 그 때문에 이런 접근들은 장르 전체에서 항상 그 결론들을 일반화시키지 않는다. 이러한 구조의 연구 속에서, 우리는 먼저 각 영화의 특별한 줄거리를 요약하는 내러티브 조직의 밝힘을 상기시키고 이때 우리는 현재의 아주 막연한 방향에서 구조라는 용어를 취할 것이다. 곧이어 우리는 레비스트로스가 제시한 신화 분석의 구조적 모델에서 영감을 받은, 장르 분석에 흥미를 가질 것이다.

커다란 내러티브 구조

수많은 장르 분석은 주제적이거나 형식적인 요소들의 분열되고 이질적인 긴 리스트에서 벗어나기 위해, 줄거리 유형과 장르를 조직하게 될 내러티브 상황을 영화 속에서 찾아내기로 결정한다. 이러한 조사는 모든 장르 연구의 메뉴 중 주요리가 되었다고 단언해도 그다지 지나치지 않을 것이다. 모든 장르 연구라면 거기에 수많은 풍부한 페이지를 남겨두고 있다. 이렇게 노엘 캐럴은 호러와 공포 영화 속에서 두 가지 주요한 줄거리 유형을 구분하는데, 과학에 비해 의혹을 다양한 방식으로 내러티브화한다. '발견'의 줄거리(**디스커버리 플롯**)는 과학·과학 기관의 대표자들, 합리적 사고 등의 무능력과 비효율성에 그 맥락을, 그리고 한없이 영향을 미치게 되는 과학적 행동의 위험을 안고 '정상을 벗어난 감정' 줄거리(**과도한 사람 플롯**)를 전개시킨다.[22]

---

22) 노엘 캐럴, 〈나이트메어와 호러 영화: 판타스틱한 존재의 상징적 바이올로지〉, 《필름 쿼털리》 34호, 1981, p.16-25. 《호러 철학, 혹은 하트 패러독스》, 뉴욕, 루틀리지, 1990.

'발견'의 줄거리는 〈드라큘라〉(브라우닝, 1931), 〈캣 피플〉(자크 토너, 1942), 〈신체 강탈자의 침입〉(시겔, 1956)처럼 아주 수많은 이야기와 두 개의 리메이크(카우프먼, 1978/〈패컬티〉, 로드리게즈, 1998) 작품인 〈죠스〉(스필버그, 1975), 〈엑소시스트〉(프리드킨, 1973)를 구성하고 있고 네 단계로 전개되고 있다:

— 공격: 유령(혹은 걱정스런 현상)의 존재는 공격을 통해 자주 확인된다.

— 발견: 개인이나 그룹이 유령의 존재를 발견하고 유령이 표현하는 위협을 이해한다; 그들은 특히 과학의 위력을 경고하고, 그 위력을 믿기 거부한다.

— 확신: 위험을 인식한 등장인물들은 다른 위협의 현실과 움직여야 할 필요성을 설득시키려고 시도한다. 이 단계는 자주 아주 길고 넓게는 서스펜스로 작용한다: 마침내 사람들은 있을 수 없는 사실이라고 인정하지 않은가? 귀중한 시간이 소비되지 않는가? 이 단계는 두 가지 지식 유형 사이에 갈등을 전개시킨다: 하나는 발견을 통해 비전문가나 성인들에게 자주 주어지는 경험적 지식이고, 다른 하나는 이런 경험적 지식을 인정하기를 거부하는 합리적이고 과학적인 지식이다. 우리는 이처럼 이런 줄거리 장르가 〈나이트메어〉나 〈패컬티〉처럼 특히 성년들(Teen pictures)에게 할당된 수많은 호러 영화 속에 특권화된 방식으로 존재하는 이유를 이해한다. 즉 이 줄거리는 젊은이들과 부모의 권위 사이에 갈등을 모델화하고 있다. 이런 갈등 끝에 결국 권위는 위험의 초자연적인 현실을 인정한다;

— 마지막 대결: 유령과 싸우기 위해 보통 모든 사람들은 성공적으로 단결한다.

'정상을 벗어나는 감정'의 줄거리는 〈프랑켄슈타인〉〈지킬 박사와 하이드〉〈모로 박사의 섬〉 등 다양한 버전들이 보여주고 있고, 네 가지 움직임으로 과학에 대한 비평을 내러티브화한다:

— 경험의 준비 과정: 이것은 기술적 준비 과정의 연출에 철학적인 성찰, 과학적 설명, 자주 광적인 지식인의 모티베이션에 대한 담화 등을 섞는다.

— 경험의 기술적 성공: 이 성공은 지식인의 과대망상증을 두 배로 더해 준다;

— 경험의 도덕적 실패: 경험과 그 결과는 지식인에서 벗어나 무지한 희생자들을 만든다. 프랑켄슈타인의 피조물이 호두나무 앞 호숫가에서 함께 테이블 점을 치고 있던 희생자들 중 한 사람인 친절한 아가씨(웨일, 1931)는 그 원형일 수 있다;

— 파괴: 경험은 중단되고, 창조된 피조물들은 그룹(연결되거나 지식인이 아님)이나 지식인 그 자신에 의해 사라진다.

그러므로 '호러' 장르는 캐럴에 따르면, 이러한 두 가지 이야기 유형으로 한정될 수 있다. 이 이야기들은 '발견'의 줄거리에서는 무용하고 편협한, '정상을 벗어나는 감정' 줄거리에서는 위험한 과학적 사고를 믿지 않는다.

장르 영화 속에서 반복적인 내러티브 구조의 조사는 캐럴의 분석에서 보여준 것처럼, 장르 분석을 그 정의에 대체하는 경향이 있다. 이렇게 이끌어 낸 줄거리 유형은 장르류를 정의하기 위해 특히 조작적인데, 이는 거의 전체에 명칭의 문제와 이 유형들이 나누고 있는 장르의 변별적 기준의 문제를 남기고 있다. 더욱이 이런 접근은 영화의 이미지가 아닌 그 시나리오에 특권을 부여한다. 게다가 반대의 비난은 도상적인 분석에 반해서 표명될 수 있을 것이다. 도상적인 분석은 이 영화 저 영화에서, 동일한 의미가 부여된 상징적인 이미지[23]의 반복을 통해 장르를 정의한다: 서부 영화에서 사막을 구보하는 말이나 존 웨인

---

23) 에드워드 버스컴, 〈미국 시네마의 장르 구상〉, 《스크린》, 11/2, 1970, p.33-45와 로렌스 알로웨이, 《폭력적인 아메리카: 더 무비 1946-1964》, 뉴욕, 모마, 1971.

이라는 인물, 무술 영화에서 검과 기모노, 탐정 영화에서 사설탐정이나 경찰의 개버딘 레인코트, 공상과학 영화에서 우주 공간에 떠 있는 우주선 등이다.

끝으로, 주제나 사이클을 통해 영화를 재분류하는 분석으로, 장르에 고유한 내러티브 구성의 유형을 한정하는 것을 목표로 하는 이러한 방향과 혼동하지 않아야 한다. 만약 이런 분석 역시 때때로 막연한 한계로, 하위 장르로 구성된 장르를 조직한다면, 이것은 줄거리의 구조가 아닌 테마에서 출발한 것이다. 가령 중요한 여섯 개의 사이클로 된 서부 영화의 데쿠파주가 그런 경우이다. 이것은 장 루이 리외페이루가 제시하고[24] 이렇게 분류한 장르의 전문가들이 일반적으로 동의하고 있는 것이다: 식민, 인디언 전쟁, 남북 전쟁, 짐승, 멕시코-텍사스의 갈등, 불한당질과 법의 사이클이다. 식민의 사이클은 개척자들의 정착(〈신세계 정복자들〉, 드밀, 1947)을 이야기하고 포로 호송부대가 체험하는 위험을 상세히 말하고 있다: 〈포장마차〉(크루즈, 1923)에서 플래트 강의 횡단, 인디언들의 공격, 목장의 화재 등과 〈빅 트레일〉(월시, 1930)에서 불어나는 강물, 호전적인 인디언들의 만남, 열대 사막의 횡단이나 가파른 산 넘기 등이다. 만약 인디언 전쟁의 사이클이 〈샤이엔족의 최후〉(포드, 1964), 〈작은 거인〉(펜, 1969), 〈솔저 블루〉(넬슨, 1970)처럼, 먼저 공격한 인디언이 점차적으로 희생자가 되어가는 수많은 영화의 주제라면, 남북 전쟁은 더 제한적인 총체를 구성하고 있다: 북쪽 사람들과 남쪽 사람들 사이에 갈등은 〈버지니아 시티〉(커티스, 1940)에서 연합을 위해 채취된 금광 적재를 둘러싸고 서부까지 연장되고, 전투원의 귀환(〈런 오브 더 애로우〉, 풀러, 1957)에서 드러나거나 〈역마차〉(포드, 1939)에서 햇필드 도박꾼의 몰락을 보여주고 있다. 〈레

---

24) 장 루이 리외페이루, 《웨스턴 혹은 우수한 미국 영화》, 파리, 세르프, 〈일곱번째 예술〉, 1953과 《서부 대모험. 극 서부에서 할리우드까지: 1894-1963》, 파리, 램지, 1987[1964].

드 리버〉(혹스, 1948)에 따르면, 짐승의 사이클은 소떼의 이동을 둘러싸고 구성되며 많은 양상을 통해 식민의 서클을 다시 만난다. 멕시코-텍사스의 갈등은, 즉 알라모 요새의 패전에 할애된 영화들이 그 상징으로, 텍사스에 위치한 여러 서부 지역에서 역시 다시 만날 수 있다. 끝으로 법의 사이클은 〈역마차〉 〈하이눈〉(진네만, 1952), 〈리버티 밸런스를 쏜 사나이〉(포드, 1961) 등과 같은 수많은 영화에서 부사령관과 보안관, 불한당과 사냥꾼 등에 많은 몫을 남겨 주고, 무장강도, 기차나 객차의 공격, 정의와 복수 사이에, 아니면 군대법과 민주주의법 사이에 갈등 등으로 향하고 있다. 이런 다양한 사이클은 시네마토그래프 이야기 속에서 교차하고 결합되는데, 특유한 내러티브 구조로 구성되는 것이 아니라 영화가 예시하는 스토리의 테마들을 교차시키고 있다.

장르의 기본 구조

클로드 레비스트로스가 네 권의 《신화론》(1964-1971)에서 신화에 대해 전개한 구조주의적 분석은 영화에서 장르 분석, 특히 1960-1970년경 서부 영화에 관해 조사되었던 연구에서 훌륭한 연장선임을 인정하고 있다. 레비스트로스에게 있어 신화는 정신의 기본적인 카테고리로, 추상적이고 논리적인 사고, 즉 신화적 사고는 이 카테고리에 대응한다. 이중의 코드에 따른 연속적인 이분법과 대립으로 처리하고 있는, 신화적 사고는 현실을 단순한 이중적 대립의 판으로 축소할 수 있다: 그러므로 신화의 구조적 분석은 이러한 '기본적이고 공통적인 속성,'[25] 즉 '숨겨진' 구조에 관심을 가지고 있지, 예측할 수 없는 이야기의 수천 가지 사태의 급변에 관심을 갖지 않는다.

다양한 신화는 역사화된 형식이고, 이 속에서 다양한 문화는 체계적

---

25) 클로드 레비스트로스, 《신화론 II. 꿀에서 재까지》, 파리, 플롱, 1966, p.408.

인 방식으로 그 세계관(그 현실)을 대립과 차이 시스템으로 조직하고 있다. 신화들이 반복되고 서로 유사한 것은 진리를 표현하려고 노력하기 때문이 아니라, 결합 관계의 구체적인 표명이기 때문이다. 신화의 다양한 버전은 그만큼 결합 관계의 특별한 배치로 해석될 수 있다: 그러므로 여기에서는 다른 것들보다도 더 훌륭하고, 더 정당하며, 더 진실한 신화도 없고, 독창적인 신화도 없다. 우리는 단순한 영화를 가로질러 반복과 변화를 가정하고 있는 시네마토그래프 장르가 레비스트로스의 신화 분석 모델에 의거해 분석될 수 있고, 게다가 신화로서 정의될 수 있는 카테고리로 나타나는 이유를 이해한다. 우리는 여기서 신화에 장르를 동화시키는 데 있어 사회·문화적인 차원을 한쪽으로 제쳐두는데, 이는 분석을 통해 신화 구조로 '밝혀진' 그 기본 구조들을 통해 장르의 정의에 관심을 갖기 위함이다. 이러한 동화에 대해서는 다음 장에서 재검토할 것인데, 이것은 구조 분석의 엄격한 틀에서 나오고 있다.

레비스트로스에게 있어 구조적 행위는 모든 뜻 깊은 제작 속에서 여전히 첫번째이고, 구조는 '전체적인 상황의 모든 요소들을 통합시키는 대립과 상관 관계 시스템'으로 이루어져 있다.[26] 그러므로 신화나 장르 속에서 구조를 찾아낸다는 것은 신화나 장르, 이 중 하나의 요소를 따로 떼어 놓을 수 없는 거대한 총체로 간주하는 것과 같다. 이 점에 대해 신화로서 시네마토그래프 장르의 정의는 메츠의 것과 일치하고, 그의 정의는 역시 시네마토그래프적 언어 행위의 구조 이론에 근거를 둔 구조적 정의이다. 더욱이 구조에 대한 레비스트로스의 정의는 신화를 내러티브화·텍스트화하지 않도록 하며, 동시에 이것을 관여적 대립이 규명된 단독 요소들의 계열체로 환원한다. 시네마토그래프 장르에 신화 분석의 구조주의적 방법을 적용하는 것은 곧 영화 전체에서 의미

---

26) 클로드 레비스트로스, 《구조 인류학 I》, 파리, 플롱, 1958, p.200.

있는 대립을 구성하는 구조를 이끌어 내는 것이다. 이는 키체스가 서부 영화에 대해 그렇게 했던 것과 같다.[27] 그는 영화 속에서 구조적 대립을 확인한다. 이 구조적 대립의 내용은 영화마다 다를 수 있지만, 모든 것은 야생의 공간(야만성)과 문명화 된 공간(문명성) 사이에 기본적인 대립을 가리킨다. 여기서 해석의 필요성 때문에 나타난 '공간'이란 용어는 지리학적인 것만이 아니라, 가장 넓은 의미에서 취해진 것이다. 다양한 서부 영화는 이처럼 경계선에서 부딪히는 야만성과 문명성 사이에 갈등 구조를 계속 내러티브화한다. 이런 대립은 구조 행위인데, 왜냐하면 이것은 이런 대립의 모든 결합처럼 서부 영화를 통해 주제화된 특별한 모든 대립을 설명하기 때문이다. 야만성/문명성이라는 기본적인 대립은 세 가지 매개적인 대립(개인/공동체, 자연/문화, 서부/동부)과 상관 관계를 맺고 있다. 그리고 이 매개적인 대립은 각각 더 작고, 더 특별한 용어들 사이에 대립의 연속으로 변화한다. 서부 영화의 어휘는 이런 변증법적인 관계에 선행하지 않고, 이 관계를 통해서 창조된다. 서부 영화는 이렇게 대립의 쌍으로 된, 비(非)연대기적인 그림을 통해 서술될 수 있다. 우리는 이 그림을 또다시 세분화할 수 있고 장르의 총체적인 의미를 분명히 설명할 수 있다.[28]

야만성	문명성
개인	**공동체**
자유	제약
명예	제도
자아 의식	환상

---

27) 짐 키체스, 《서부 지평선》, 런던, 템스 앤 허드슨, 1969.
28) 같은 책, p.11.

완전	타협
개인적인 이득	사회적인 책임성
독아론(獨我論)	민주주의

자연	문화
순수함	부패
경험	지식
경험주의	법률주의
실용주의	이상주의
야만성	세련미
잔인성	인간성

서부	동부
아메리카	유럽
경계선	아메리카
평등	사회 계층
농업	공업
전통	변화
과거	미래

이러한 그릴은 서부 영화의 역사적인 모든 차원을 폐기하는 것으로 보이는데, 왜냐하면 이것은 공시적인 모델 속에서 서부 영화의 기본 구조를 제시하기 때문이다: 스토리의 전개는 야만성/문명성 대립의 특별한 배치일 뿐이다.

서부 영화 관해 윌 라이트는 여전히 네 가지 줄거리 유형을 구분하고[29] 이 유형 각각에 대해 그는 동일한 구조 분석의 기저 위에, 영화 흥행률에서 성공과 그 대표물로 선택된, 서너 가지 영화 등을 근거로

연구한다:

  — 고전적인 줄거리: 혼란한 도시에 도착해서 그 도시에 질서를 잡아 주는 외로운 이방인에 대한 스토리이다. 분석된 영화는 〈셰인〉(스티븐스, 1953), 〈정복자〉(커티스, 1939), 〈페시지 계곡〉(토너, 1946), 〈백주의 결투〉(비더, 1947) 등이다.

  — 복수의 변화: 고전적인 줄거리에 대한 변화이다. 분석된 영화들은 〈역마차〉(포드, 1939), 〈라라미에서 온 사나이〉(만, 1955), 〈애꾸눈 잭〉(브랜도, 1961), 〈네바다 스미스〉(헨리 헤서웨이, 1966) 등이다;

  — 테마의 전환: 고전적인 줄거리의 전도이다(영웅은 영화 시작에서 사회 속에 있다). 분석된 영화는 〈하이눈〉(진네만, 1952), 〈브로큰 애로우〉(데이브스, 1950), 〈자니 기타〉(레이, 1954);

  — 전문적인 줄거리: 고전적인 줄거리처럼 사회를 떠나 있는, 영웅은 반대로 여기서는 싸움을 해주고 돈을 받는 전문인이다. 분석된 영화는 〈리오 브라보〉(혹스, 1959), 〈4인의 프로페셔널〉(브룩스, 1966), 〈와일드 번치〉(페킨파, 1969), 〈내일을 향해 쏴라〉(힐, 1968) 등이다.

  곧이어 라이트는 이런 네 가지 총체 각각을 단순한 기능, 다시 말해 한 가지 행동이나 자질이 표현하고 있는 기능의 리스트로 분해하고 있다. 이러한 행동이나 자질은 영웅·평민·사회 등 이런 세 가지 유형의 등장인물간에 상호 작용을 보여주고 있다. 이처럼 그에게 있어 고전 서부 영화는 일련의 열여섯 가지 기능으로 요약된다:

  영웅은 사회 그룹 속에 있다.
  영웅은 사회에 대해 무지하다.
  영웅은 특별하고 예외적인 재능을 드러내고 있다.

---

29) 윌 라이트, 《여섯 명의 총잡이와 사회. 서부 영화의 구조 연구》, 버클리/로스앤젤레스/런던, 캘리포니아대학 출판, 1975.

사회는 사회와 영웅 사이에 차이를 인정하고 그에게 특별한 위치를 부여한다.

사회는 전적으로 영웅을 수용하지 않는다.

평민과 사회 사이에 갈등이 있다.

평민은 사회보다 더 강하다.

영웅과 평민 중 한 사람 사이에 강한 우정이 있다.

평민은 사회를 위협한다.

영웅은 연루되는 것을 피한다.

평민은 영웅의 친구를 공격한다.

영웅은 평민들과 싸운다.

영웅은 평민들의 승자이다.

사회는 구출된다.

사회는 영웅을 받아들인다.

영웅은 특별한 위치를 상실한다.[30]

각각의 고찰된 유형들 속에서 기능과 등장인물의 교차는 선/악, 강함/약함, 야생/문명 등, 네 가지 기본적인 대립을 드러내고 있고, 이 대립은 여러 층위에서 작용하고 있다. 그러므로 라이트는 서부 영화를 각 줄거리 유형이 다르게 교차하는 대립의 결합으로 정의한다: 가령 고전적인 줄거리의 영웅은 사회를 통해 생산된 가치의 명목으로 무기를 잡고 사회로 돌아옴으로써 끝난다. 반면에 복수의 변화된 영웅은 사회 속에서 출발하고, 그 다음 사회가 인정하지 않은 가치의 명목으로 무기를 가지고 사회를 떠나고, 결국 무기를 버리고 난 후 사회를 재통합한다.

우리는 결론에 이르기 위해 역시 중대한 구성을 제시하는 것이 필

---

30) 앞의 책, p.40-49.

요한지 정당하게 자문해 볼 수 있다. 이 결론은 한편 서부 영화의 네 가지 유형의, 전체적으로 경험적인, 한정 속에 그리고 각 유형의 영화들의 선택을 통해 이미 함축적으로 포함되어 있다: 라이트는 고전 영화를 서부 영화의 원형으로 제시하고, 〈셰인〉을 고전적인 서부 영화 중 가장 고전물로 소개한다. 이 때문에 우리는 서부 장르, 신화의 구조적인 정의에 관해서는 자주 레비스트로스의 신화 분석에 대해 했던 정의와 동일한 유보 조건을 표명할 것이다:

방법은 여기서 연구된 대상에 **선험적으로** 일치된 기본적인 속성들의 변모되고 전환된 표현처럼 나타난다. 일반적인 가정 사이에 연구된 대상과 보유된 방법이 상호 모순적일 위험이 결코 없음을 말하는 것이다. 각각은 두 개의 다른 것에서 연역되어지고, 그러므로 그것을 통해서만 존속한다.[31]

장르의 의미, 통사론적인 정의

장르 이론의 분야에서 현재 주된 모델은 할리우드 뮤지컬 코미디에 관한 릭 알트만의 연구에서 영감을 얻은 의미·통사론적 모델이다.[32] 이 모델은 특히 장르 연구에서 습관적으로 만나는 두 가지 문제에 대한 답을 주고 있다. 장르 영화의 자료체들의 정의, 각 장르의 역사와 역사 속에 장르의 고찰이다.

---

31) 다니엘 뒤뷔송, 《20세기 신화(뒤메질, 레비스트로스, 엘리아드)》, 릴, 릴대학 출판, 1993.
32) 릭 알트만, 《할리우드 뮤지컬 코미디》, 1992[1987].

장르의 의미, 통사론적인 정의

릭 알트만은 두 가지 유명한 장르 정의의 유형을 대립시킨다: 현재 장르 백과사전이 보여주는 특성의 리스트만큼 베르네의 정의를 아주 잘 이해하고 있는 첫번째 정의에서 장르는 의미론적 요소 리스트(자질, 태도, 등장 인물, 무대장식, 시네마토그래프 테크닉 요소들 등)로 정의된다; 두번째 정의에서 장르는 그 통사론을 통해 확인되고 또 다양한 텍스트의 양상들 사이에 몇몇 구성 관계는 장르의 총괄적인 의미와 구조를 명확하게 구분하는 방식으로 내세워지고 있다. 의미론적 접근은 중요한 많은 영화에 적용할 수 있지만, 이것은 약한 해설적 가능성을 가지고 있다; 통사론적 접근은 강한 해설적 가능성을 가지고 있지만 (왜냐하면 이 접근은 장르의 의미 있는 특수한 구조를 따로 떼어 놓기 때문이다), 이것은 빈번히 거의 광범위하지 않은 적용 영역을 가지고 있다. 그러므로 릭 알트만은 의미·통사론적 정의를 찬미하고, 이 정의는 이 두 가지 접근을 결합시키고 있다. 장르는 이런 의미론적 자질들 사이에 관계를 특수한 방식으로 조직하는 의미론적 특성과 통사론적 특성을 소유하고 있다. 이처럼 서부 영화는 등장인물, 장소, 이 등장인물과 장소의 영화 촬영 방식 등과 **동시에 야생성**과 **문명성**의 경계선 주변에서 이 요소들의 조직을 통해서 정의된다. 간단히, 의미론적 데이터들은 영화의 내용이고 통사론적 상황, 즉 영화 내용이 삽입되는 내러티브 구조이다. 알트만이 세운 의미론과 통사론 사이에 구별은 한편 두 개의 의미 층위를 구분하는 텍스트 의미 이론 속에 새겨지고 있다: 텍스트 구성 요소의 언어학적 의미와 이 구성 요소들이 텍스트 내부 구조에서 획득한 텍스트 의미, 이 두 가지 의미 층위이다.[33] 가령 서부 영화에서 말은 '말' 개념을 가리키는 첫번째 층위의 의미이다. 즉 그것은 동물이라는 의미이다. 그러나 말은 역시 서부 영화에서 여러 특수한 텍스트 의미를 얻고 있다. 이 의미는 서부 영화에서 말이 중요한 역할을 하도록 하는 구조에서 유래한다: 고독한 카우보이에 결합된 이 말은 수레와 사회 그룹의 객차에 대립되는 개인 운송 수단이거나 가족처럼 문화적인 인간 동료에 대립되는 동물 동료이다; 말이 철길과 대립된다면, 이것은 역시 과거의 운송 수단이다. 마찬가지로 뮤지컬 코미디는 음악·춤·노래 등에 특별한 텍스트 의미를 주고 있다: 음악을 켜고, 춤추고, 노래하는 등, 이것들은 여기서 단지 전문적인 행동이나 여가 활동도 아니다. 왜냐하면 장르의 통사론은 이것을 사랑 행위의 모습으로 만들기 때문이다. 그러므로 의미론과 통사론 사이에 구분은 언어학적 의미와 텍스트 의미의 구분에 부합한다.

이러한 장르의 개념은 정의는 아닐망정, 그 존재의 인정이 상대적인 합의를 목표로 하는 서부 영화나 뮤지컬 코미디처럼, 강한 장르의 존재와 장르의 표태가 비평가들의 토론의 대상이 되고 있는 대재앙-영화나 활극 영화처럼, 덜 안정된 장르의 존재를 설명해 주고 있다. 가장 오래가는 장르는 강력하게 일관성 있는 특유한 통사론을 가지고 있는 것들이고, 다른 장르들은 안정된 통사론을 결코 발전시키지 않고 필연적으로 반복적인 의미론적 요소들에 근거를 두고 있다. 더욱이 의미·통사론적 방법를 통해 정의된 장르 영화의 자료체는 기본적으로 이중의 자료체이고, 이 자료체는 포괄적인 리스트의 과잉과 선택적인 리스트들의 빈약함을 피하고 있다: 영화 모두는 동일한 방식으로 장르에 연결되지 않고, 몇몇 영화들은 장르의 통사론 제작에 능동적으로 한몫 끼며, 또 다른 영화들은 전통적으로 장르에 연결된 요소들을 덜 체계적인 방식으로 반복하고 있다. 의미론적이고 통사론적인 이중적 접근은 이런 다양한 자질들의 뒤얽힘을 강조하면서 주어진 장르에

---

33) 릭 알트만, 〈내적 리라이팅: 랭귀지 포메이션으로서 텍스트성〉, 《음악과 문학 기호》, 웬디 슈타이너, 시카고, 시카고대학 출판, 1981, p.39-51.

대해, 이처럼 다양한 장르성의 층위를 정의하는 가능성을 주고 있다.

이러한 관점에서 릭 알트만은 뮤지컬 코미디를 다섯 개의 의미론적 매개변수와 다섯 개의 통사론적 매개변수로 정의하고, 두 층위 각각은 또 다른 층위를 가리키고 있다. 두 가지 매개변수의 리스트들은, 이것을 개별적으로 고찰해 보면 장르 영화의 자료체에 약간 다양한 한계를 제공하고 있다.[34]

의미론적인 기준:

— 규모: 뮤지컬 코미디는 한 편의 이야기(récit)이고, 이는 다수의 뮤지컬 영화를 자료체에서 배제하고 있다: 〈지그펠드 폴리스〉(미넬리, 1945) 같은 시사(時事)희극 영화, 〈우드스톡〉(워들레이, 1970) 같은 콘서트 영화 혹은 〈판타지아〉(디즈니, 1940) 같은 만화 영화 등이다. 왜냐하면 이 영화들은 그 번호와 뮤지컬 연기를 내레이션이나 모티베이션에 종속시키지 않기 때문이다.

— 길이: 뮤지컬 코미디는 여러 노래를 이야기에 통합시켜야 하고 '장편 영화' 형식만이 일반적으로 이야기를 가능케 한다.

— 등장인물: 줄거리는 인간 사회에서 사랑하는 커플을 둘러싸고 구성된다. 어린아이들을 연출하는 뮤지컬 영화는, 셜리 템플처럼 어린아이들이 '더 나이 많은 커플 곁에서 미소년 연기를 하기 위해' 고용되는 것을 제외하고 장르 속에 통합되지 않는다. 동물 애니메이션 영화에 있어서도 마찬가지이다: 〈아리스토캣〉(라이더만, 1970)처럼 동물에 대한 정중한 테마를 옮기는 영화들은 이 기준에 부합하지만, 〈덤보〉(디즈니, 1941)처럼 이런 모습을 무시한 디즈니의 교육적인 영화들은 자료체에서 제외된다.

— 코미디언들의 연기: 연기는 리얼리즘(음악으로 시사되지 않은 행

---

34) 릭 알트만, 《할리우드 코미디 뮤지컬》, 같은 책, p.117-126.

동)과 리듬감 있는 움직임(음악으로 시사되는 행동)을 결합시킨다.

— 유성 테이프: 뮤지컬 코미디는 이것을 구성하는 음향과 음악적 표현 외부의 음향을 혼합한다. 이는 단지 뮤지컬인 〈쉘브르의 우산〉(드미, 1964) 같은 영화를 장르의 한계선 밖에 위치시키고 있다.

통사론적인 기준:

— 내러티브 전략: 영화는 등장인물간에 혹은 대립된 성(性)을 가진 등장인물 그룹간에 교체·대면·평행 등으로 처리하는데, 등장인물 각자는 변별적인 문화적 가치의 전령이다. 가령 〈지지〉(미넬리, 1958)는 연속된 영화에서 계속되는 모리스 슈발리에의 입(안녕하십니까, 신사 숙녀 여러분!)을 통해 남성과 여성 사이에 구분을 영화 시작부터 정착시킨다. 즉 사랑하는 사람들 중 한 사람에 근거를 두고 있는 각 신으로, 하나는 신은 다른 신과 운을 맞추고 있다. 영화 시작에서 지지는 아주 연세가 많은 부모님과 함께 집에 있고, 그녀는 데이트 장소에 서둘러 가지 않았다. 다음 시퀀스에서 가스통도 마찬가지이다. 그런데 지지는 여성의 일(화장을 하고, 외모를 꾸미는 것)로 가스통은 남성의 일(자동차를 사고, 정치를 하는 것)로 규정된다. 더 뒤에서 첫 만남 이전에, 한 장면은 거울 앞에서 보석을 선택하고 있는 가스통을 보여준다(부유함은 남성적 속성이다). 거울 앞에서 옷을 입고 있는 지지의 영상이 그 뒤를 잇고 있다(아름다움은 여성의 속성이다).

— 커플/이야기: 〈사랑의 행진〉(루비치, 1929)처럼 왕국이나 혹은 버스비 버클리가 안무한 〈금 채굴자〉(1933-1938)처럼, 공연이 문제라면, 뮤지컬 영화는 커플의 성공적인 형성과 급변의 성공 사이에 인과 관계를 평행하게 놓거나 세우고 있다.

— 음악/이야기: 음악과 춤은 의미 생성의 능동적인 요인이다. 이 음악과 춤은 〈사랑은 비를 타고〉에서 이 제목을 보여주고 있는 빗속에서의 노래와 춤처럼, 개인이나 집단의 기쁨과 le célébrissime duo인

'뺨과 뺨을 맞대고(Cheek to cheek)' 혹은 〈탑 햇〉의 마지막 발레인 '날 사랑해 줘요, 조금만(Piccolino)' 처럼 사랑을 표현하고 있다.

― 이야기/뮤지컬 번호: 뮤지컬 코미디는 대사와 음악 사이에 연속성을 창조한다. 가령 파리의 어린아이들에게 진 켈리가 했던 미국인의 수업은 이 연속성을 보여주고 있다. 즉 진 켈리의 수업은 점차적으로 탭댄스 순서로 변형된다(〈파리의 아메리카인〉).

― 영상/음향: 뮤지컬 코미디는 특히 점점 엷어져 가는 음향 덕택으로, 영상과 음향 사이에 고전적인 이야기의 서열을 전도시킨다: 이처럼 〈쉘 위 댄스〉(샌드리치, 1973) 속에서 개들의 산책은, 프레드 아스테어와 진저 로저스가 음악의 템포에 맞춰 자신의 발걸음 조정하기 시작할 때 춤이 된다. 〈탑 햇〉의 첫번째 번호('No strings')에서, 프레드 아스테어는 오케스트라 박스 음악을 배경으로, 이 음악에 자신의 말과 제스처를 리듬에 맞추면서, 자기 친구와의 대화에서 춤과 노래로 이행한다. 그의 탭댄스가 뮤지컬 테마 위에 멜로디를 구성하기 전에, 그는 위스키의 병마개와 미네랄 분수의 움직임을 리듬으로 제시하고 있다.

컨텍스트를 향한 열린 접근

장르의 의미·통사론적 정의는 장르 이론에 대한 모든 문제를 해결하지 못한다. 특히 장르의 특징적인 기준들은, 이 기준이 두 층위로 조직되었다 해도, 분석가의 목표에 따라 세워진 장르 구조의 앞선 분석에 의존하고 있는 것으로 보인다: 가령 뮤지컬 코미디의 경우, 사랑의 줄거리는 앞서 장르의 의미론적이고 구조적인 중심으로 지칭되었다. 그러므로 이 줄거리는 하나의 장르에 속하고 있는 영화들로부터 이런 동일한 장르의 결정적인 자질들을 이끌어 내는, 튜더가 지적한 장르 정의의 회귀성을 피할 수 없지만,[35] 이것은 분석의 순환성과

전제를 명시적으로 만드는 이중의 이점을 가지고 있다. 릭 알트만은 다음과 같이 설명하고 있다:

하나의 텍스트 그룹이 그저 의미론적 유형을 구성하고 이런 의미론적 유형이 부합하고 있는 통사론적 유형에서 나오기만 한다면, 이 텍스트 그룹은 단지 하나의 장르를 형성하고 있다. 공통적인 통사론을 가지고 있지만 의미론적 요소들을 (상호적으로) 공유하지 않고 있는 영화 그룹은 하나의 장르를 구성하는 것으로 인정되지 않을 것이다. 장르는, 즉 내가 관심을 갖는 방향에서, 역사적으로 증명되지 않은 이론적인 구성도 아니고, 이론적인 관점에서 수용할 수 없는 역사적인 유형도 아니다. 장르는 단지 그 의미론을 안정된 통사론으로 조직하기 위해 방법을 배치한 그 순간부터 완전히 존재한다.[36]

의미론과 통사론, 이 두 개의 서술적 시스템에 호소하는 것은 장르 사이에 소재의 상호 교환을 생각하도록 할 뿐 아니라, 1970-1980년대의 구실로 몇몇 공상과학 영화를 은하계 사이의 서부 영화와, 또한 몇몇 전쟁 영화를 열대 서부 영화와 동일시하지 않고 있다. 마찬가지로, 우리는 〈스타워즈〉(루카스, 1977)를 레이저 검의 싸움이나 기사 제다이에 의한 힘의 지배 같은 단순한 의미론적 요소들의 일람표를 근거로, 항성간의 무술 영화로 간주하지 않는다.

더욱이 의미·통사론적 이론은 장르의 역사와 연결될 수 있다. 장르의 변화는 우리가 고찰했던 다른 이론들 속에서, 내부의 구조적 변형으로 귀착되고 일련의 불연속적 요소들의 형식을 취하는 경향이 있었다: 이처럼 기호학자들의 장르는 기교파의, 황혼의 웨스턴 서부 영

35) 앤드류 튜더, 〈장르〉, 《장르 리더 II》, 베리 키스 그랜트, 오스틴 등에 의해 모여진 텍스트, 텍사스대학 출판, 1995, p.3-10.
36) 릭 알트만, 《할리우드 뮤지컬 코미디》, 같은 책, p.132-133.

화, 그 다음 이탈리아식 서부 영화처럼 초약호화로 변화할 수 있을 것이다.[37] 반대로 의미 · 통사론적 모델은 정확히 그 이중성 때문에 장르를 역시 그 역사적인 연속성 속에서 설명하도록 한다. 가령 새로운 의미론적 요소들은 옛날의 것들과 결합되고 장르의 통사론 속에 삽입될 수 있다. 뮤지컬 코미디에서 뮤지컬 스타일(오페레타 · 스윙 · 로큰롤)의 연속이 보여주는 것과 같다. 마찬가지로 동일한 통사론적 구조(반면 통사론적 소재는 변화한다)에 의뢰하는 것은 장르 영화의 리메이크를 다른 장르로 실현하는 데 용이함을 설명하고 있다: 전쟁 영화인 〈미얀마 탐험〉(월시, 1945)의 영웅과 대결하는 일본인들은, 일단 갈등이 지나가자 적대적인 인디언들이 된다. 이와 똑같이 라울 월시는 서부 영화 〈와이어트 선장의 모험〉의 주인공을 플로리다 늪에서 이 인디언들에 대립시키고 있다.

앞에서 보았던 것처럼 장르의 다양한 구조 이론은 장르 규칙의 연구에서 시네마 이론, 즉 언어 행위나 의미 이론에 근거를 두고 있다. 이는 이런 다양한 구조 이론들이 탄생하는 것으로 보였던 사고와 시대의 움직임에 대한 모든 표지를 싣고 있음을 말하고 있는 것이다. 우리가 의미 · 통사론적 정의에 특권을 부여하는 것은, 물론 이 정의가 장르의 스토리와 장르 상호간에 관계들의 조사와 연결될 수 있을 정도로 충분히 유연한 이론적인 모델을 제공하고 있기 때문이다. 그러나 이 정의는 또한 현재의 지적이고 과학적인 방향과 아마도 더욱 일치하기 때문이기도 하다. 이처럼 1999년 그 작가에 의해 수정된 이 이론은 장르의 수용 분석을 통합시키고, 화용론적 차원으로 보충될 수 있으며, 이때 이것은 장르의 '의미 · 통사 · 화용론적 접근(sic)이 된다.[38] 이 이론은 영화 속에서 의미론적이고 통사론적인 자질들의 작

---

37) 크리스티앙 메츠, 《언어 행위와 시네마》, 같은 책, p.114.

용에만 더 이상 관심을 갖지 않고, (관객·제작자·비평가들 등을 통한) 장르의 사용과 해석의 다양성을 고려하고 있다: "장르는 단지 그 의미론을 안정된 통사론으로 조직하기 위해 방법을 배치한 그 순간부터 완전히 존재한다"고 보았던 것처럼, 이것은 공동체가 일치해서 그 의미론과 통사론을 인정할 때에만, 다시 말해 시네마 이론가들의 박식한 행동을 넘어 사회적으로 존재한다.

---

35) 릭 알트만, 《영화/장르》, 런던, **BFI**, 1999.

.

제3장
장르는 무엇에 소용되는가?

　분류 혹은 분석적인 논리는 장르의 기능적인 차원을 한쪽으로 제쳐두고 있다. 이 논리는 이것이 형식화시킨, 공통적인 특성을 제시하고 있는 영화 전체를 장르로 간주하는 것이지 서술한 변화·반복 작용을 장르로 간주하는 것은 아니다. 그런데 보았다시피 장르는 공동체가 인정하면 존재한다: 릭 알트만이 제시한 의미·통사론적 정의의 용어를 다시 취해, 장르는 안정된 통사론으로 의미론을 조직할 때, 다시 말해 대중에 의해 확인될 수 있는 영화적 형식이 정돈될 때 나타나고 그 자체로서 인정된다. 이 영화는 다양한 장르성 층위로 영화적 형식에 연결된다. 그러므로 이런 의미·통사론적 형식의 설정과 갱신은 '장르영화'를 만드는 사람들(제작자, 영화인, 시나리오 작가들 등)이 영화를 그런 장르에 속하는 것으로 구상할 수 있고 관객이 영화를 그렇게 받아들일 수 있음을 전제하고 있다. 즉 대중은 영화 속에서 장르를 인정하고, 확인하며, 그리고 그 성공과 영속성을 보장하기 위해 제시된 의미·통사론적 형식 속에 있어야 한다. 이렇게 장르의 현상을 이해하기 위해 '이미 세워진 커뮤니케이션 형식'에 전념하는 것이 필요하다. 우리가 잠정적으로 앞장 처음에 유치했던 카세티의 정의는 그것에 대해 말하고 있다.

제작 도구

우리는 시네마에서 장르를 상업적인 작품의 효과적인 모델이라고 단
정하고 있다. 왜냐하면 장르는 상업적인 작품에서 전제로 하고 프로그
램 짜는 형식을 제작자들에게 제공하기 때문이다: 새로운 주제에 영
화의 성공을 보장할 수 있는 확실한 방법을 적용하면서, 제작자들은
위험을 최소화하고 작품을 합리화한다. 아주 흔한 이런 생각은 분명히
대중문화에 대한 경멸적인 견해에 근거하고 있다: 만화 영화, 텔레비
전, 대중 문학과 같은 상업적이고 대중적인 시네마는 단지 이미 제작
된 모델들을 기계적으로 무한하게 재생산할 뿐이다. 더욱이 이런 대
중문화에 대한 시각은 순수히 정태적이다: 변화, 개혁, 즉 각각의 여
러 행위 속에서 관찰할 수 있는 이것들은 오로지 반복 원칙에 의해 지
배되는 시스템 속에서 탄생하지 않은가? 그렇기 때문에 대중문화의
역동적인 개념 속에서 장르의 경제적인 문제를 새기는 것이 적합하다:
대중문화는 시리즈로 반복하고 제작하는 표준화(standarisastion)와 시스
템을 갱신하고, ‘모델’ 을 변형시키고 다양화시키는 개혁 사이에 내적
대립으로 만들어진다.[1]

변증법적 표준화/차이화

장르 영화의 제작은 특유한 자질들의 반복과 동시에 변화를 가정하
고, 변증법적 표준화/차이화 속에서 새겨진다. 이것은 규범적인 논리
와 대중문화 속에서 ‘문화적 재산’ 의 제작과 소비의 특징을 이루고 있
는 개혁 논리 사이에 결합 중 하나이다. 따라서 고전 할리우드의 상업

---

1) 에드가 모랭, 《시간의 영혼》, 파리, 그라세, 1962 참조.

적 구성이, 그 실행을 차이화 요소들을 통합하는 능력으로 돌리고 있고, 동시에 제작의 규범화에 기초를 둔 효과를 극복하면서, 역시 다양화되고 상대적으로 안정된 장르의 파노라마를 제작했던 이유를 우리는 이해할 수 있다. 사실 '꿈 공장'은 시네마토그래프 제작법의 상업화로 특징지어진다: 표준화는 더 신속하고 더 이익이 되는 방식으로 제작하도록 해주는 것과 동시에 뛰어난 규범(아주 한정된 '표준화된' 작품)을 겨냥하고 있다. 반면 개혁은 차이화된 작품들을 생성하고 동시에 표준에 외부적 요소들을 통합시키고 있다. 자네 스테거가 설명한 것처럼, 경제적 차원에서 할리우드 영화는 그 경쟁력을 표준화된 규범에 합치와 동시에 다른 영화들과 구분되는 그 능력에서 끌어내고 있다.[2] 우리는 이런 관점에서 '상품-영화'의 제작·개념·소비 등은 문화적이지 않은 소비 재산의 것과 거의 다르지 않은 것임을 주목하고 있다: 회사는 세탁기를 상품화할 때, 가장 저렴한 비용으로 생산된 몇몇 테크닉 기준(전력 사용, 크기, 에너지 소비, 다양화된 세탁 방법, 효과, 디자인 등)에 부합하는 가정용 전기 기구라고 제시한다. 동시에 회사는 자사 제품의 다양한 품질(추가 서비스, 색깔 선택, 혁신적인 탈수 시스템)에 역점을 두면서, 마크로 세탁기 제조업자들과 구별되도록 노력한다. 즉 장르는 할리우드에서 스타와 같은 자격으로, 이러한 변증법적인 표준화/개혁의 효과적인 도구이다. 로랑 크레통은 이를 '진보적인 개혁' 전략이라 부른다:

　　이 전략은 대혁신을 피하고, 모델의 구조처럼 모델의 기초가 되는 가치 보존을 보장하려는 방향의 표현이다. 그 수행 능력은 전통/개혁이라는 변증법적 경영의 특성에 의존하고, 또한 차이, 낯섦, 게다가 상호 모

---

2) 데이비드 보드웰, 자네 스테거와 크리스틴 톰프슨, 《고전 할리우드 영화. 1960년 영화 제작 스타일과 방식》, 뉴욕, 컬럼비아대학 출판, 1985, p.96-97.

순 등의 사건들을 자리매김하며, 더 높은 가치를 주고 통합하는 가능성에 의존하고 있다. 존재하는 요소들의 재결합과 재정의는 역시 이 개혁의 진보적인 양태에 속한다.[3]

그러므로 장르는 이 진보적인 개혁 시스템의 가능성 중 하나일 뿐이다. 연작 · 시리즈 · 국내나 국내를 초월한 리메이크, 성공한 시나리오의 되풀이, 착색, 더 오래된 영화에서 가져온 기술적인 수정, 새로운 특수 효과의 삽입이나 존재하는 작품의 원래 편집에 유치되지 않은 부분들의 삽입, 작은 것에서 큰 스크린으로 전환, 비디오 유희에서 영화적 이야기로의 변형 등은 이런 시스템에 속한다.

더욱이 고전 할리우드 시대에 스튜디오의 시스템은 장르 영화의 제작을 합리화하고 그 비용을 최소화할 수 있는 구성을 소개하고 있다. **상급** 혹은 더욱 검소한 회사들이 관건이긴 해도, 이들의 무대장식 · 의상 · 소품 등 유보 조건과 배우 · 감독 · 시나리오 작가 · 기술자 등을 스튜디오에 연결시키고 작업 분배처럼, 동업자들의 영속성을 보장하는 계약 시스템 등은 장르 영화 속에서 소재 · 재능 · 능력 등의 변함 없는 재투자를 용이하게 한다. 그럼에도 불구하고 크든 작든 간에 그 어떤 스튜디오도, 하나의 장르를 전문으로 하지 않는다. 워너가 자신의 이미지를 갱스터 영화와 사회 영화, 이 두 장르에 새겼다 해도, 버스비 버클리가 안무한 1930년대 영화와 함께 뮤지컬 코미디, 전쟁 영화, 〈로빈훗의 모험〉(케일리/커티스, 1938)처럼 에롤 플린의 이름이 크게 나 있는 모험 영화, 1940년대의 필름 누아르 등에 대한 그의 공헌을 숨길 수가 없다.[4] 소규모 회사들로 한정된 **B급** 영화 시장 중, 1935

---

3) 로랑 크레통, 《시네마의 경제성, 전략적인 관점》, 나탕, 〈나탕 시네마〉, 2001, p.40.
4) 더글러스 고메리, 《할리우드. 스튜디오의 황금시대》, 파리, 카이에 뒤 시네마, 1987[1986], p.96-113.

년에 창립되어 1957년까지 활성화하였던 리퍼블릭 픽처스는 매우 작은 예산으로 7일간에 걸쳐 촬영된 서부 영화들인 〈희년〉, 서부 영화, 액션 영화 혹은 14일에 걸쳐 촬영된 뮤지컬 코미디 등인 〈생일 파티〉, 21일간에 걸쳐 촬영된 더욱 다양화 된 장르 영화들인 〈디럭스〉 등, 세 카테고리의 장편 영화를 제시한다. 여기에다가 1935-1950년까지 리퍼블릭의 제작의 중심이었던, 주당 한 가지 에피소드를 근거로 제작된 **연속물**을 추가해야 한다. 이 연속물은 다섯 가지 장르 카테고리로 변화한다: 서부 영화(〈론 레인저〉, 위트니와 잉글리시, 1938), 외국 모험 영화(〈정글 소녀〉, 위트니와 잉글리시, 1943), 공상과학 영화(〈로켓 남자의 왕〉, 1949), 탐정 스토리(〈딕 트레이시〉, 1937), 복장 드라마(〈조로〉, 1949) 등이다.[5] 어떤 스튜디오도 한 장르의 독점권을 가지고 있지 않고 모든 회사들이 다양한 장르 영화들을 제작한다고 하더라도, 유명 회사들은 자사의 통일성 있는 작품 구성으로, 작업이 엄격하게 세분화된 전문화되고 한 장르에 기여하는 구조를 보여주고 있다: 1939-1950년까지, 그 중에서도, 〈오즈의 마법사〉(플레밍, 1939)를 제작한 아서 프리드에 의해 통일성 있게 연출된 경우와 미넬리나 단짝인 스탠리 도넌/진 켈리가 이끌었던 뮤지컬 코미디 등을 예로 들 수 있다.

비록 변증법적 표준화/차이화가 아마도 할리우드 스튜디오의 고전 시스템 속에서 제2의 영지를 발견한다 해도, 이것은 지리학적이고 시간적인 한계를 떠나 스튜디오 시스템에 관계된 그 어느 곳에서든지, 장르 영화 제작의 기초를 이루고 있다. 가령 영국의 일링 회사의 경우는 표준화를 제작하고 개혁하려는 비교할 만한 의지를 표명하고 있다: 1945년 랭크가 맡은 분배 구조에 힘을 얻고 있는 이 회사는 리얼리스트적인 사회 드라마와 코미디에 집중하기 전, 다양한 장르 영화를 제작하기 시작한다. 최근 장르는 일링 프로덕션에 노블레스라는 철자를

---

5) 앞의 책, p.162-166.

주었고, 이 영화들을 감독하기 위해 일링 스튜디오 프로덕션(영화촬영소) 사장인 마이클 밸컨은 각 영화마다 자신이 기용한 알렉 기네스 같은 코미디언들 · 기술자 · 감독자 · 시나리오 작가 등으로 둘러싸여 있다. 이처럼 〈위스키 거로어〉(맥켄드릭, 1949), 〈친절한 마음과 화관〉(하머, 1949), 〈패스포트 투 핌리코〉(코넬리어스, 1949), 〈야수의 표적〉(맥켄드릭, 1951)이나 〈레이디 킬러〉(맥켄드릭, 1955) 등은 그만큼 일링 스튜디오가 표준화된 코미디 형식으로 제작한 변형물로 간주될 수 있다. 즉 영국 유머를 말하고 있다.

더 일반적인 방식으로, 장르 영화의 제작은 동일한 장르 영화가 앞에서 성공했다면 위험성을 극소화하고, 그리고 축이 되는 예측된 성향을 향하고 있다: 〈쿼터매스 익스페리먼트〉(게스트, 1955), 〈프랑켄슈타인의 저주〉(피셔, 1957)의 성공은 판타스틱 장르로 영국 해머 회사의 전문화를 부각시키고, 성공 형식이 특히 마리오 바바에 의해 이탈리아에서 되풀이되고 변형되기 전, 동일한 감독에 의해 연출되고, (잭 애셔처럼) 동일한 촬영주임기사들과 (버나드 로빈슨 같은) 무대장식가의 도움을 받으며 (피터 커싱와 크리스토퍼 리 같은) 동일한 배우들로 촬영된, 호러 영화의 10년간을 이끌고 있다.[6] 그러므로 이 경우, 우리가 할리우드의 틀에서 나올 때부터, '장르 영화' 의 개념이 결국 아주 적은 예산의 영화 시리즈 제작사인 cinéma bis의 개념과 혼동되기까지, 장르는 그 협약 기능으로 인해 가장 저렴한 비용으로 영화를 연출하는 수단이다.

---

6) N. T. 빈과 필립 필라드 편집, 《영국의 전형. 영국 시네마》, 파리, 퐁피두센터, 2000.

할리우드 스튜디오의 장르 명칭 회피

할리우드에서, 장르란 제작의 합리화 **결과**인 동시에 순조로운 영화를 제작하기 위한 효율적인 **도구**라고 말한 것이 거짓이 아니라 해도, 할리우드 광고의 실천은 반대로 장르의 명칭이 훌륭한 판촉의 논지가 아님을 보여주고 있다. 장르는 공적인 영역에 속하므로 그 어떤 제작사에 의해 자사의 영화를 특징지우기 위해 내세워질 수 있기 때문에, 물론 **제작**의 용이성을 제공하고 있지만, 이것은 스튜디오로 하여금 자신의 현재 경쟁자들과 자사를 구분하는 마케팅 전략을 배치하도록 하지 않는다. 이처럼 장르는, 일단 몇몇 스튜디오에 의해 구성되고 공유하게 되면, 이것을 창조한 스튜디오의 특별한 이익을 만족시키지 못한다. 그러므로 이 스튜디오는 영화에 대한 광고를 하기 위해, 그 영화의 독창성을 이루고 있는 것을 내세우기를 더 좋아한다: 스튜디오와 계약을 체결한 영화의 간판 배우들, 저작권의 보호를 받은 연작물이나 등장인물 등이다. 따라서 장르의 경제적 효율성을 평가하기 위해 제작 행위로 그치지 않고, 스튜디오가 대중과의 커뮤니케이션에서 장르를 어떻게 사용하는지 보여주기 위해 스튜디오의 담론적 행위를 고찰하는 것이 적합하다.

이것은 스튜디오가 제작한 영화에 대해 자사가 했던 담화 속에서 두 개의 다른 '목소리'를 구분하면서 릭 알트만[7]이 했던 것이다: 할리우드 시스템의 성질을 띠는 하나의 목소리는, 이때 장르 영화에 단순한 장르의 수식어를 부여하는 것을 망설이지 않고 있다. 그리고 자사의 이미지와 이익을 옹호하면서, 특별한 스튜디오라는 식의 스튜디오의 또 다른 목소리는, 담론 속에서 자사의 스튜디오가 다른 스튜디오와

---

7) 릭 알트만, 《영화/장르》, 같은 책, p.200-222.

공유한 모든 것을 피하고 자사와 구별되는 모든 것을 증진시키려고 노력한다. 여기서 후자의 목소리는 고전 시대에 상급 회사들과 오늘날 여전히 대규모 회사들이 광고·포스터·예고편 등에서 자주 듣게 하는 소리이다. 상급 회사들이 미국 지역에서 **최고의 흥행**(말하자면 도시의 큰 영화관들 순회에서 몇 주 동안 상영된 개봉작에 상당하는 것) 영화들의 배급을 검열하는 고전적인 상황에서, 이 회사들은 명성 있는 작품 제작을 위해, 특히 경쟁사와 다른 점을 스스로 보여주려고 한다. 이중적인 프로그램(A급의 명성 있는 영화와 B급의 소예산을 들인 영화——그렇지만 모든 것은 상대적이다!) 체제와 일반화 이후, 이 회사들은 가장 빈번하게 오직 **B**급 영화에 장르로 수식어를 준다. 소규모 회사나 독립적인 회사들을 보면, 권위 있는 영화관에서 최고 흥행하는 개봉 시스템에서 거의 배제된 이 회사들은 반대로 이미 존재하는 장르의 명칭을 통해 자사의 영화를 분명히 확인시키려고 노력한다. 이는 상영 프로 편성에서 자유로운 위치를 이용하고 자사의 잠재적인 손님들에게 직접적으로 말하기 위한 것이다(배급자들과 독립관).

그러므로 네오-할리우드 계승자들처럼, 대규모 할리우드 스튜디오들은 자사의 광고 게시판 속에서 공통의 영역 속에서 제도화되고 소멸된 장르보다 오히려 자사가 자사 소유로 유치한 꼬리표, 대중에게 상대적인 독창성을 보증하는 '마크 이름' 등을 지시하기를 더 좋아한다. 이것은 장르 영화에 의거한 연작물의 풍부함을 특히 설명하고 있다: 제임스 본드의 초창기 에피소드인 〈007 닥터 노〉(영, 1962)와 〈007 위기일발〉(영, 1963)은 스파이 영화가 아닌, '제임스 본드의 초창기 영화'와 '제임스 본드의 귀환'으로 유나이티드 아티스트사를 통해 소개되고 있다. 1932년부터 **MGM**이 제시한 〈타잔〉의 연작물과 루카스 필름사가 제작한 〈레이더스〉(스필버그, 1981)도 마찬가지이다. 루카스 필름사는 흥행 촉진을 위해 '꼬리표가 달린' 등장인물(타잔, 인디아나 존스)을 이용하고 '모험 영화' 장르임을 환기시키지 않도록 분명히 조심하고 있다.

만약 회사들이 스타·등장인물·연작물, 다시 말해 스튜디오 특유의 수단 등을 내세울 수 없을 때 단지 장르 명칭을 주장하는 것 같다 해도, 이들은 또한 장르의 언급을 통해 자신들의 대중을 오로지 장르의 아마추어들로 국한하기를 피하려고 한다. 릭 알트만은 〈닥터 에어리히의 매직한 총알〉과 〈알렉산더 그레이엄 벨 이야기〉, 이 두 가지 전기(傳記) 영화의, 거의 동시대 개봉을 위해 했던 광고를 비교하면서 이를 보여주었다.[8] 1940년에 디어트리가 감독하고 워너사가 제작한 첫번째 영화는 매독약을 발명한 삶을, 1939년에 커밍스가 감독하고 폭스사가 제작한 두번째 영화는 전화 발명에 대한 삶을 이야기하고 있다. 워너사와의 계약하에 디어트리가 1936-1937년에 감독한 앞선 이 두 가지 작품인 〈루이 파스퇴르 이야기〉 〈에밀 졸라의 생애〉의 성공은 회사가 닥터 에어리히로 전기적 소재를 활용하기로 작정했음을 설명하고 있다. 그러나 만약 우리가 앞서 보았던 표준화/차이화의 논리에 따라, 세번째 영화 제작을 가능하게 만든 것이 전기적 장르의 구성이라 해도, 영화 제목도 게시판도 닥터의 연구(관례라는 분명한 이유 때문에)나 장르를 토대로 영화를 만들었다고 내세우지 않고 있다. 제목에서 '총알'은 여기서 남성 대중을 불러들이기 위함이고, '닥터'는 여성 대중을 유혹하고, 마법은 사회학적으로 성(性)적 구조가 아닌 기대로 한정되는 제삼자(Latin for a 'third thing')를 겨냥하면서 청중을 채우고 있다. 영화 포스터의 텍스트는 다양한 세 가지 대중을 불러 세울 의지를 확고히 하고 있다: 첫째 난에서 우리는 "아이들의 웃음… 여성의 사랑… 남성 천명의 소망"을 읽을 수 있고, 둘째 난에서는 주요 연기자의 얼굴과 제목과 마찬가지로 굵은 글씨로 된 그의 이름 에드워드 G. 로빈슨이 눈에 띄고, 장르에 대한 언급을 더 이상 하지 않

---

8) 앞의 책, p.57–59.

고 있다. 워너사는 장르의 명칭을 통해 영화 주제(그리고 잠재적인 영화 대중)를 한정하기보다 오히려 영화 특성에 대해 아무런 말도 하지 않으면서 '넓게 탐색하기'를 더 좋아한다.

폭스사는 〈알렉산더 그레이엄 벨 이야기〉에 대해 동일한 전략을 채택한다. 그럼에도 불구하고 워너사의 광고는 공통의 장르에 관계한 것이 아니라, 이 영화를 워너사의 연작물을 연상시키기 위해 졸라와 파스퇴르라는 등장 인물을 언급한다. 닥터 에어리히는 몇몇 게시판에 '또 다른 졸라'라고 쓰여 있고 그의 이름은 굵은 글씨로, 동일한 활판 인쇄로 새겨진 파스퇴르와 졸라 이름의 뒤를 잇고 있다. 반대로 이런 연작물의 이득을 보고 못하지 있는 폭스사는 유행하는 전기 영화의 성공을 이용하기 위해, 스튜디오 전체에 의해 분명히 인용되고 제작된 '잊을 수 없는' 또 다른 영화에 〈알렉산더 그레이엄 벨 이야기〉를 비교하면서 장르의 고정을 언급하지 않을 수 없었다——또 다른 영화 중 워너사의 영화는 〈루이 파스퇴르 이야기〉〈성채〉(런던 의사의 스토리), 〈에밀 졸라의 생애〉〈앤서니의 위기〉〈몬테 크리스토 백작〉이다.

그러므로 일단 창조되기만 하면, 장르는 스튜디오에 제한된 상업적 이익을 제공한다. 경쟁적 상황은 회사들이 이미 파악된 방법을 구사하면서 독창성을 제시하며 서로서로 구분되도록 하고, 제작자들이 장르 개념 자체로 만들어 버린 상업적 사용 속에 표준화/차이화의 역동성을 새기고 있다.

장르의 사회적 기능

장르가 존재한다는 것, 다시 말해 대중에 의해 그 자체로 공통되고 자리매김된 의미론적이고 통사론적인 특성을 가진 영화들의 양과 상대적으로 오랜 기간을 근거로 생겼다는 것은 이 영화들이 성공을 하고 대중이 장르에 대해 느낄 수 있다는 것이다. 그 점에 관해서는 장 피에르 에스크나지가 지적한 것처럼, 장르는 "장르에 고유한 세계와 해석 공동체에 고유한 세계 사이에 반향 현상이 정착해야 한다."[9] 이런 확언은 분명히 반향의 성질에 대한 상반된 가설을 이끈다. 어떤 사람에게 있어 장르는 이들 대중의 욕구, 열망, 믿음 세계 등을 표현한다. 반대로, 또 다른 사람들에게 장르는 그 관객들을 포맷하는 이데올로기적 틀의 억압적인 구조이다.

동시대 문화 속에 틀에 박힌 장르와 제작

'집단의 문화적 표현 형식을 구성할 수 있는 시네마토그래프 장르'[10] 와 조작하고 환원하는 장르의 대립은, 하나는 대중문화의 부류로 작품을 가치평가하고, 다른 하나는 이 작품들을 빈약하고 인간을 소외시키는 대상으로서 평가절하하고 있는, 두 입장의 동시대 문화에 대한 더 기본적인 갈림을 검증하고 있다. 이 둘의 태도는 장르의 사회적 기능에 대한 반대되는 두 가지 개념(사회적 '진리'의 표현/구속력을 갖는 이데올로기적 틀)뿐만 아니라, 뒤에서 보겠지만(p.116-123 참조) 장르를 커뮤니케이션 과정으로 고찰하는 두 가지 방식(유용한 매개물/해석의 봉쇄)을 가져오고 있다. 이것들은 대중문화의 틀에 박힌 작품들의 양면성을 반영하고 있다.

우리는 현 시대는 스테레오타입, 이것의 윤곽 그리기와 고발 등의 시대인 동시에, 이것의 산업적이고 대중적인 확산의 시기로 알고 있다: 이런 상황 속에서, 가령 예술은 그렇게 간주됨으로써, 구별과 평범의 논리에 의거해 당연히 구분되어야 하는 반면, 대중문화인 신문

---

9) 장 피에르 에스크나지, 《히치콕과 현기증의 모험. 할리우드의 발명》, 파리, CNRS, 2001, p.43.
10) 토마스 샤츠, 《할리우드 장르의 구조》, 뉴욕, 랜덤 하우스, 1981, p.13.

연재 소설에서 텔레비전 연속극, '할리퀸' 연애 소설에서 상업 영화, 유명한 시네마토그래프 장르에서 광고 영상과 슬로건 등의 문화는 집단의 표상(表象)과 스테레오타입을 품고 있다. 19세기 후반 서양 대중문화의 테크닉·이데올로기·정치 등의 상황이 나타남과 동시에, **이미 말해진 것과 이미 보여진 것**에 관계는 상당히 변형된다: 일반적 논거는 **발명**(inventio)에 통합되고 18세기 말 이전에 완전히 경멸적인 가치가 없어진, 일반적인 가치가 있는 논증의 형식적인 카테고리였고, 스테레오타입, 즉 고정되고 환원되며 재생산할 수 있는 형식으로 변형된다. 루스 아모시가 지적한 것처럼 '스테레오타입'은 평가절하하는 방식으로, '문화적 제작의 기계화'를 지칭하기에 앞서, 무엇보다도 '대중매체의 소비와 확산의 열쇠에 속하는 표준화된 산물'[11]에 관계한다. 1922년에 이 개념은 월터 리프만의 《여론》과 함께 사회 과학의 영역에서 나타나는데, 그는 이 개념에 더 중성적이고, 그 이후 아주 흔히 유통하는 의미를 부여한다(우리의 머리에 떠오르는 영상). 따라서 시네마토그래프 장르들이 속해 있는, 스테레오타입화된 형식들의 분석은 서로 반대되는 두 개의 노선을 따르고 있다.[12] 한편으로, 표현의 분석은 스테레오타입의 경멸적인 개념을 지지하고, 단순하고 반복적인 이미지를 확산시키면서 지배 관계를 정착시키고 증진시키는 집단적 표상을 비신화화하는 것을 목적으로 한다. 반복적인 특성과 상투적인 이미지 속에 잠재하는 **독사**(doxa)를 밝히는 데 주의를 기울이고 있는 이 분석은 스테레오타입에 함축되어 있는 이데올로기적인 마크·구분·서열 등을 명백하게 만든다. 또 다른 한편으로, 스테레오타입의 논리에 대한 연구는, 스테레오타입을 필연적으로 재개축하

---

11) 루스 아모시, 《인정된 사고. 스테레오타입 기호론》, 파리, 나탕, 〈작품 텍스트〉 1991, p.25-26.
12) 라파엘 무안, 〈스테레오타입과 클리셰〉, 《시네마와 문학》, 프랑시스 바누아 편집, **RITM**, 19호, 낭트레, 퓌블리딕스, 1999, p.159-170.

지 않는다면, 경멸적인 가치로 스테레오타입에 영향을 미치지 않는다. 왜냐하면 이 연구는 사회에 대한 부분적이거나 일정한 경향을 띤 설명적 가치나, 혹은 텍스트의 독자나 영화 관객을 가이드하여 이들에게 작품을 이해하기 쉽게 만드는 가능성에 관심을 갖고 있다.[13]

스테레오타입에 대한 이런 양면적인 의식은, 많은 비평가들이 상업 영화에 장르 명칭을 미리 결정하기를 더 좋아하는 이유 그리고 그들이 작가로 간주된 영화인들이 감독한 장르의 작품에 대해 어떻게 작가들이 장르를 극복하고 초월하는지, 또 어떻게 작가가 습관적인 규칙, 클리세(cliché), 스테레오타입화된 장르의 모티프 등과 거리를 둔 사용을 하며, 어떻게 작가가 장르를 존중하는지 등을 보여주려고 노력하는 이유를 부분적으로 설명한다. 나는 영화인들이 단순히 클리세가 유통하도록 하는 것 대신, 초대받은 관객이 곧이곧대로 받아들이지 않도록 인물에 대한 패러디나 독창적인 사용을 하기 위해 클리세를 집어들었다는 것을 부인하지 않는다. 스테레오타입들의 윤곽 그리기나 혹은 방향전환의 실천은 플로베르 이래로 충분히 예술적 창조의 특징이다. 이차적 차원 혹은 개인적인 스타일의 분명한 게시 없이 수용된, 이러한 스테레오타입의 실천(상투적인 내러티브 구조, 빛을 잃은 클리세, 세상에 대한 단순화되고 표준화된 이미지)은 대중문화 제작의 영역 속에서 작품과 그 창조자가 동요하고 있음을 부각시키는 것이 여기서는 단순히 관건이다.

이데올로기적인 억압의 도구

장르는 이데올로기적인 틀의 효율적인 도구로 간주될 수 있다. 이

---

13) 움베르토 에코, 《초능력자 슈퍼맨》, 파리, 그라세, 리브르 드 포슈, 〈에세이 총서〉, 1993[1978]: 제임스 본드에 대한 해석 참조.

도구는 스테레오타입화되고 반복적인 이야기를 통해 관객에게 사회적으로 규범화된 해결책을 강요한다. 장르 영화의 규칙적인 공연은 지배 계급들의 관심을 만족시키고 있다. 시네마토그래프 산업은 이들의 전형이고 중요 요인이며, 대중을 회유하고 대중에게 자기 자신의 이데올로기적 입장을 공유하도록 이끌고 있다. 장르는 이처럼 규범적인 사회적 가치를 재확인하면서 사회·정치적인 **단순한 현상유지**(statu quo)를 보증할 수 있다. 장르의 억압적이고 반동적인 이러한 기능은 매스미디어와 문화 산업에 대한 프랑크푸르트 학파의 연구와 동시에, 이데올로기에 대한 마르크스주의적 성찰에서 영감을 받았다.

이데올로기는 일정한 사회 속에서의 존재와 역사적 역할을 부여받은 표현(이미지, 신화, 경우에 따라 사고(思考)나 개념 등) 시스템(고유의 논리와 엄격함을 소유하고 있는)이다. (이데올로기적인) 과거와 과학의 관계에 대한 문제를 다루지 않고, 표현 시스템으로서 이데올로기는 과학과 구별되며 그것의 실천적·사회적 기능은 그 이론적인 기능(혹은 인식 기능)보다 우세하다. '시스템으로 조직된 표현'은 대개의 경우 이미지이고, 때로 개념이지만, 무엇보다 먼저, 엄청난 대다수 사람들에게 부여된 구조와 같은데, 그들의 '의식'을 거치지 않고서 말이다. 이 표현은 지각되고, 허용되고, 영향을 받는 문화적 대상이고 이것을 초월한 과정을 통해 인간에게 기능적으로 영향을 준다. 이데올로기 속에서 '세상과'의 실재적 관계는 불가피하게 상상의 관계로 둘러싸여 있다: 이 관계는 현실을 기술하기보다 (보수주의·순응주의·개량주의·개혁주의적) 의지와, 게다가 희망이나 향수 등을 표현하는 관계이다.[14]

이런 관점에서 시네마토그래프 장르는 이데올로기의 벡터이고, 그

---

14) 루이 알튀세, 《마르크스에 관해》, 파리, 마스페로, 1966, p.238-243.

표현 시스템은 이데올로기에 형식을 부여한다. 이 논문은 특히 할리우드 장르에 관한 시네마를 위해 활용되었고, 구조를 장르로 만들었다. 이 구조를 통해 꿈 공장은 눈에 띄지 않는 식으로, 그 메시지와 가치를 지나치도록 하고 이렇게 관객을 속일 수 있다. 그렇기 때문에 우리는 여기서 이러이러한 장르의 이데올로기적 해석, 가령 아메리카 혹은 다른 곳의 해석을 환기시키는 것이 아니라, 오로지 기능적 이론을 상기시킬 것이다. 이 기능적 이론은 억압적 기능을 장르의 진정한 규범적 시스템에 속한다는 핵심과 논거로 만들고 있다.

이처럼 비평가들이 네오-마르크스주의적 분석에 그만큼 분명히 참조하지 않고도, 뮤지컬 코미디나 모험 영화는 평범한 현실의 관객을 상상이나 이국적인 세계로 끌고 가면서 이들을 일탈시키는 도피 장르이며 사회적 난점이라고 해석하는 것이 빈번하다: 〈카이로의 붉은 장미〉(우디 앨런, 1985)에서는 시네마에 투영된 동일한 이름의 로맨스를 꾸준히 재차 보러 가면서 자신의 사회적이고 감정적인 불행을 망각한 미아 패로우처럼, 관객은 시네마토그래프 마술 공연 속에서 위안을 찾는다. 장르 협약의 승인은 경이로운 이야기에 (덧없는) 동의임을 설명해 준다. 이 승인은 대중으로 하여금 리얼리스트적 진실성에 장르의 진실성을 대체하는 것인데, 장르의 진실성이란 꿈과 판타지를 허용하는 것이다.

그럼에도 불구하고 또 다른 갈등에 대한 '현실적인' 문제 흐름의 방향을 그 이야기 속에서 바꾸면서, 장르가 조작하는 방향 전환에 대해 주장하는 것은 더욱 재미있다: 1920년대 독일이나 1930년대 초기 미국에서, 판타스틱 영화의 출현은 이처럼 사회·경제적인 난점들을 상상의 차원으로 전환하면서, 난점들을 배출하려는 다소 의식적인 동일한 의지를 나타내고 있다. 〈노스페라투〉(무르나우)에서 〈드라큘라〉(브라우닝, 1931)까지 유령은 그 다양한 모습으로, 두려움과 사회적이고 이데올로기적인 긴장감을 구현하고 정화시키며 왜곡하고 있다. 이처럼 〈킹콩〉(쿠퍼와 쇼드색)은 세계 대공황의 이중적 이동 위에서 구성되었다: 영화 시작에서, 유명한 감독인 칼 덴햄은 '미녀와 야수' 영화에서 미녀 역할을 할 만한 아가씨를 뉴욕 거리에서 찾아다닌다. 그는 거대한 원숭이인 콩이 살고 있는 아직 탐험되지 않은 해골 섬에서 이 영화를 촬영하기 원한다. 무엇보다도 그는 먼저 직업 없는 여성들이 일렬로 맞붙어서 밀어닥치는 여성 사절단의 문 앞에서 살피고, 그 후 진열대에서 사과 한 개를 훔치고 있던, 젊고 귀여운 도둑 앤을 현장에서 체포한다. 그는 좀도둑이 훔쳐 간 과일을 정리하기 위해 식품 주인과 함께 준비하는 동안, 굶주린 앤은 기절할 뻔하였다: 그녀의 얼굴은 클로즈업으로 영화로 찍혀졌고 덴햄의 주관성 속에 뿌리박힌다. 이런 기절 광경은 굶주림의 징후로 미학적 대상이 되었고, 감독자로 하여금 아가씨를 고용하도록 확신시켰다.

연속된 영화는 지리학적으로나 역사적으로, 확인할 수 있는 현실 세계의 등장인물들이 탈출하도록 하는 미지의 땅을 향한 탐험 여행이다. 덴햄이 용선한 배는 더욱더 멀고, 더욱더 원시적이고, 더욱더 시간 속에서 후퇴한 다른 곳으로 들어간다: 대양, 해골 섬, 여기서 사람들은 제일 먼저 '원시림'을, 그 다음 큰 원숭이가 지배하고 있는 공룡들로 가득 찬 정글을 발견한다. 그러므로 영화는 사회적 위험(위기)을 성적 위험(위기의 표현은 오로지 여성들만 겪고, 앤은 해골 섬에서 사랑의 감정이 시작되기 전에는 도둑이었다)으로 변화시킨다. 동시에 이 배는 신화적이고 상상의 시간(해골 섬의 왕국)으로 역사적 시대(1930년대 뉴욕)의 포기를 조작한다. 해설자와 비평가가 뉴욕에 킹콩이 난입하는 장면 속에서 정신적(타자, 욕구, 절대적인 권력, 충동)·사회적 억압의 끔찍하고 유령 같은 귀환을 자주 보았다는 것에 대해 놀랄 것 없다: 세계 대공황은 지나는 길마다 모든 것을 파괴시키는 유령의 형태로 나타나고 있다. 공황의 결과는 급속도로 보여지고 영화 시작에서 배출되었다.[15]

마찬가지로, 안 마리 비도는 1970년대 재앙-영화의 전개 속에서 '역사와 무관하게 일어나, 원인들을 다른 것으로 바꾸면서, 대중의 불안감을 몰아내는 기분전환의 두려움을 연출' 하는 것을 보도록 제안한다.[16] 베트남의 정체, 워터게이트 사건의 위기, 쇠퇴 등은 이처럼 자연적 요소로 인해 유발된 재앙으로 가려지고 흐름의 방향이 바뀌어진다: 〈포세이든 어드벤쳐〉(님, 1972)에서 물, 〈타워링〉(길러민, 1974)에서 불, 〈대지진〉(롭슨, 1974)에서 대지, 〈죠스〉(스필버그, 1975)에서 야생 동물 등과 같은 것이다. 더욱이 핵폭발로 인해 발생한 미래 세계를 연출하는 마치 공상과학 영화의 사촌처럼——가령 〈도망자 로간〉(앤더슨, 1976)처럼——이러한 영화에서 파괴와 극도의 위험은 자주 희망과 재부활을 향해 열려 있다. 1970년대 아메리카의 이데올로기적이고 정치적인 위기는 영화에서 또 다른 위험으로 대신할 뿐 아니라, 이렇게 파생된 위험들은 해결책을 인식시키는데, 이것은 바로 사회적 가치와 제도를 확인하고 공고히 하는 것이다.[17]

주디스 라이트는 1974년 《점프 커트》지에 나타난 아티클(이 시대의 이데올로기적 해석을 주장하는 미국 잡지)에서, 모든 성공한 장르들은 이러한 반동적인 기능을 일반화하는데, 이 기능은 사회적 현상(statu quo)을 유지하는 것을 목표로 한다:

장르 영화는 빛을 보고 상업적인 성공을 하는데, 이 영화들은 사회적이거나 정치적인 갈등을 의식함으로써 유발되는 두려움들을 경감시키

---

15) 유제프 이샤그푸르, 《하나의 이미지에서 또 다른 이미지로 전환》, 파리, 드노엘, 1982, p.83-103.

16) 안 마리 비도, 《할리우드와 미국인의 꿈. 미국 영화와 이데올로기》, 파리, 마송, 1994, p.220.

17) 엘렌 퓌주, 《핵에 의한 종말과 그에 대한 영화》, 파리, 세르프, 〈일곱번째 예술〉, 1988. 이그나시오 라모네, 〈미국 재앙 영화 위기에 대한 픽션〉, 《눈의 심심풀이 껌》, 파리, 알랭 모로 출판사, 1980: 이 주제에 대해 참조할 서적.

기 때문이다; 이 영화는 이런 갈등의 압박 아래 존재하는 행위는 아니라 해도 야기할 수 있는 모든 행동의 시도를 낙담시키는 데·도움이 된다. 장르는 행동, 동정보다 더 만족을 또 혁명보다 더 두려움을 낳는다. 장르는 사회적 현상(statu quo)을 유지시키는 데 도움을 주면서 지배 계층이 이득을 보도록 하고 압제에 시달리는 그룹을 교묘히 끌고 있다. 왜냐하면 이 그룹은 조직화되어 있지 않아 행동하려는 생각에 겁먹고 있기 때문에, 장르 영화가 사회·경제적인 갈등에서 보여주는 부조리한 해결책을 열광적으로 수용하고 있다. 우리가 살고 있는 복잡한 사회로 돌아왔을 때 또 동일한 갈등에 다시 직면하고 있을 때, 우리는 영화에서 격려와 위안을 다시 찾기 위해 또다시 장르 영화를 돌아본다.[18]

주디스 라이트는 네 개의 할리우드 장르는——서부 영화, 공상과학 영화, 호러 영화, 갱스터 영화——사회적 현재와 멀리 떨어진 틀 속에서, 그리고 극도로 단순화된 구조로 환원된 미시 사회 속에서 정치적이지 않은 갈등을 연출하고 있음을 보여주고 있다. 조심스럽게 경계 표시된 이 허구적 공간 속에서 이러한 각각의 장르는 주요한 갈등에 집중하고, 이에 대한 해결책을 제시하고 있다: 폭력과 이것이 합법적이 될 수 있는 상황에 관한 서부영화: 과학적인 합리성과 전통적인 믿음 세계의 갈등에 대한 호러 영화; 이 장르에서 불법 침입 양식으로 생각된, 이타성으로 인해 제기된 문제들에 관한 공상과학 영화; 사회·경제적인 성공 계획에 내재한 두려움과 욕망 사이의 갈등에 관한 갱스터 영화. 가령 이 마지막 장르에서 익명(다시 말해 관객들 공동의 몫)이 행복의 보증서라는 교훈을 이끌어 낸다: 성공은 정상에 이른 사람을 성공하려고 시도한 모든 사람들의 적으로 만들면서 상처를 치

---

18) 주디스 라이트, 〈장르 영화와 현상〉, 《영화 장르 리더 II》, 배리 키스 그랜트의 것을 모은 텍스트, p.41.

유하게 만든다.

그러므로 주디스 라이트에게 있어, 갱스터 영화는 사회 계급의 지나친 상승은 큰 재앙을 초래하는 결과를 낳고 있다고 보여준다. 이것은 계층의 한계를 정당화하고 확인한다. 영화 속에서 피라미드식으로 조직된 갱스터 세계가 진실로 자본주의 세계의 축소판이라는 것이 그의 분석이다.[19] 오직 한 사람만이 정상에서 지배하고, 영화는 선망의 대상이 되는 위치를 향한 한 남자의 범죄와 살인이 가로놓여진 상승을 이야기하고 있다. 〈리틀 시저〉(머빈 르로이, 1931)의 리코는 자신의 모든 라이벌을 제거하고 도박장과 도시의 암거래를 전부 감시한다; 〈스카페이스〉(혹스, 1932)에서 젊고 야망 있는 이탈리아인 토니 카몬테는 1920년 시카고 남부 지방 두목의 호위병이 되고, 자신의 경쟁자들을 물리치고 두목의 위치와 그의 정부를 차지한다; 〈대부 II〉(코폴라, 1974)에서, 우리는 늙은 대부 비토 콜레오네와 그의 아들이자 상속자인 마이크 콜레오네의 평행한 상승을 지켜본다. 그러나 주인공들은 큰 대가를 치르고 성공을 얻는다: 리코는 부인에게 배신당하고 경찰의 손아귀에 죽는다; 토니 카몬테(그는 사나운 질투심을 가지고 있는 다른 남자들로부터 보호해야 하는 누이, 즉 약점을 가지고 있다. 그는 자신을 파멸시킬 살인을 범할 정도이다)는 경찰에 의해 쓰러진다. 〈대부〉(코폴라, 1972)의 첫 부분에서 콜레오네는 살아 있지만, 그에 대항한 다른 마피아단들의 살인미수로 인해 매우 쇠약해 있던 반면, 그의 아들 마이크는 부인이 떠나고, 자신의 형제를 쓰러뜨려야 하며 끊임없이 자신이 속한 계층의 적·정부·경찰 등으로부터 자신을 보호해야 한다. 죽음, 고독, 살아남아 대부의 자리를 지키기 위한 끝없는 싸움 등은 성공의 대가(代價)이다.

등장인물 갱스터는 딜레마를 구체화시킨다: 실패는 일종의 죽음이

---

19) 앞의 책, p.47-49.

고 성공은 위험과 불가능으로 나타나고 있다. 더욱이 갱스터 영화는 갱스터를 비극적 인물로 만들면서 자본주의적 시스템을 함축적으로 지지한다. 장르는 이런 딜레마를 사회적 원인(범죄의 세계에서도 지배하는 약육강식의 자본주의 세계의 법)에 결부시키지 않지만, 그것으로 인해 영웅이 야망으로 불타고 불안정한 심리적 성격을 가지게 되었다는 결론을 만들려고 시도한다: 키티의 얼굴에 이유 없이 포도를 으깨거나 모피 창고에서 강도짓을 하는 동안 박제로 된 곰 머리를 향해 총을 쏘는 〈공중의 적〉(윌리엄 웰먼, 1931)에서 톰 파워(제임스 캐그니) 같은 사람처럼 '정신병적인 갱스터'의 맥을 설명하는 것이다. 주디스 라이트에 있어, 갱스터 영화의 공연은 우리로 하여금 사회적 서열에 문제를 제기하지 않도록 하고 온 힘을 다해 우리가 현재 있는 계층에서 나오려 하지 않고 조용히 있도록 우리에게 명한다: 검소하게조차 익명으로 살아남는 것이 더 가치 있다. 오로지 서열의 교체는 비극적 영웅에 속한다.

집단의 문화적 표현

앞선 것과 정반대의 또 다른 기능적 이론은 장르가 허구적 이야기를 경유하여, 현실의 사회적 문제와 내적인 문화적 긴장감에 대한 해결책을 제시한다고 단언한다. 레비스트로스의 신화 분석에서 영감을 얻고 빈번하게 장르의 구조적 분석(제2장, p.71-77 참조)을 연장한 이 이론은 시네마토그래프 장르를 집단의 문화적 표현 형식으로 만드는데, 이 형식은 공동체의 상황적 갈등과 마찬가지로 이들의 공통적 가치, 기본적이고 구조화된 문화적인 대립을 연출하도록 한다.

그러므로 장르 영화는 그만큼 신화의 버전들과 같을 수 있고, 여러 신화의 버전들은 문화를 구조화시키는 대립과 상관 관계의 특별한 시스템을 표현하고 있을 것이다. 이 가설에 의거해, 장르 구성에 필수

불가결한 조건인 장르의 성공은 경기 규칙, 문화와 사회 조직의 주요한 카드를 바꾸지 않고, 섞는 능력과 문화적 애매성과 갈등을 표현하고 이것의 조화로운 해결책을 제시하는 '방식'을 낳는 그 능력과 관련이 있다.[20] 동일한 구조, 등장인물들 사이에 동일한 관계, 동일한 공간성 등을 둘러싸고 반복·변화·이노베이션 등으로 이루어진 다양한 버전의 모양을 한, 주어진 문화 속에서 존재하는 신화처럼 장르 영화는 결합 행위, 즉 세상과 그 요소들을 정리하는 집단의 상상의 산물에 속한다.

따라서 신화나 방식으로 간주된 장르는 등장인물, 상황, 역사적으로 한정되고 문화적으로 중요한 장소, 구조화하는 대립 등으로 구체화된 특별한 윤곽을 제시한다. 이는 가령 서부 영화에서 **야생성**과 **문명성**을 분리하는 경계선 둘레에 그 지리적이고 사회적인 공간을 조직할 때 하는 것과 같다. 장르 영화는 이처럼 사회적 방향의 구조를 내러티브화한다.[21] 토마스 샤츠는 가령 고전 할리우드 장르의 카드들을 두 개의 다른 구조적 총체로 자르자고 제안한다. 이 두 개의 다른 총체 속에서 각 장르는 단지 특별한 내러티브 구조를 **통하여**, 기본적인 문화적 가치들 사이에 특유한 갈등의 코드화를 내보이도록 한다.[22] 서부 영화, 갱스터 영화와 탐정 영화는 그에게 있어 특유한 행동 공간, 협약으로 통제된 '상징의 장,' 질서와 공간의 지배에 연결된 갈등 등을 한정한다; 뮤지컬 코미디, **스크루볼** 코미디, 멜로드라마 등은 특별하지 않은 공간 속에서 상호 개인적인 공간을 연출한다: 자신의 견해를 타인의 견해에 어떻게 꼭 들어맞게 할 것인가? 어떻게 공동체 속에 통합되는

---

20) 존 카웰티, 《모험, 미스터리와 로맨스: 예술과 대중문화로서 판에 박힌 스토리》, 시카고, 시카고대학 출판, 1976, p.35.
21) 월 라이트, 《여섯 명의 총잡이와 사회. 서부 영화의 구조 연구》, 같은 책, p.185-194.
22) 토마스 샤츠, 《할리우드 장르: 포퓰러, 영화 제작과 스튜디오 시스템》, 같은 책, p.27-30.

가? 첫번째 장르들은 공간을 지배하고, 조직하며 질서를 바로 잡기 위한 투쟁을 연출하는데, 이는 여기서 도상적(圖像的)인 협약의 풍부함을 설명하고 있다. 반면 두번째 장르들은 육체적이기보다 일반적으로 사회심리학적인 성적 갈등에 집중하고 있다. 이러한 장르들 각각은 이처럼 특유한 문화적 긴장감을 결합시킨다. 그럼에도 불구하고 이 모델을 통해 제기된 주요한 문제를 환기시켜 보자: 세분된 분류로 장르 특유의 사회적 기능을 유도하게 하면서, 이 모델은 각 장르를 단순화하고(가령 남자와 여자 사이에 관계가 서부 영화에서 역할을 할 수 있다) 장르의 혼합을 무시하고 있다(서부 영화 속에 위치한 뮤지컬 코미디 속에서 갈등은 어떻게 구성되는가?). 더욱이 이 모델의 명시적인 가치는 수많은 할리우드 장르, 즉 모험 영화, 전기 영화, 호러 영화 등을 단순하고 순수하게 한쪽으로 제쳐 두었다는 사실이다.

인류학자 드러먼드가 자신이 '비(非)리얼리스트' 영화라고 정의한 **판타지 무비**에 속하는, 1960-1990년까지 제작된 모든 성공한 미국의 장르 영화들을 분석한 것은 분명히 신화적 관점에서이다.[23] **스페이스 오페라**, 외계인을 상대로 한 영화, 슈퍼-영웅 영화, (그의 책에서 거의 환기되지 않은) 호러 영화, 주인공이 동물인 영화 등이 관건이 되고 있다. 따라서 **판타지 무비** 카테고리는 현실을 넘어, 인간과 비(非) 혹은 인간이 아닌 피조물 사이에 관계를 탐색하는 장르들을 포함하고 휴머니티의 불안정하고 복잡한 한계를 살펴보고 있다. 그에게 있어 이 영화들은 강력한 상업 전략 같은 경제적 결정론이 아니라, 신화처럼 이차적(異差的)인 방식으로 인간의 아이덴티티를 정의할 수 있는 장치를 당시 미국 문화에 제공한다는 사실에 오로지 그 성공을 두어야 한다.

당시 **판타지 무비**는 세 가지 기호학적 차원에 따라 조직되는 잠재

---

23) 리 드러먼드, 《미국의 드림타임. 대중 영화의 문화적 분석, 인문과학과 이것의 관계》, 랜햄, 로우맨과 리들필드 출판사, 1996.

적 경험 세계를 보도록 한다. 이 영화는 대립된 개념들로 두 개의 극으로 한정된 연속된 축에 부합한다. 이 두 극을 둘러싸고 당시 미국 문화는 구조화되고 그 문화의 휴머니티 재현을 문제화하고 있다. '동물'과 '기계' 양극성은 판타지 영화에서 기본적인 첫번째 차원을 이루고 있다; 두번째 차원인 '우리'와 '나,' '그들'과 '타인,' 이들 사이에 긴장감은 동족성 관계, 포함 관계, 아이덴티티와 종(種)의 관계, 배타성과 이타성의 관계 등을 생성한다; 끝으로 창조와 파괴는 '삶의 포스'와 '죽음의 포스' 사이, 즉 세번째 차원에 따라 조직화된다. 판타지 영화 〈죠스〉와 〈스타워즈〉를 거쳐 〈007〉에서 〈ET〉까지 보면, 이 영화들은 기계로 잠재적인 관계 모델을 보여주면서, 인간과 현재 더욱더 문제가 되고 유용하지만 인간을 소외시키는 기계 사이에 **현실적인 갈등 관계**를 표현하고 있다.

이처럼 제임스 본드는 무엇보다도 먼저 드러먼드에게 있어, 기계를 소유하고 소모하는 자본주의적 시스템의 이중적 주체이다. 사실, 007이 기계를 사용한다면, 즉 제임스 본드가 기계를 사용한다면 그는 역시 우리와 반대로 기계의 주인이다. 왜냐하면 각 영화의 프롤로그에서 기계화된 추격 경주가 보여주는 것처럼, 그는 이상한 모험을 하는 동안 기계를 지배하고 파괴한다. 그 누구에 비할 수 없는 애인인 그는 역시 감정의 기술자이고, 이처럼 대립된 일을(감성/기술성) 연결하는 장한 일을 훌륭히 잘 해낸다. 〈스타워즈〉 3부작은 인간과 기계의 관계에 대한 또 다른 변형을 제시하고 있다: 이 3부작은 자동인형이지만 거의 인간적이지 않은 로봇, 비(非)인간적인 외관이지만 더 인간적인 로봇, 기계 주인들, 신화적인 동물, 다양한 방식으로 자신들의 육체에 인간과 기계를 결합시키는 존재 등을 연출한다. 이렇게 영웅 루크는 에피소드와 그 전쟁의 흐름에서 기계와의 다양한 관계 상태를 구현한다: 사가의 시작에서 전체적으로 인간적인 그는 자기 차례가 되어 '기계화'되기 전에 조금씩 기계의 주인이 된다. 포스의 '밝은 쪽'

과 '어두운 쪽'은 연작의 반복되는 주제이고, '삶의 포스/죽음의 포스'라는 세번째 기호학적 차원을 가리키는데, 더욱 더 수리된 루크의 육체는 거의 전체적으로 기계화된 아버지 다스 베이더의 것과 닮아감에 따라 서로 만나게 된다. 〈스타워즈〉의 성공은 인간('우리')과 비(非)인간('그들'과 '중성의 피조물') 사이를 구분하는 3부작이 보여주는 상세하고 대립하는 상상 탐험과 연관이 있을 것이다. 즉 영화의 세번째 부분은 더 협약적인 방식으로 가족의 서사시에 집중하기 위해 기계의 서사시를 버리고 있다. 끝으로 〈죠스〉에서 상어는 적대적인 '그들'의 그룹 속에 단호하게 배치된 절대적으로 동물적인 동물이고, 비(非)인간이지만 주역들 중 한 사람의 가족을 위험에 처하게 하는 포식동물이며 증오하는 파괴적 동물이다. 그러나 이 동물은 역시 죽이는 기계처럼 보여진다. 거리감이 있고 기계화된 피조물인 기계는 바이오테크놀로지한 신세계의 스타인, 〈쥐라기 공원〉에서 잔인한 공룡의 형상을 띠고 있다. 이 공룡들은 완전히 기대에 어긋나게, 자신들이 생식할 수 있음을 보여줄 때 동물성을 되찾는다.

시네마토그래프 장르를 신화로 간주하는 것은 기본적으로 장르 영화 공연에 의식적(儀式的)인 기능을 부여하도록 한다: 이 장르는 모든 사람들에게 알려진 규칙과 기능으로 체계화된 한 사회의 가치 시스템의 연출을 보여주면서, 관객으로 하여금 스스로 이 사회 구성원임을 인정하도록 도와준다. 이처럼 시네마토그래프 장르는 대중으로 하여금 공통의 가치와 참조 체제 주위에서 공감하게 하고 동시에, 갈등을 잠재우고 사회를 유지하도록 돕는 매개물을 상징적인 차원에서 제시한다. 동일한 장르 영화의 규칙적인 소비는 공동체가 장르에 빠진 것으로 해석되지만, 의식(儀式)처럼 공통의 가치 전체를 인정하는 공유된 기쁨을 둘러싸고 그룹을 연합할 수 있는 그만큼 주기적인 만남으로 이루어진다. 이처럼 서부 영화의 반복된 공연은 국가의 아이덴티티를 구축하는 데 기여한다. 이 장르는 '신세계' 국가의 아이덴티티의 더 세계적인 발전을 수행하는 미국애서 시네마의 아메리카화 상황 속에서, 1970년대 초기 미국에서 나타난다.[24] 이 시기부터 서부 영화는 포함과 배제라는 형상을 배치하면서, '상상의 국가 공동체' 형성에 한 몫한다.[25] 몇십 년 동안 미국 서부 영화는 서부 정복을 강하게 체험하지 않았던 이질적인 대중으로부터 아메리카성을 끌어내도록 하였다. 이처럼 이 영화는 최근 이주민들에게 과거와의 친밀한 관계를 확립한다. 국가의 뿌리와 가치를 찬양하는 기원 신화, 이것은 20세기 아메리카를 과거의 개척자 정신에 재연결시키는 기념 의식이 된다. 장르의 신화적이고 의식적인 기능의 옹호자들에게 있어, 공동체에 호소와 서부 공간 속에서 갈등의 해결은 중립적인 문화적 실행이다. 반면 이 실행을 영화 산업의 논증 전략 속에 새기고 있는 이데올로기적 기능의 지지자들에게 있어, 이것은 인심 조작을 하고 있다.

이데올로기적이고 의식적(儀式的)인 기능의 한계

할리우드 수사학의 진정시키고 규범적인 그물 속에 대중을 가두면서, 이데올로기적 굴레로서의 장르 개념에 반대하여 우리가 표명할 수 있는 주된 비난은 이 장르가 이데올로기적 규범을 수용하면서 수동적인 관객을 가정한다는 것에 기인한다. 장르는 유일하고 보편적인 해석을 강요할 것이다. 장르 때문에 동질적인 모든 것으로 간주된, 영화 관객들은 할 수 없이 이 해석을 하게 된다. 정말로 대중의 아편과 같은 이 장르는 거의 천성적으로 덤불 속에 있고, 비평적이며, 상반되는 모든 해석, 여러 가지 모든 수용 가능성 등을 마비시킨다.

---

24) 리처드 아벨, 〈수출국가. 미국 서부 영화(1911-1912)〉, 《프랑스/할리우드. 시네마토그래프 상호 교환과 국가의 아이덴티티》, 마틴 바르니에와 라파엘 무안, 파리, 라 아르마탕, 〈시야〉, 2002, p.142-172.
25) 베네딕트 앤더슨, 《상상의 공동체》, 런던, 베르소, 1991, p.4.

의식적인 접근은 유사한 문제를 제기한다: 장르가 상징적인 차원에서 현재의 문제나 문화적 갈등을 조정하거나, 의식화된 공연 속에 연합시킨 대중의 기대에 대답한다고 말하는 것은, 이 장르에 있어 동일한 가치를 공유하고 동일한 갈등을 느낄 수 있는 동질적인 대중을 가정하는 것이다…. 우리는 물론 할리우드 장르가 성적으로 표지된 대중을 가지고 있다거나 1950년대 이후 호러와 공상과학 영화처럼 젊은 대중에게 호소하고, 또 이 관객들은 이들이 나뉘어진 청중을 이루고 있기 때문에, 서로 닮은 문화적 모델로 연합된 공동체를 구성하고 있다는 데 이의를 제기할 수 있다. 그러나 가령 민족적이거나 사회적인 또 다른 한정은 관객의 문화적 세계를 구성하기 때문에 장르에 대한 이들의 동의를 조정할 수 있다. 그러므로 의식적인 정의는 자기 민족중심적인 설명이다. 그만큼 이 정의는 장르의 의식적 기능을 단지 영화 텍스트에서 유래하도록 하고 특별한 관객의 경험·공략·해석 등을 소홀히 하고 있다. 만약 장르가 사회적 방향의 구조라면 이 방향에 의미를 주는 수많은 방법들, 즉 한정의 결실들이 있다: 할리우드 영화의 성공물을 제외하고 외국인, 다시 말해 미국 문화의 외부에 어떻게 이해시킬 것인가? 프랑스·홍콩·미국 관객들은 틀림없이——내 나름대로 너무 동질적인 명칭을 제안하려는 것이다!——동일한 방법으로 서부 영화나 무술 영화에 빠지지 않는다.

요컨대 할리우드 장르의 분석들은 서로 반대되는 이 두 가지 사회적 기능을 나타나게 하고 강조하였음을 역시 부각시켜야 한다. 이는 장르 현상의 총괄적이고 체계적인 설명을 표명하도록 부추긴, 시네마토그래프 속에서 장르의 프레그넌시와 관련이 있다. 그렇다고 해서 프레그넌시를 극단으로 도식화하지 않고, 경제 조직과 자본주의 문화 산업의 선도자인 할리우드 영화 산업의 이데올로기는 왜 장르가 독자적인 시스템으로 다소 구조화되고 틀에 박힌 시네마토그래프보다 우월하게, 할리우드에서 이데올로기의 컨트롤과 억압의 도구가 되는지를 아마도 이해하도록 한다: 큰 재정 단체를 통해 출자를 받은 상업 영화, 즉 할리우드 시네마는 단지 그들의 경제적이고 이데올로기적인 이익과 밀접한 연관성이 있을 수 있다. 끝으로 우리는 미국의 이데올로기는 개념적이지 않은 이데올로기로, 신화에서 유래한다고 상기해 볼 수 있다.[26] 신화는 역사에서 나오고 역사적·정치적으로 표지된 세계관을 정착시키도록 한다.

이 마지막 요점은 타협안을 제기하는 것이 아니라, 이데올로기의 획일화와 집단의 문화적 표현이 장르 영화 속에서 함께 작업중일 수 있음을 보여주도록 한다. 사실, 신화가 한 사회 계층의 질서라고 말한다면, 또 의식이 그 사회의 가치 주변에 있는 참여자들을 코드화된 집단의 의식으로 연합한다면 그것의 공동체적 가치와 기능은 역시 사회적 영속성에 기여하고 있다. 신화는 질서라고 말하고 의식은 이 질서를 잡는데 유리하게 작용[27]하며, 두 가지 모두는 동일한 움직임으로 가치를 표현하고 보증하고 있다. 동시대 사회 속에서 신화는 현실적인 문제에 대해 집단적 상상의 대답을 구하고 강요하면서, 갈등을 비정치적으로 말하고 순화시키고 변호한다. 그러므로 신화는 중립적인 카테고리가 아니고, 단순한 구조의 결과도 아니며 바르트[28]가 보여주었던 것처럼 이데올로기적 목표로 새겨진다.

따라서 우리는 스튜디오들의 이데올로기적인 이득과 관객의 문화적 기대 등의 결합을 통해 할리우드 장르의 성공을 설명한 릭 알트만의 제안을 따를 수 있다. 할리우드의 욕구와 대중의 열망 이 상호 작용에서 나온 양식은——장르를 안정시키는 의미·통사론적 균형——이데올로기적인 틀을 은폐하도록 한다.[29] 그래서 장르 영화는 그

---

26) 안 마리 비도, 같은 책, p.14-15.
27) 조르주 발랑디에, 《무질서》, 파리, 파이아르, 1988.
28) 롤랑 바르트, 《신화론》, 파리, 쇠이유, 1957.
29) 릭 알트만, 《할리우드 뮤지컬 코미디》, 같은 책, p.114-115.

관객들에게 대리로 영화의 시간, 즉 위반된 문화 속에서 살도록 하고 거기서 기쁨을 느끼도록 한다는 것을 우리는 더 잘 이해한다. 가령 갱스터 영화나 호러 영화는 장르나 코드화되었지만, 문화적으로 허용할 수 없는 기쁨을 향유하도록 한다. 즉 이 영화들은 범죄와 살인 광경을 목격하도록 하면서, 마지막에 법 문화·사회·도덕적 가치들을 회복시키고 있다: 갱스터와 유령은 정도를 넘어섰고, 그들은 청부 계약을 저지르고 결국 잡힘으로써 끝난다. 마찬가지로 뮤지컬 영화 〈탑 햇〉 속에서 릭 알트만[30]이 보여준 것처럼, 관객의 반(反)문화적인 기쁨은 진저 로저스가, 밤중에 윗방에서 춤추는 프레드 아스테어의 캐스터네츠 소리로 방해를 받고 호텔 지배인을 부른 후, 평상복 차림으로 그 자신이 폭동의 선동자를 만나게 될 때 극에 달한다. 영화는 장르의 협약을 수행하고 사랑의 교환이 시작하기 위해 만남이 이루어져야 하는데, 진저가 자기 방에서 호텔 지배인에게 또다시 전화를 하는 것이 모럴이다. 윗방까지 올라갔을 때 그녀는 단순히 영화에서 하숙인으로 초대받았던 프레드 아스테어를 맞이한다. 그 다음 날 그녀는 방을 예약했던 남자가, 한번도 안면이 없는 자신이 가장 좋아하는 친구의 남편과 다르지 않음을 발견한다. 예절 코드의 위반은 남자 주인공의 아이덴티티에 대한 혼동을 자리 배치하는 데 필요하다(왜냐하면 프레드 아스테어는 실제로 진저가 가장 좋아하는 친구의 남편이 아니기 때문이다). 이런 혼동으로 인해 영화는 한 시간 이상의 감정적인 오해를 제시하고, 여기서 장르의 기쁨은 항상 사회적 협약을 어김으로써 생긴다: 진저는 망설이긴 해도, 그녀는 결국 야외음악당 아래서 프레드와 함께 춤을 추고, 그 후 무도회에서 가장 좋아하는 친구가 보는 앞에서 낭만적인 '뺨과 뺨을 맞대고'를 추고 끝나지 않는가! 그러나 이런 모든 위반은 오해가 풀리는 영화의 결말에서 사라진다. 모럴은 구원되

---

30) 릭 알트만, 《영화/장르》, p.147-148.

고 양속(良俗)의 위반은 용서받으며 장르의 쾌락은 문화적으로 허락되는데, 사건이 두 주역들의 결혼으로 결론지어지기 때문이다.

벌레스크 영화는 이것이 연출하고 있는 위반을 이데올로기적으로 회복시키기 위해 또 다른 전략을 펼친다. 만약 **익살극**(slapsticks)에서 주인공들의 게으름이 노동의 가치를 짓밟고 이들의 좀도둑질이나 파괴가 소유권을 헤친다면, 이들의 발명의 재능과 자유나 곡예 같은 재주 등은 관객을 유혹시킬 수 있지만, 이들의 한계 상황, 폭력, 세상에의 부적응 등은 이들을 어쩔 수 없이 모델이 될 수 없게 한다. 사람들은 기꺼이 희생자들인 경찰이나 중년부인뿐 아니라, 위반하는 주인공들에 대해 비웃는다. 벌레스크의 무질서는 이처럼 사회적 위험을 낳지 않는 반(反)문화적 기쁨을 제한하고 허가한다.

장르의 커뮤니케이션 기능

장르의 커뮤니케이션 기능은 협약에서 유래한다. 장르는 이 협약을 토대로 구성되고 인정된다. 이처럼 영화를 장르에 관계시키는 것은——이런 장르 명칭이 프로듀서·비평가·관객 등의 행위라 할지라도——첫 장에서 보았던 것처럼 영화를 분류하고, 또한 해독하고 해석하는 것이다. 영화 장르의 아이덴티티를 의식한다는 것은 '설정된 커뮤니케이션 양식'을 인정하는 관객이 카세티의 용어(제2장 참조)를 다시 취해 '기대 시스템을 조직하는' 것이다. 영화를 내보이고, 수용하거나 생각하기 위해 장르 카테고리에 호소하는 것은 영화에 '기대 범위'를 한정하는 것이다. 야우스는 기대 범위를 '스토리가 나타나는 각 작품에 있어, 주요한 세 가지 요인에서 생긴 객관적으로 표명될 수 있는 참조 시스템으로 정의한다: 대중이 장르에 대해 가지고 있는 경험, 앞선 작품들의 형식과 주제, 시언어와 실용적인 언어 사이, 상상의

세계와 매일의 현실 사이 등의 대립'이다.[31]

장르의 '레일'

영화가 하나의 장르에 속한다고 게시되고 표명되는 것은 관객으로 하여금 장르 영화의 규칙적인 공연이나 어느 정도까지는, 장르에 대한 확산되고 문화적인 지식 때문에 자신들이 이용할 수 있는 장르의 기억과 인식을 부추기고 있다. 장르는 경험적 공간을 구성하고, 거기서 바로 영화에 대한 관객의 기대와 해석이 한정되고 구축된다. 우리가 장르를 커뮤니케이션 협정, 해석의 약속과 계약 등으로 간주한다 할지라도 장르는 참조 틀을 이루고 있고, 이를 근거로 영화는 보여진다. 장르는 이때 분류 카테고리로서가 아니라, 그 협약 기능으로 인해 친숙하고 식별할 수 있는 구조로 기능한다. 장르의 협약 기능은 영화가 어떤 장르에 속한다는 제의를 받아들일 수 있고… 실제로 영화의 성공을 가능하게 만든다. 더욱이 관객의 기대를 한정하면서, 장르는 관객의 지각과 인지적 행위가 지배하는 예측에 개입한다. 장르 영화를 제작한다는 것은 즉 이 영화에 대한 해석의 맥락을 제공하는 것이다; 재판권을 가지고 영화 장르를 본다는 것은 이 맥락으로 영화를 해석한다는 것이다. 그러나 영화의 해석 틀을 한정하고 있는 장르는 영화에 대한 적응과 이해 가능성을 열어 주는 동시에 닫고 있다. 그렇기 때문에 이론가들은 어떤 때는 영화를 이해하기 쉽게 만들려는 장르의 능력을, 어떤 때는 이 능력을 미리 한정시키면서 해석을 뛰어넘으려는 경향을 부각시킨다. 이처럼 바르텔레미 아멘구알은 장르 영화들을 맹렬하게 비난하는데 장르 영화는 그 관객들로부터 '서명한 백지' '백지수표'를 받아내고, 관객에게 핸들을 제공하며, 그들의 위치에서 생각

---

31) 한스 로베르트 야우스, 《수용 미학》, 갈리마르, 〈텔〉, 1978[1974], p.53.

하고 그들을 '레일' 위에 놓기 때문이다.[32] 영화가 굴러가는 '장르의 레일'은 유용한 가이드이거나 관객을 구속하는 불가피한 주행으로 간주될 수 있다. 이 최근의 개념은 아멘구알처럼, 작가의 작품에 이익이 되도록, 이들이 보기에 소비자 운동가적이고 평범한 기쁨의 원천 같은 장르 작품과 장르의 이데올로기적 틀의 기능을 주장하는 사람들을 거부하는 비평가들을 규합하는 데 놀랄 것이 없다(p.99-106 참조).

장르 영화는 장르 안내서를 관객에게 제시하는데(혹은 강요하는데), 관객은 안내서를 장르에 대한 기억에 관계시키면서 장르 영화를 받아들이고 활성화시키기 때문이다. 이런 안내서들은 장르의 확고한 협약을 예시하면서 장르의 기대를 한정하고, 영화 텍스트 속에서 단지 분산 배치되지 않는다. 사실 이 안내서들은 또한 영화의 통찰과 커뮤니케이션 전에 방향 표지를 세운다: 비평가들과 영화 프로모션 연설은 영화의 하나나 수많은 장르 의도를 강조하고 선택뿐 아니라 관객의 심리 태도에 일정한 방향을 부여한다. 예고편, 영화 포스터, 비디오카세트 커버 등은 역시 이러한 안내서 역할을 한다: 이처럼 코미디 프랑세즈의 포스터는 약 15년 전부터 몇몇 등장인물들을 소개하는데, 이들은 오히려 흰색 바탕 위에 눈에 띄는 선명하고 대조적인 빛깔의 옷을 입고 있다. 그러므로 이런 구성과 색깔 선택과의 친숙함은 특별한 장르의 기대를 한정한다. 영화 첫머리 자막과 첫번째 시퀀스는 또한 장르 영화가 그 뿌리를 내리고 있는 픽션 속에서 협약에 의한 초입 시간을 구성하고 있다. 이처럼 그 자체로 서부를 연상시키는 제목 〈리오 브라보〉의 문자 자체(字體), 감독 이름 하워드 혹스, 서부 영화와 강력하게 연합된 주역들의 이름인 존 웨인과 딘 마틴, 음악과 규범을 바탕으로 앞으로 전진하는 마차와 말 호송대가 나오는 탁 트인 장면으로 된 영상 등은 관

---

32) 바르텔레미 아멘구알, 〈멋, 멋진 양식?〉, 《시네마 장르 파노라마》, 같은 책, p.202.

객의 기대를 이루는 장르의 상징물이다. 마찬가지로 〈삼형제〉(보우돈과 캄판) 첫머리 자막에 쓰여진 '미지인들의 영화'는 1990년대 초기에 연극 예술과 텔레비전을 통해 대중화된 희극 단체를 상기시키고, 세 개의 첫 시퀀스가 입증하는 희극적 기대를 불러일으킨다. 희극배우 트리오가 연기한 〈삼형제〉는 아직도 자기 자신을 알지 못하고 각자의 직업적 행동에서 보여진다: 머리 위에 분홍빛 매듭으로 장식된 깃털을 한 사람은 시장에서 불법적으로 행상을 하고 "카카, 카타, 카타스트로프(재앙)(les caca-, les cata-, les catastrophes)"를 없애는 경이로운 얼룩을 빼는 재능을 칭찬한다; 또 다른 한 사람인 회사 간부는 만족스런 모습과 거짓으로 여유 있는 태도를 하고서, 자신이 일하고 또한 모든 사람들이 자칭 "나의 암탉"이라 부르고, 겉으로 보기에 상하 계층이 없는 듯 말을 서로 트고, 서로 인사하기 위해 볼에 키스하고 포니 테일을 보란듯이 과시하는 등, 이러한 회사에 도착한다; 세번째 사람은 장차 장인이 될 사람의 휘하에서 상점의 비디오-감시장에서 일하고 장인이 등을 돌릴 때, 가봉실에서 옷을 벗는 여성들로 눈요기를 한다. 이 세 가지 액션 없이 서술적으로 전개되는 신(scènes d'exposition)은 이처럼 영화 장르의 의도를 명백히 게시한다: 풍속 코미디를 제시하고 있다. 할리우드 영화의 경우, 영화의 가장자리에서 받쳐지는 식으로, 영화가 어떤 장르에 속한다고 주위를 환기시키는 안내서에 의지하는 것은 진정한 전략에 속한다: 장르 해석의 틀이 초기에 견고하게 배치되었다면, 그 다음 목적은 자클린 나카시가 지적한 것처럼, '할리우드 스크린에 도달하는 내러티브의 유동성 덕택으로, 관객으로 하여금 이런 장치에 대한 의식을 완전히 잃어버리도록 하는' 것이다.[33]

장르의 레일이라는 메타포는 반복에 대해 너무 강조하고 예언하는 불리한 점을 가지고 있다. 그래서 알다시피 몇몇 장르 영화는 가령 호

---

33) 자클린 나카시, 《고전 할리우드 영화》, 같은 책, p.17.

러 영화나 스릴러물처럼 강하게 코드화되었을지라도, 관객을 숨가쁘고 예기치 않거나 예측할 수 없는 새로운 전개 속으로 이끌기 위한 만큼 이들에게 계속 두려움을 주기 위해 미공개된 변화를 제시하면서 관객의 기대를 좌절시키기 좋아한다. 더욱이 가령 카세티[34]가 그렇게 강조한 것처럼, 장르는 단지 **전제(前提)된** 커뮤니케이션 협정을 통해 영화와 관객을 묶는다: 사실 이러한 일치는 협상 공간을 향하는데, 이때 관객이 인식한 장르 협약 시스템에 비교해 변화가 새로운 구성의 영화 속에서 일어난다. 그래서 관객은 장르의 커뮤니케이션 틀을 '재협상' 한다. 이 틀에 근거해서 관객에게 영화는 제시되었고 관객은 영화를 보려고 하였다. 만약 관객이 이런 편차를 '장르의 법칙'으로 맞춘다면, 또 이 편차를 장르의 의미론이나 통사론의 표현 행위로 취급한다거나 이런 변화에 비추어 장르의 커뮤니케이션 협정을 재현대화한다면, 관객은 경우에 따라 변형된 장르의 관점에서 영화를 계속 읽는다. 그렇기 때문에 이 둘(프로듀서와 관객)을 굳게 묶을 수 있는 계약이나 협정이라고 말하기보다 오히려, 우리는 프랑수아 조스트의 명제를 따를 수 있다. 즉 그는 오디오 비주얼한 장르를 "관객에게서 프로그램 '혹은 영화'의 비전이 시험하는, 기대를 이끌어 내는 약속으로 간주하였다."[35] 이런 개념은 장르의 고정이 영화에 부여하는 해석의 선(先)결정을 부인하지는 않지만, 절대적인 것으로 여기지는 않는다: 약속은 이것을 행하고 믿는 사람들을 속박할 뿐이다.

  장르는 단지 정태적인 해석의 틀이 아니라, 영화의 수용을 감싸고 있는 장르의 역동성이 이 틀에 외인적 요소들의 통합을 용이하게 할

---

34) 프란체스코 카세티, 〈장르 영화, 협약 과정과 커뮤니케이션 협정〉, 《시네마토그래프 장르의 탄생》, 시네마 연구의 국제적인 콘베뇨, 우딘, p.26-28 마르조 1998, 레오나르도 콰레지마(아 큐라 디), 알렉산드라 라엔고, 로라 비치, 우딘, 포룸, 1998, p.29-30.
35) 프랑수아 조스트, 〈장르의 약속〉, 《레조》 81호, 〈텔레비전 장르〉, 같은 책, p.16.

수 있음을 역시 강조해야 한다. 장르 영화를 특징짓고 해석 상황을 주는 의미·통사론적 배열은 이처럼 통합의 벡터로 나타날 수 있다. 이런 사실은 가령 누벨 할리우드에서 홍콩에서 온 감독자들의 성공을 설명할 수 있도록 한다: 이처럼 〈페이스 오프〉(오우삼, 1997)에서 용감한 경찰과 정신병적인 죄인의 대결로 코드화된 줄거리, 즉 두 주역 중 오직 한 사람이 죽음으로써 결론지어질 수 있는 이 줄거리는 무용술과 홍콩 검술 영화 특유의 효과가 새겨질 수 있는 서양 대중들에게 친숙한 장르의 틀을 소개하고 있다. 게다가 이런 통합은 〈상하이에서 온 여인〉(웰스, 1946)에서 〈차이나타운〉(폴란스키, 1974)까지, 미국 장르의 이국적인 성향으로 인해 용이해진다── 이 중 〈페이스 오프〉는 유명한 거울 신을 인용한다.

장르의 매개물

장르의 커뮤니케이션 기능은 장르 영화, 다시 말해 예측할 수 있는 도식을 따라가는 안정된 의미·통사론적 양식을 위해 자주 조사되고 연구되었다: 이는 장르 개념을 상당히 축소하고 그 실제적 용법을 고려하지 않는데, 왜냐하면 비평가가 작가 영화에 대해 장르 명칭 자체를 이용하기 때문이다. 이는 원칙적으로 수많은 연구가 프로듀서와 영화 텍스트들을 장르 의도의 유일한 수탁자(受託者)로 만든다는 사실에서 온 것이다. 그리고 관객의 해석은 이 장르의 의도에 부합할 것이다. 그래서 장 마리 셰퍼가 문학 장르에 대해 지적한 것처럼 "모든 수용은 해석을 함축하고 이 해석은 장르의 영역을 넘어 이루어질 수 없음으로써, 모든 수용 행위 속에 존재"하는 "장르를 탄생하게 하는(장르성, généricité) 독자의 체제"가 역시 존재한다.[36]

---

36) 장 마리 셰퍼, 《문학 장르란 무엇인가?》, 같은 책, p.151.

다른 용어로 영화 장르의 기대 영역은 두 개의 장르성 체제, 즉 소개하는 작가적 체제와 배열하는 관객의 체제를 통해 결정된다. 그러므로 관객의 체제는 작가적 체제와 만나지 않는 일도 일어난다. 이런 경우 장르적 기대가 또 다른 해석 시스템으로 교대되지 않는다면, 어긋난 이 기대는 영화의 해석을 불가능하게 만든다: 가령 〈레드 라인〉(테렌스 말릭, 1998)의 수많은 관객들은 전쟁 영화 〈라이언 일병 구하기〉(스필버그, 1998)가 성공한 후 곧 영화관을 향해 나간 것이다. 이는 관객이 후자의 영화와 시간적으로 가깝기 때문이기도 하고 영화 포스터와 테마가 후자의 영화가 생각나도록 하였기 때문에 장르 영화, 즉 전쟁 영화를 볼 수 있다고 기대하고 있었다. 수많은 출발이 수반된 영화관의 불만족하고 성급한 반응을 통해 내 자신이 판단해 보았을 때(기대한 행동이 나타나지 않았을 때), 작가와 관객 이들 체제의 조정은 타당치 못했고, 그 후에 유행할 수 없었다.

그렇기 때문에 우리는 장르를 영화를 이해하기 쉽게 만들고, 대중에게 영화를 수용하고 이해하도록 만드는(즉 대중이 장르 카테고리를 인식하고 인정함) 매개물 중 하나로 정의할 것이다. 장르 영화의 경우, 장르의 쾌락을 예견하는 장르라는 매개물은 가장 중요한 것일 터이다. 그러나 작가, 스타, 게다가 영화가 상영된 영화관의 유형 등, 이처럼 영화와 그 대중 사이에 매개자 역할을 할 수 있는 또 다른 매개물들이 역시 존재한다. 장르는 이렇게 영화로의 가능한 접근 중 하나이고, 영화를 이해하기 쉽게 만드는 가능한 조건들 중 하나인데, 다른 한편으로 보면 이 영화는 장르의 의도를 드러내기도 하고 그렇지 않기도 한다. 이는 우리가 같은 영화를 같은 장르에 모두 관계시키지 않음을 부분적으로 설명하는데, 즉 우리가 존 웨인이나 존 포드의 영화처럼 〈역마차〉를 서부 영화로 간주할 수 있는 것과 같다.

장르라는 매개물은 또한 영화의 정확하고 기대하는 해석을 뛰어넘은 해석을 초래하는 경우가 있다. 장르가 부여하는 기대 시스템은 관객으로 하여금 영화가 제시하고 있는 것을 억압할 수 있을 만큼 이들에게 뜻이 깊다. 이는 〈현기증〉(히치콕, 1958)의 다섯번째 시퀀스에서 글자 그대로의 서술——다섯번째 시퀀스에서 우리는 사설탐정 스코티가 추적해야만 하는 마들렌의 신분을 레스토랑에서 알게 된다——을 해설자들이 거기에 주었던 서술과 대조시키면서 장 피에르 에스크나지가 보여주던 것이다.[37] 카메라는 레스토랑 문 밖을 향해 전진 이동 후, 그 다음 스코티의 얼굴로 오버랩한 후, 스코티의 시선 방향으로 60도 각도를 이루는 축으로 물러선다. 이런 후퇴 이동은 왼쪽을 향한 파노라마 촬영으로 이어지며, 이로 인해 사설탐정은 틀에서 나간다. 이때 저 멀리 벌판에 벌거벗은 등의 뚜렷한 반점이 나타난다. 카메라는 느리고 로마네스크식의 음악적 테마를 배경으로 벌거벗은 등을 내밀고 있는 노랑머리 아가씨(마들렌)까지 전진하기에 앞서 반점을 향해 그 위치 조절을 가속한다. 약 40초간의 한 장면 후에 히치콕은 스코티의 시선으로 되돌아오고, 스코티는 비스듬히 있지 않고 거의 정면으로 있다. 그러므로 카메라만이 히치콕의 여주인공의 벌거벗은 등을 주시하고, 실질적으로 스코티는 그녀를 볼 수 없음이 분명하다. 다섯 장면 후, 역시 바에서 아가씨에게 등을 돌리고 앉아 있는 스코티에게 되돌아오기 전, 레스토랑의 무대장식인 진홍빛 배경을 바탕으로 정말 뚜렷히 드러나고 있는 마들렌의 우아한 옆모습을 발견할 수 있다. 비록 그녀의 얼굴이 감정의 흔적을 가지고 있다 해도, 카메라가 제시했던 마들렌의 이미지는 또다시 한 번도 보이지 않는다. 히치콕은 사설탐정이 본 것을 우리에게 보여주지 않는데, 비록 그가 스코티를 토대로 마들렌의 존재 효과를 주려 한다 해도, 그는 두 번 반복해서 카메라의 시선과 등장인물의 시선을 분리시키고 있기 때문이다. 그래서 사설탐

37) 장 피에르 에스크나지, 《히치콕과 〈현기증〉의 모험, 할리우드 창작물》, 같은 책, p.122-125.

정에게 아가씨의 벌거벗은 등과 옆모습의 비전을 부여하는 것이 불가능한데, 모든 해설자들은 이 영상들을 스코티의 주관적인 시각으로 고정한다. 장 피에르 에스크나지가 설명한 것처럼, 이 해석은 할리우드 영화와 특히 필름 누아르에서 습관적 기대로 그려지기 때문에 단지 이런 해석이 가능하다. 사실상 이러한 장르의 영화 속에서, 숭고하고 해를 끼치지 않은 이미지인 팜므 파탈이 나타나고 영화 주인공인 남성의 시각을 통해 직접적으로 책임지워지는데, 그들의 시각은 영화 결말에서 팜므 파탈을 파악할 것이다. 〈말타의 매〉(휴스턴, 1941)에서 〈창문의 여인〉(랑, 1944)까지, 필름 누아르는 이처럼 한 남성의 현혹된 시선을 이목을 끄는 여성의 육체에 연결시키는 동일한 '원시적인 신'을 제시한다. 장르라는 매개물이 마들렌의 이미지에 대한 스코티의 매혹을 이해하도록 한다 해도, 이것은 〈현기증〉에서 등장인물에 대한 상상적 이미지가 전체적으로 관건이라고 보는 것을 막고 있다.

　이러한 시네마토그래프 장르의 기능을 조사해 본 결과 두 가지 고찰이 부여된다. 먼저 우리가 고찰한 기능이 어떻든간에 시네마토그래프 장르는 좋기도 하지만 동시에 그렇지 못한 대상이다. 즉 장르는 상업 영화 제작에 유용하다 해도, 영화를 판매하기 위해 반드시 훌륭한 논거는 아니다; 공동체의 가치를 경축하는 그 의식적(儀式的)인 기능은 역시 이데올로기적인 억압의 형식이다; 만약 시네마토그래프 장르가 관객으로 하여금 영화가 받아들여질 수 있는 기대를 구축하도록 도와준다면, 이것은 해석을 미리 결정하고 차단한다. 두번째로, 만약 우리가 관객에 대한 장르의 효과를 이론화시킨다면, 각 장르와 장르의 해석은 이것의 제작·수용 상황 속에서 고찰되어야 한다. 만약 우리가 장르의 경제적·이데올로기적·의식적·커뮤니케이션 기능을 인정한다면, 이 기능은 역사적·사회적 혹은 특정한 수용 상황 속에서만 구체화된다.

제4장
영화 장르의 아이덴티티

영화 장르의 아이덴티티는 불변하는 것이 아니다. 그 사용이 입각하고 있는 합의의 정도가 어떻든지간에, 장르는 영화가 배열된 정확히 개별화된 상자가 아니다. 사실 시네마토그래프 장르는 견고한 카테고리도 아니고, 영화가 모방하면서 따르는 본질적인 모델도 아니며, **선험적으로** 텍스트 구조도 아니다. 더욱이 영화는 가정된 장르의 상자 속에서만 배열되지 않는다: 이는 제작자·관객·비평가 등이 장르의 도표를 구축하고 동일한 영화에 다른 장르의 아이덴티티를 부여할 수 있다고 말했던 것으로 돌아가는 것이다…. 결국 장르는 분류의 카테고리일 뿐 아니라, 해석의 카테고리이다. 제3장에서 보았던 것처럼 이 해석의 범주는 작품들 사이, 또 작품과 작품의 제작·수용 상황 사이에 상호 작용 속에서만 그 방향을 찾는다. 그렇기 때문에 우리는 여기서 영화와 '영화의' 분류 관계를 고찰하기보다 오히려, 영화 장르의 아이덴티티와 이 아이덴티티가 **협상된** 방식이 협상된 장소를 고찰할 것이다.

영화/장르 관계

장르에 할애한 책들은 다소 의식적으로, 서로 다른 두 가지 분석 유형을 토대로 구성된다: 한편으로, 이 책들은 상대적으로 거대한 자료를 근거로, 장르의 역사와 마찬가지로 장르의 구조와 의미론의 분석을 제시한다; 다른 한편으로, 이 책들은 특별한 섹션이나 장(章)을 이용하여 장르의 꽃장식으로 간주된 작품이나 장르에 귀족 문학을 주었으며 개인적인 방식으로, 장르의 표현적 가능성을 실현하는 영화인에 역점을 두고 설명했다. 이런 책들은 내가 보기에 이처럼 두 개의 대립된 방향을 양립시키려고 시도한다(극도로 다양한 예를 통해서 장르 전체를 고려한다; 작품의 판테온을 선택한다). 이런 사실에서 채택된 계획은, 이 작가들이 가치를 높이는 예외와 같이 보이기 때문에, 단지 장르의 상징이기를 중단하던 작가들 위에 멈춤으로써 두 가지 접근을 분리할 수 있다: 서부 영화에 대해 존 포드 · 하워드 혹스 · 세르지오 레오네 등, 멜로드라마에 있어 빈센트 미넬리나 더글러스 서크, 뮤지컬 코미디에 있어 또 빈센트 미넬리, 이탈리아 코미디에 있어 디노 리시, 마리오 모니첼리 등에 멈춘다. 이때 장르 연구는 포드의 서부 영화 스타일, MGM 스튜디오에서 미넬리가 감독한 뮤지컬 코미디 스타일의 조사에 자리를 남기고 있다. 나의 목표는 여기서 '소수의' 장르 작품들과 '다수의' 장르 작품들 사이에 이런 계층적인 구분을 재검토하거나 인정하는 것이 아니라, 이 두 가지 방향은 해설자에게 있어 장르의 두 가지 다른 문화적 사용에 부합하고 또 이렇게 비교할 수 없는 장르성의 층위를 가리키고 있음을 강조하는 것이다; 한편으로, 동일한 양식의 무한한 변형으로 생각되는 '장르 영화'의 장르라 할 수 있다. 다른 한편으로, 시네마보다 더 작은 영역으로 생각되는 '작가 영화'의 장르로, 작가의 영화 속에는 작가의 특이성이 표현되고 개인적인 스타일의 문제와 개인적인 세계관이 제기되어 있다. 이에 반하여, 아주 많지만 특별한 장르가 아닌 장르의 문제에 중심이 두어진 또 다른 책이나 아티클은 장르 개념에 대한 조사를 오로지 장르 영화의 예로 제한하거나 그 예 전체 그 자체를 다루고 있다. 이 저서들은 비평, 신문 · 잡지나 대학 등의 문학이 명백히 증명하고 있는 것인 장르 명칭이 물론 다양한 방식으로, 시네마토그래프 제작의 거의 절반을 특징짓기 위해 이용되고 있음을 무시하고 있다. 그러므로 장르의 영역을 오로지 상업 영화, 시리즈 작품 등으로 국한시키지 않고, 또 영화 장르의 아이덴티티 문제가 시네마토그래프 영역을 구성하는 또 다른 판단·구별·분류 등의 방식과 상호 작용하기 때문에 여러 가지 방식으로 제기되고 있음을 또한 간과하지 않는 것이 적합하다. 즉 장르와 영화 사이의 관계는 항상 동일한 성질에 속하지 않고 이러한 다원성은 영화 제작법이나 텍스트 구조만큼 영화 해석 시스템과 수용 태도에 달려 있다.

장르로 포맷된 영화, 장르로 표지된 영화

장르 개념은 장르 영화의 제작·구조·수용 등을 고려하기 위해서 유용한 것만은 아니다. 이 개념은 역시 더 일반적인 방식으로, 영화 제작의 전체를 확인시키는 데 소용된다. 그럼에도 불구하고 이 용어는 특징적인 장르 모델에 참조해 제작되고 완성된 영화를 지칭하거나 혹은 영화(영화 장르)를 위치시키고 분류시키기를 겨냥하고 있는 단순히 서술과 분류 기능을 수행함에 따라 동일한 의미를 가지고 있지 않다. 그렇기 때문에 가령, 스티브 닐은 장르가 제작과 수용을 좌우하는 **장르로 포맷된 영화들**(generically modelled films)을, 장르가 물론 제작과 해석에 필수 불가결한 베이스를 주지만, 전적으로 제작과 해석을 결정짓지 않는 **장르로 표지된 영화**(generically marked film)와 구분하도록 제안한다.[1] 후자의 사용은 가령 장르 개념 자체가 필수적인 역할을 하고 있는 패러디나 패스티시 속에서 발견되고 있다. 패러디가 장르에 적용될 때, 이것은 사실상 장르를 반복하고 장르의 통사론적이며 의미론적인 자질을 부각시키고 있다. 이때 풍자된 이 협약은 이야기의 전개에 여전히 소용되지만, 재앙-영화를 패러디한 유명한 〈에어플레인〉

---

1) 스티브 닐, 《장르와 할리우드》, 같은 책, p.28.

(짐 에이브러햄스, 데이비드 주커, 제리 주커, 1980)에서 승무원을 죽이는 상한 생선식으로 코믹한 의도로 이야기를 새기고 있다. 장르 패스티시는 자주 패러디와 혼합되고, 장르에 고유한 포맷·촬영·위치 조절·조명·편집·음악 등의 매개변수를 모방하고 수정한다. 그러나 이렇게 하면서 패스티시는 매개변수를 분명히 드러나게 만든다: 이렇게 우디 앨런은 〈젤리그〉로 전기(傳記) 다큐멘터리 영화의 패스티시를 실현한다. 이 영화에서 다수가 무성으로, 다른 것은 아주 드물지만 유성으로 해설하고 있는 거짓이기도 하고 사실이기도 한 고문서 영상과 '젤리그 인물'에 대한 증거나 '젤리그 사례'에 대한 분석적 가치가 있는 인터뷰가 교차하고 있다. 패스티시는 영화 결말에서 B급 미국 영화의 영상 같은 가짜 픽션 영상의 삽입으로 더해진다. 여기 가짜 고문서 영상에서 젤리그 역할을 하는 우디 앨런의 또 다른 배역은 등장인물의 삶의 에피소드를 재연하고 있다. 그러므로 전기 다큐멘터리의 패스티시는, 아빔으로, 전기 픽션 영화의 패스티시를 포함하고 있다. 마찬가지로, 가령 〈차이나타운〉(폴란스키, 1974)에서 〈바버〉(코언, 2001)까지 네오-필름 누아르처럼 비평가들의 펜대 아래 반복적인 두 개의 표현을 다시 취해 보면, 장르 영화를 '재방문'하거나 '찬양하는' 모든 영화들은 장르로 표지된 것들로 간주된다.

장르 영화

우리는 배리 키스 그랜트가 했던 것처럼 '반복과 변화 원칙을 통해, 친숙한 상황 속에서 친숙한 등장인물과 친숙한 스토리를 이야기하고 있는 이런 상업적인 긴 장편 영화'를 자주 장르 영화(혹은 장르로 포맷된 영화)로 지칭한다.[2] 장르는 이처럼 연속물의 형식을 지칭하는 데 소

----

2) 배리 키스 그랜트, 《영화 장르 리더 II》, 같은 책, p.IX.

용되고 장르 영화의 장르 아이덴티티는 대중문화의 산업적 · 특징적인 제작 방식을 가리키고 있다. 장르 영화는 넓은 대중을 설정하고 고수하도록 하고, 그리고 우리가 일반적인 속성으로 간주할 수 있는 한정된 테크닉 단계에서 구성되어진다. 이처럼 릭 알트만은 특징적이고, 때로는 잉여적인 일곱 가지 속성을 통해 할리우드 장르 영화를 정의하도록 제안한다. 이 속성에서 독자는 제2장과 제3장에서 보았던 장르의 양상 중 몇 가지를 인정할 것이다.[3]

  — 쌍수(雙數) 구조. 장르 영화는 문화적 가치를 자주 한 쌍의 주역을 통해 연기되는 반(反)문화적 충동에 규칙적으로 대립시킨다. 뮤지컬 코미디는 성적(性的) 이분법을 근거로 구성되고, 여기에 가령 노동과 오락 같은 부차적 · 주제적 · 문화적 이분법이 겹쳐지며, 결혼으로 적대자들을 마지막으로 해결하기까지 남성과 여성의 필수적인 역할을 평행 관계로 놓거나 대립시키는 일련의 짝지어진 부분들을 통해 진행한다. 공포 영화 속에서, 가령 〈프랑켄슈타인〉(웨일, 1931)처럼 사회의 전통적인 지혜는 광적인 학자와 이들 패거리들의 위험하고 반(反)사회적인 **가공할 지식욕**에 대답하고 있다. 여기서 유명한 닥터의 실험은 남작이었던 그의 아버지가 그에게 남겨 준 결혼과 가족 계획에 반대하고 있다. 서부 영화에서 영웅은 결투로 자유 농민과 맞서고, 소작인들은 부유한 사육자들에 대항하며, 개척자 그룹은 잔인한 인디언 무리들에 의해 위협당한다. 더 일반적으로 픽션은 가치관의 갈등을 둘러싸고 장르 영화 속에서 구성되어지며 이 영화를 연기하고 있는 등장인물들 서로서로에 대해 교대로 관객의 주의를 집중시키고 있다고 말할 수 있다. 로맨틱 코미디는 가령 그들의 사회적 조건 · 성격 · 이데올로기 등으로 인해 잘 어울리는 한 남자와 선험적으로 악한 여자의 (있을

---

  3) 릭 알트만, 《영화/장르》, 같은 책, p.24–26. 이 페이지는 릭 알트만이 《할리우드 뮤지컬 코미디》(p.353–357)에서 12년 전에 미리 제시했던 장르 영화의 특성들을 밝히고 수정하고 있다.

수 없는) 만남을 이야기하고 있다. 이 총체 속에서 1933-1943년까지
미국 영화계에서 번창하였던 **스크루볼** 코미디는 그 영웅을 이율배반
적인 환경 속에 위치시키고, 그러므로 성과 계급의 갈등이라는 이중적
신호 아래 자주 사랑의 만남을 새기고 있다. 이 코미디에서 여성은,
부유한 상속녀든 가난한 아가씨든 간에, 항상 엉뚱하고 과감하며 반
(反)영웅으로 소개된 남자에게 자신들의 결론과 리듬을 부여한다: 이
처럼 〈어느 날 밤에 생긴 일〉(카프라, 1934)에서 부유하고 변덕스럽고
의지가 있는 아가씨 엘리 앤드류스는 아버지의 반대에도 불구하고 꿈
에 그리던 비행사와 결혼하기 위해 요트에서 도망쳤는데, 버스를 타
고 몰래 빠져나가던 중에 실직당한 신문기자 피터 워너의 우직함, 무
례함, 자연미에 유혹당하게 된다. 이러한 사랑의 여정과 급박하게 움
직이는 리듬으로 조정된 많은 돌발 사건 끝에, 그녀는 결국 비행사를
포기하고 영화 결말에서 그녀가 다시 만나러 떠나는 피터에 대한 사
랑을 의식함으로써 끝난다. 제리코의 성벽, 두 명의 동반자가 호텔 트
윈베드 사이에 쳐놓았었던 이불은 지금 와르르 무너질 수 있다.

— **반복 논리.** 장르 영화는 동일한 소재를 이용하는데, 이 소재에
대해 동일한 시네마토그래프 처리를 제시하기 위함이다. 이는 장르의
참고도감을 고정시키는 것이다. 가령 서부 영화에서 깊은 홈으로 파져
있거나 바위 덩어리가 흩어져 있는 드넓은 서부 사막의 한 장면과 필
름 누아르에서 요부가 나타나는 나이트클럽, 어두운 길가, 베네치아
블라인드가 어둠과 빛의 얇은 조각을 자르는 사무실 등이다.

— **누적 경제성.** 반복은 장르 영화에 있어 상호 텍스트적 행위일 뿐
만 아니라, 각 영화의 이야기를 구성하고 있다. 고통과 강한 죽음의 신
을 모아 놓은 호러 영화 속에서, 우리가 어렴풋이 믿고 있는 유령이 길
모퉁이에서 다시 나타난다. 〈에이리언〉의 다양한 에피소드처럼 영웅
과 관객들이 죽거나 공간 속으로 추방되었다고 생각했었던 피조물이
기만적인 휴지 이후에 나타나고 있다. 사람, 기쁨, 행복 등을 노래하고

춤추는 연극 번호는 뮤지컬 코미디에서 쉴 새 없이 연이어 계속되고
있다.

― **예언성**. 상호 텍스트적 반복과 텍스트 내적(intertextuel) 축적, 즉
어떤 배우를 어떤 배역에 결합시키는 **스타 시스템** 효과가 첨가되는
이것들은 영화를 예측할 수 있게 만든다. 그러므로 장르의 쾌락은 품
고 있는 서스펜스에서가 아니라, 관객이 영화 속에서 인식하고 인정
하는 협약의 재확인에서 기인한다. 이런 관점에서 장르 영화의 서스
펜스는 헛된 서스펜스인데, 결말이 확실하기 때문이다.

― **상호 텍스트적 참조를 향한 경향**. 이것은 또 다른 장르 영화, 장
르의 스토리나 근원물 등을 인용하거나 암시하는 성향으로써 장르 영
화에서 드러나고 있다(이는 할리우드 고전주의 이후 장르 영화처럼, 가
령 서부 영화를 통해 자주 배양되고 있는 향수병을 설명하고 있다). 상호
텍스트성에 대한 이같은 성향은, 새로운 장르 영화를 더 오래된 또 다
른 장르에 비교하면서 장르의 자아 참조성을 아주 체계적으로 실천하
고 있는 장르의 **투우를 좋아하는 사람들의** 담화 속에서 발견된다.

― **상징적 성격**. 장르 영화에서 제시된 영상 · 음향 · 상황 등의 상
징적 가치는 그 참조적 가치를 능가한다. 서부 영화나 갱스터 영화의
현실주의적 야망이 어떻든간에, 첫번째로 초원과 건축중인 교회를 가
로지르는 기차, 두번째로 정상을 벗어난 행동을 한 건달 등은 그 스토
리의 참조 기능을 능가하는 상징적인 가치를 가지고 있다.

― **사회적 기능**. 장르 영화는 사회가 조정할 수 없거나 할 줄 모르는
문화적이거나 상황적 갈등을 픽션으로 제시하여 해결하고 있다(제3장,
p.99-111 참조).

할리우드 장르 영화의 이러한 정의는 또 다른 시네마토그래프의 장
르 영화들이 인접해 있는 모델을 제공할 수 있고, 그럼에도 불구하고
장르 영화에 내재한 구조적 반복의 다양한 양상을 아주 강하게 강조하
고 있다. 그런데 스토리 · 등장인물 · 상황 등의 '친숙함'은 장르 영화

의 이야기를 예측할 수 있게 만들고, 역시 관객으로 하여금 장르의 앞선 경험을 필연적이게 한다. 그러므로 장르 영화에 고유한 장르성은 제작의 '제도화'만큼, 텍스트 해석 이전에 장르의 해석을 거치도록 하는 수용의 '제도화'에서 기인한다. 때문에 버나드 페론은 장르 영화의 이해와 수용을 구성하는 지각 과정을 조사하면서 이 과정들이 하향식, 즉 **톱다운**(top-down) 지각 방식에 특권을 부여하고 있다고 강조한다.[4] 하강하고 상승하는 상호 의존적인 두 방식에 따라 지각을 구성하고 있는 울리히 니세르[5]에 의해 제시된 지각 서클 개념에서 영감을 얻어, 영화를 통해 보여준 시청각 정보가 앞선 장르 인식의 도식과 일치할 때 하강하는 톱다운 방식이 지각 서클을 조정하고 있다고 그는 지적하고 있다; 반대로 상향식, 즉 **보텀업**(bottom-down) 방식은 서클을 조종하고, 적당한 해석 구조를 찾고 있다. 이때 정보는 그 독창성으로 인해 장르의 도식으로 제시된 평범한 변항에 속하지 않는다. 하향식이 장르 영화가 주요하다 해도, 이 방식은 모든 종류의 영화(예측 없는 이해와 해석은 없다)에서 능동적이고 정확히 상향식에 고삐를 남겨 줄 수 있다.

가령 장르 영화가 기대치 않은 놀라움의 효과로 인해 되살아날 때의 경우이다. 왜냐하면 장르 영화의 쾌락은 오로지 협약의 재확인이 아니라, 관객이 그 변형에 동의하는 가치에서 역시 유래한다: 우리가 장르를 인식하면 할수록, 장르의 교체 · 변화 · 다양성 등을 평가할 수 있는 상태가 된다. 이러한 동일한 현상은 장르에 대해 거의 익숙하지 않은 관객이, 앞선 장르의 도식을 사용하지 않고 이 때문에 영화를 장르 영화로 해석하지 않을 때 일어난다. 〈식스 센스〉(샤말란, 1998)와 〈디 아더스〉(아메나바르, 2001)는 아주 약간의 시간 간격을 두고 개봉되었고

---

4) 버나드 페론, 〈생각하도록 하는 기계〉, 《아이리스》 20호, 〈시네마 장르 개념에 관해〉, 같은 책, p.76-83.

5) 울리히 니세르, 《인식과 현실: 인지심리학의 원리와 함축》, 샌프란시스코, W. H. 프리먼과 콤파니, 1976.

두 영화의 돌발 사건들은 비교할 만한 마지막 새로운 사건에 의해 해결되고 있다. 이 두 편의 판타스틱 영화는 장르 영화의 지각에 있어 톱다운과 보텀업 방식의 협력 가능성과 동시에 장르의 경제성에 있어 하향 과정을 구성하는 효과를 명백히 보여주고 있다. 사실 〈식스 센스〉는 흔해 빠진 판타스틱 장르의 전체적인 도식에 따라 불안한 줄거리를 전개하고, 하향 방식으로는 예상치 못하는 (혹은 지체시키는) 마지막에 예기치 않은 사건의 새로운 전개를 보여주고 있다: 죽은 자들의 환영으로 혼란에 빠진 아이를 돕는 정신병 의사는 그 자신이 망자임에도 불구하고 그것조차 알지 못했다. 반대로 아메나바르의 영화는 동일한 방법(엄마와 그녀의 두 아이가 경험하는 충격적인 사건들은 자신들도 모르는 사이에, 살아 있는 자들의 세계에 더 이상 속하지 않는다는 사실을 통해 마지막 신에서 해결된다)을 다시 취하기 때문에 〈식스 센스〉를 보았던 관객을 거의 놀라게 하지 않았고, 하향의 지각 방식에 의거해 마지막에 새로운 사건의 전개를 예측한다; 이후 흔해 빠진 회고적인 설명적 가치가 있는 대단원의 모습은 장르의 인식 레퍼토리에 속한다. 끝으로, 현 시네마에서 자주 지배적인 것으로 간주된 장르 혼합의 실천은 지각 방식을 더 복잡하게 만든다. 왜냐하면 이런 실천은 장르의 도식을 교차시키고 변화 가능성을 감소시키기 때문이다.

장르와 작가

우리는 장르와 작가 사이에 관계에 대한 문제를 버릴 수 없다. 다시 말해 장르 작품과 작가 작품을 대립시키고, 또 장르 작품을 전체적으로 연속물로 이끌어진 산업 제작에, 작가 작품을 사회적이고 시네마토그래프 환경의 제약에서 해방된 전체적으로 예술적 창조에 관계시키면서 말이다. 사실 이런 도식적인 구별은 기본적으로 대중문화와 합법적 문화의 이데올로기적 구분을 가리키고, 다음과 같은 사실을 소홀히 하고 있다. 즉 작가 영화는 제작 방식과 미학적·문체론적·문화적·시네마토그래프적. 특히 장르의 협약을 초월하거나 동떨어진 도도한 예술가의 머리에서 완전히 무장되어 나오지 않는다는 사실이다.

작가 영화 역시, 이것이 비록 영화인의 개성을 표현한다 해도, 자주 장르로 표지된 영화이다. 예술적 성질은 동시대 문화 속에서 여전히 차이나기 때문에, 모든 양보적인 뉘앙스를 버리고 작가의 개성과 독특함은 장르의 협약이 관계하고 있는 그 특유한 배경 조건 속에서만 그렇게 표현되고 인정될 수 있다고 단언하는 것이 적합하다. 그러므로 영화는 해설가가 영화에 대해 새기는 비평적인 관점과 관객이 영화를 해석하기 위해 활성화시키는 (장르나 독자적) 매개물에 의해, 장르 자료체에 들어가거나 장르로 표지된 영화로서 기능하거나, 어떤 때는 영화인의 독특한 작품 한 편을 구성할 수 있다. 이처럼 〈센소〉(1954)는 비스콘티라는 작가 영화인 동시에 그 연극성, 로맨틱한 음악의 사용, 의미론적이고(비열하고 연약한 오스트리아 젊은 장교에 대한 세르피에리 백작부인의 열정적이고 자아 파괴적인 사랑, 그녀는 그 남자를 위해 자신의 애국적 이상을 버린다) 통사론적인(사랑과 정치적인 연속적 반역의 연결) 요소 등으로 인해 멜로드라마이다. 마찬가지로 〈2001년 스페이스 오디세이〉(1968), 〈배리 린든〉(1975), 〈샤이닝〉(1980) 등이 큐브릭이라는 작가 영화지만, 이 영화들은 각각 공상과학 영화, 역사 영화, 호러 영화이기도 하다.

작가 개념과 '작가들의 정치'에 대한 역사적인 세부사항을 다루지 않고,[6] 영화 제작과 창조 과정의 절대적인 통제에 영향을 미치고 있는 국한된 수의 감독에게 '영화 작가'라는 칭호를 부여하는 50년대에 유통되고 있는 사용에 반해 작가의 정치란 미장센을 통해 영화인의 독

---

6) 가령 1954-1997년까지의 《카이에 뒤 시네마》에 출판된 텍스트 선집 《작가들의 정치》처럼 《카이에 뒤 시네마, 잡지의 역사 I과 II》의 앙투안 드 베크 참조. 파리, 카이에 뒤 시네마, 〈작은 도서관〉 58호, 2001.

특한 시각을 표현하고 있는 진실한 예술가는 스튜디오 시스템 속에서 조차 드러날 수 있다고 보여주고자 하는 것임을 환기하는 게 적합하다. 그러므로 제도적인 장르의 한정은 작가 작품의 출현을 체계적으로 배제하지 못한다. 이는 《카이에》의 비평가들, 즉 《알프레드 히치콕》(1957)에 대한 샤브롤과 로메르에 따라, 자신의 이력을 탐정 소설을 각색하는 데 바쳤던 서스펜스의 대가가 능숙한 제작자가 아니라, 더 정확한 의미로 진정한 '형이상학의 아버지' 라는 작가임을 특히 보여주도록 한다. 그렇지만 상업 영화나 대중 영화 속에서 작가들의 이런 명칭 (히치콕 · 혹스 · 랑뿐 아니라 베커 · 파뇰 · 기트리 등)은 예술가가 자신의 영화를 실현하는 제약 · 영향 · 협약 등의 맥락 속에 자신을 위치시키면서 자신의 창의성을 고려하는 것이 아니라, 반대로 이런 한정을 따로 떼어 생각하는 경향이 있다.[7] 미장센에 가치를 부여하는 이러한 분석 속에서, 작가 영화를 다른 것들과 비교할 수 있게 만드는 것은 자주 침묵으로 일관되어 왔다. 즉 모든 것은 마치 예술적이고 창조적 요정의 요술로, 장르를 버린다는 조건에서만 장르 작가들이 있는 것처럼 일어난다. 알렉상드르 아스트뤽에 의한 작가로서 히치콕의 옹호는 이런 본보기가 되고 있다:

　30세 전부터 50편의 영화를 통해 한 남자는 항상 거의 같은 스토리 (악과 싸우고 있는 영혼의 스토리)를 이야기하고, 또 오직 이러한 라인에 따라 본보기식으로 등장인물을 벗기며 이들이 자기 감정의 추상적인 세계 속에 빠지도록 하는 방식으로 이루어진 동일한 스타일을 유지할 때, 영화 산업에서 우리는 한번이라도 아주 드문 것에 직면한다는 것을 나는 인정할 수밖에 없다: 영화 작가.[8]

---

7) 장 피에르 에스크나지, 〈영화, 사회적 행위〉, 《레조》 99호. 장 피에르 에스크나지와 로제 오딘, 〈시네마와 수용〉, 파리, CNET, 2000, p.17-19 참조.
8) 《카이에 뒤 시네마》 39호, 〈히치콕 특별호〉, 1954년 10월.

이 짧은 텍스트에서 형이상학적 갈등을 보여주고 있는 미장센에서 가져온 이득으로 인해 눈에 띄지 않게 된 히치콕의 탐정 영화 표지들을 다시 찾아보기란 어렵다. (틀림없이 더 고상하고 합법적인!) 비(非)역사적인 카테고리로 장르의 경험적인 한정을 대신하려는 동일한 의지는 존 포드의 연구에서 다시 찾아볼 수 있다. 이 연구는 성서의 약속(잃어버린 천국의 신화적 약속을 향해 모든 인간들이 가고 있는 서쪽)과 자연의 철학이 표현되고 있는, 서부 영화의 약탈과 비극적 공상에 대해 주장하기 위한 포드의 서부 경치의 상징적인 아메리카성을 한쪽으로 제쳐두고 있다.[9] 작가의 해석(경멸적 뉘앙스가 없는)과 장르의 해석은 정말 배타적인 것 같고 비평가들이 '장르 작가'의 모순을 해결하려고 시도하는 것은 정말 드물다. 더욱이 작가들의 정치는 "작품이란 없고, 오직 작가들만이 있다"라는 지로두의 공론을 삼은 것처럼, 영화인이 작가로서 인정받았던 때부터 이들의 모든 영화는, 한편 어떤 장르를 고집하든지간에 작가 영화가 된다: 루이스 브뉘엘이 1940년대 말과 1950년대 초반에 멕시코에서 촬영한 〈수산나〉(1950)처럼, 수많은 멕시코 멜로드라마와 같은 식이다. 결국 작가들의 정치에 대한 명시적인 모든 참조를 넘어, 작가에 대한 연구는 작가가 어떻게 장르의 한계를 '넘어서고' '위반하고' '초월하는지'를 보여주면서 고정된 영화 장르로부터 작가 영화를 일반적으로 분리시키는 경향이 있다.

〈현기증〉에 할애한 자신의 저서[10]에서 장 피에르 에스크나지는 코드, 협약, 미학적·이데올로기적·경제적 제작 시스템 등이 부여된 환경의 익명화된 작품이든, 예술가의 개성·스타일·세계관 등을 표현하고 있는 작품이든, 장르 작가의 영화를 만들도록 이끄는 이런 구분에서 빠져나오기 위해 작가 개념을 재고찰하도록 제안한다: 작가는

---

9) 자크 모뒤와 제라르 앙리에의 책 《웨스턴의 지리. 개척하고 있는 민족》(파리, 나탕, 1989)에서 포드 영화의 배경에 할애한 부분이다.
10) 장 피에르 에스크나지, 《히치콕과 〈현기증〉의 모험. 할리우드 창작》, 같은 책.

환경과 인물 사이, 인물이 살았고 적응했던 다양한 환경과 그 개성을 이루는 다양한 역할 사이의 '상호 작용 망'이다. 이런 상호 작용은 이렇게 '제약, 받침대, 편견, 제도 등의 망'을 형성했고, 이 망은 영화 연출로 이끌어진다.[11] 히치콕과 〈현기증〉의 예를 들면서 에스크나지는 히치콕의 영화가 어떻게 상이한 장르의 구성과 유도로 탄생했는가를 보여준다(히치콕의 영화는 연출가가 자신의 이름을 장르에 붙이는 유일한 경우를 실현한다): 영국의 탐정 문학, 다시 말해 히치콕은 수수께끼를 내러티브 소재, 즉 **맥거핀**으로 만들면서 그 방향과 구조를 변형한다; 하나는 할리우드 코미디로, **맥거핀** 효과로 인해 둘로 나눠진 이야기는 탐정 영화의 수수께끼에 한 남자와 여자의 만남을 첨가하기 때문이다. 이 만남은 먼저 우연과 제약이라는 이중의 신호 아래 설정되었고, 가능한 사랑의 스토리가 되기 위해 탐정 영화에서 빠져나와야 한다; 다른 하나는 필름 누아르이다. 히치콕, 즉 그의 미국 영화가 할리우드계와 접촉하면서 등장인물들의 여성화를 표현하고 있는 그는 '히치콕의 애인'의 모습이 되고 있는 팜므 파탈의 의미론과 통사론을 기본적으로 유치하고 있다.[12] 이런 관점에서 〈현기증〉의 분석은 영화에서 할리우드 논리의 효과 분석도 아니고, 히치콕 예술가의 개인적인 표현 분석도 아니지만, 할리우드계(할리우드 스타일, 스타-시스템, 장르 등)와 여러 가지 영향과 만남으로 구성된 독특한 개성 사이에 특유한 관계들의 분석이다.

---

11) 앞의 책, p.220.
12) 앞의 책, p.73-77.

장르 아이덴티티의 사용

영화 장르의 아이덴티티는 결정적으로 영화 텍스트 속에서 보여지지도 않고, 새겨지지도 않는다. 왜냐하면 장르는 텍스트의 본질을 설명하는 인과 관계를 나타내는 카테고리가 아니기 때문이다. 더욱이 장르 명칭은 역시 빈번하게 제작자·비평가·해설자 등을 통해, 새로운 현행하는 명칭 사용의 기초가 될 수 있는 재정의의 대상이다. 이러한 사실은 릭 알트만의 《영화/장르》라는 책 속에서 충분히 보여주었고, 또 영화 분류의 연산자인 장르에 관계되는데, 제작자·작가·관객 등이 대중에게 영화를 전달하거나 이들이 영화를 수용하는 데 있어 장르 매개물에 역시 호소할 수도 있고, 그렇지 않을 수도 있음을 망각하도록 하지 않은 것 같다.

장르의 재정의

역사 속에서 장르 아이덴티티의 변화 원인 중 하나는 새로운 장르 카테고리가 나타나고, 과거를 돌이켜보아 지난 영화를 다양한 관점에서 고찰하고 있다는 사실과 관련이 있다. 이처럼 루비치의 〈사랑의 행진〉은 오늘날에는 우리가 뮤지컬 코미디라 부르고, 1929년에 이 영화가 개봉될 때는 '가벼운 오페라'로 간주되었었다. 왜냐하면 뮤지컬 코미디(뮤지컬)의 개념 자체가 그때는 형성되지도 통용되지도 않았기 때문이다.[13] 〈대열차 강도〉(포터)는 자주 '초창기 서부 영화'로 소개되는데, 1903년에는 분명히 그렇게 포착될 수 없었다(이 용어는 1910년경 나타난다): 찰스 무서는 어떻게 자신의 전반부가, 이 시기에 매우 인기

---

13) 릭 알트만, 《영화/장르》, p.32.

있는 장르인 여행 영화의 철도로의 변화를, 후반부가 몇 달 전부터 영국의 성공으로 수입된 범죄 영화를 가리키는지 보여준다.[14] 마찬가지로 장르에 할애한 대학 저서가 채택한 분석의 관점은, 연구된 자료와 조사된 장르 개념의 내용을 동시에 한정하기 때문에, 경우에 따라 영화에 장르의 아이덴티티를 부여하거나 거부한다: 가령 **이스턴 영화**(〈라스트 모히칸〉의 다양한 버전)의 경우가 그렇다고 볼 수 있다. 이 영화는 어떤 때는 그들의 장르 포착에 있어 통사적 요소들(국경선, **야생성/문명성** 사이에 대립)에 특권을 주는 저서들을 통해 서부 영화의 자료에 통합되고, 어떤 때는 역사적이고 지리학적인 지칭 대상을 통해 서부 영화를 정의하는 사람들에 의해 서부 영화 밖으로 내던져져 '모험 영화'라는 라벨을 주고 있다.

영화는 또한 그 문화에서 다른 문화를 거치면서 장르의 명칭을 바꿀 수 있는데, 각 문화가 사용하는 목록은 지식인들만큼 대중의 담론에서도 엄밀하게 동일하지 않다. 장르의 이름은 가령 오래 전부터, 프랑스보다 미국이 아주 더 많고 다양화되어졌다. 이처럼 미국 장르의 개화는 부분적으로 국가 산업으로 생산된 다량의 영화 탓으로 돌릴 수 있다. 이 산업은 전문 잡지로 하여금 대량 생산 속에서 영화를 더 정확한 방식으로 확인시키기 위해 더욱 특정한 라벨을 제시하게끔 한다. 더욱이 이렇게 많은 명칭은 미국 시네마에서, 성공한 양식의 원천을 활용한 사이클의 지속적인 순환 발전을 설명하고 있다(제5장, p.185-187 참조). 또한 프랑스에서는 이와 동등한 것이 없어서 미국의 라벨을 통해 전체적으로 혹은 부분적으로 정의된 몇몇 영화들은 대서양을 건너면서 단지 장르의 아이덴티티를 바꿀 수 있다: 〈다이 하드〉(존 맥티어넌, 1988)는 물론 **버디 영화**(우정 영화)라는 전통적인 장르 속에 새

---

14) 찰스 무서, 〈1903-1904년대 장르 여행: 허구적 내러티브를 향한 움직임〉, 《아이리스》 2권 1호, 〈문헌, 자료, 픽션. 1907년 이전 시네마〉, 파리/아이오와, 1984, p.47-59.

겨지지만, 프랑스에서는 단지 코미디, 액션 영화나 액션 코미디로서만 인정받을 수 있다. 이와 동일한 수법으로, 프랑스 관객들의 사고로 〈염소〉(베버, 1981)를 서술하는 것은 거의 불가능한데, 비록 이 영화가 버디 영화처럼, 피에르 리샤르/제라르 드파르디외라는 코미디 듀오에 근거를 두고 있다 해도 말이다. 〈리피피〉(다신, 1956)나 〈오션스 일레븐〉(소더버그, 2001)처럼, 사건을 위해 소집된 전문 집단에 의해 실현되는 이상한 '불법 침입'을 연출한 **빅 케이퍼 무비**는 프랑스에서는 더 넓은 장르의 아이덴티티, 즉 갱스터 영화나 탐정 영화를 통합시킨다.

제작자들이 또한 상업적인 목적으로 영화 장르의 아이덴티티를 자신들의 카탈로그에서 바꾸는 일이 있다. 릭 알트만은 이런 식으로 1954년에 유니버설사가 공상과학 영화라는 라벨하에 〈몬스터 시리즈〉(아놀드)를 어떻게 개봉하는가를 설명하는데, 그런데 수중 피조물은 단지 인간과 물고기가 혼종된 몬스터일 뿐이었다. 그때까지 몬스터가 있는 영화들이 속하고 있는, 공포 영화는 1950년대에 B급 영화로 추방되었는데, 그 당시에 아주 소규모 회사인 유니버설사는 장르 카테고리에 참조하지 않고 영화를 판촉하기 위해 공상과학 영화의 유행을 이용하고자 했다. 더욱이 〈몬스터 시리즈〉 개봉 때 영화관 경영자에게 넘겨진 잡지의 기록은 〈오페라의 유령〉(루빈, 1943), 〈노틀담의 꼽추〉(디터를, 1939), 〈프랑켄슈타인〉(제임스 웨일, 1931), 〈미이라〉(칼 프로인트, 1932), 〈드라큘라〉(토드 브라우닝, 1931), 〈늑대인간〉(조지 와그너, 1941), 〈투명 인간〉(웨일, 1933) 등의 계열 속에, 이 영화를 공상과학 영화의 새로운 피조물 스토리로 소개한다.[15] 공포의 피조물들은 많은 것들이 엄격하게 과학과 아무 상관이 없다 해도, 이처럼 더 팔기 쉬운 공상과학 영화의 영역에 이르기 위해, 1950년대에 거의 차지하고 있지 않은 호러 영화를 버리기 시작한다. 한편 호러 영화(오히려 앵글로

---

15) 릭 알트만, 《영화/장르》, 같은 책, p.28-29.

색슨의 명칭은, 시네마보다 더 문학에 결부된 판타스틱 용어에 대해 오늘날 프랑스에서 우세한 경향이 있다)와 공상과학 영화 사이에 경계선이 매우 모호하게 된 것도 이 시기부터라고 지적할 수 있다.

두 가지 예: 필름 누아르와 여성 영화

저널이나 대학의 비평가들은 영화팬, 영화 전공 학생, 대학교수 등 아주 제한된 서클에서 장르에 대해 논하고 새로운 장르의 명칭을 정의하는 것에 대해 여전히 만족하지 않는다. 물론 이들이 제안한 학술적이고 논증화된 장르의 아이덴티티는 그들의 독자들 공동체 속에서 사용할 가치를 가지고 있지만, 이 아이덴티티는 필름 누아르의 예가 보여주는 것처럼, 아주 더 넓은 합의의 대상이 되기 위해 이런 닫혀진 영역에서 나오는 일이 또한 있을 수 있다. 이 용어는 1946년 여름 동안 《에크랑 프랑세》에 실려 〈말타의 매〉(휴스턴, 1941), 〈이중배상〉(와일더, 1944), 〈로라〉(프레민저, 1944), 〈내 사랑 살인자〉(드미트릭, 1945)[16] 등에 할애된 니노 프랭크의 아티클에서 처음으로 나타난다. 프랭크는 미국 탐정문학가 대시얼 해밋과 레이먼드 챈들러의 출현에 반향한, 할리우드 범죄 영화의 새로운 경향 표현을 이 영화들 속에서 보여주고 있다. '누아르'라는 단어는 3개월 후에 반복되지만, 이번에는 장 피에르 샤르티에의 집필 아래 《르뷔 뒤 시네마》에서 이 영화들을 부르기 위한 것이었다(반면 프랭크는 이 영화에 대해 '범죄 모험'이라고 제시했었다): "미국인들 역시 '누아르' 영화를 만들다"라는 제목이 붙어 있는 그의 아티클은 세 개의 영화 〈이중배상〉〈내 사랑 살인자〉〈잃어버린 주말〉이라는 그의 미국의 제목으로 언급된 〈잃어버린

---

16) 니노 프랭크, 〈새로운 '탐정' 장르, 범죄 모험〉, 《에크랑 프랑세》 61호, 1946년 8월, p.8-9와 14.

주말〉(와일더, 1945) 등에 할애된 비평이다. 프랭크처럼 샤르티에는 이 영화들의 줄거리 속에서 피할 수 없는 성적 유혹의 중요성을 부각시키고, 이야기의 용법을 일인칭에 주지시키며 그들의 어둡고 절망에 빠진 분위기를(〈잃어버린 주말〉의 결말이 해피 엔드에도 불구하고) 주장하는데, 이 분위기는 제목에서 인용부호 안에 넣은 '누아르' 라는 수식어를 입증시키고 있다. 더욱이 이 제목이 암시하는 것처럼, 이런 명칭은 비교에 기반을 두고 있다:

우리는 필름 누아르의 프랑스 학파에 대해 말했지만, 〈안개 낀 부두〉나 〈북쪽의 호텔〉은 적어도 혁명의 특색을 띠고 있고, 여기서 사랑은 가장 훌륭한 세계의 환상으로서 받아들여지며, 함축적인 사회적 권리의 요구는 희망으로의 길을 열었다. 그리고 만약 여기서 등장인물들이 절망에 빠졌다면, 그들은 우리의 동정이나 연민을 불러일으킨다. 여기에는 아무것도 없다: 아무것도 용서받지 못하고 마치 등장인물들이 자신 속에 있는 악의 숙명으로 그렇게 한 것처럼 행동하는 것은 몬스터 · 범죄 · 병 등이다.[17]

여기서 이런 영화에 대한 이 시기의 모든 텍스트처럼, '누아르' 라는 수식어를 야기시킨 것은 시적 리얼리즘과의 비교이다. 곧이어 이 용어는 규칙적으로 반복되어지고, 가령 1948년에 출판된 앙리 프랑수아 레이의 아티클 〈부조리를 통한 증명: 필름 누아르〉가 보여주는 것처럼, 결국 인용부호를 없앤다. 이 아티클은 여전히 불안한 분위기와 〈이중배상〉 〈잃어버린 주말〉 〈창문의 여인〉(랑, 1944), 르누아르의 〈암캐〉(1931)를 리메이크한 〈주홍의 거리〉(랑, 1945) 등이 동시대의 아메

17) 장 피에르 샤르티에, 〈미국인들 역시 '누아르' 영화를 만든다〉, 《르뷔 뒤 시네마》, 두번째 시리즈, 2호, 1946년 11월, p.70.

리카를 그려낸 아주 어두운 초상화를 여전히 부각시키고 있다.[18] 4년 이상 미국 영화가 부재한 이후, 전후(戰後)의 프랑스 영화계에서 이 영화들의 거의 동시 개봉은 아마도 비평가들로 하여금 더욱 분명하게 톤과 처리의 일치를 지각하도록 하고 점차적으로, 이런 영화 전체를 장르로 만들도록 하는 자료체를 만들어 내는 결과를 가져온다. 이처럼 '필름 누아르'라는 장르의 아이덴티티는 프랑스에서 개봉되었던 이 영화들의 명칭을 차차 대신한다. 더욱이 프랭크나 샤르티에를 통해 처음 소개된 해석이 이 영화들을 탐정 장르로 끌어낸다 해도, 모든 것들은 처음으로 범죄 장르에 병합되지 않았다: 〈이중배상〉은 '범죄 멜로드라마'라는 용어로 지칭되어졌고[19] 〈창문의 여인〉은 자크 부르주아에 의해 프랑스에서 탐정이나 부르주아의 비극으로 확인되어졌다.[20] 장르의 체제는 레이몽 보르드와 에티엔 쇼메통의 작품 《필름 누아르의 파노라마》 출판을 통해 확립되어지고, 그 이후로 '누아르'라는 형용사는 미국 탐정 작품들의 특유한 분위기를 지칭하기 위해 1930년대 프랑스 시네마를 가리키는 것을 중단한다: 서문에서 마르셀 뒤아멜은 '필름 누아르'라는 용어를 1945년부터 갈리마르를 통해 출판된 탐정 소설 콜렉션 《세리 누아르》에 재연결시키는데, 특히 필름 누아르로 맞춰진 미국 작가들이 출판한 것이다. 이때부터 '필름 누아르'라는 표현은 대서양 양쪽에서 **다크 무비**로 번역되지 않고 장르 카테고리로 부여되어졌다. 이 정의는 (내러티브와 비주얼 차원에서 특히) 연구되고 논의되어졌으며 **젠더 스터디즈**에 의해 영감을 얻은, 수많은 앵글로색슨의 연구는 팜므 파탈의 모습과 이런 장르 속에서 표현된 남성성의 위기에 특

---

18) 앙리 프랑수아 레이, 〈부조리를 통한 증명: 필름 누아르〉, 《에크랑 프랑세》 157호, 1948.

19) 제임스 내리모어에 의해 인용된 〈미국 필름 누아르: 아이디어의 역사〉, 《필름 쿼터리》 49권 2호, 1996, p.12-28.

20) 자크 부르주아, 〈탐정 비극〉, 《르뷔 드 시네마》, 두번째 시리즈, 2호, 1996년 11월, p.70-72.

히 역점을 두고 있었다.[21]

존재하는 장르 카테고리의 용법이나 새로운 장르의 정의는 중립 작용이 아니다: 장르와 영화에 대한 담론은 이데올로기적으로 위치가 정해진 담론이다. 그러므로 영화에 부여된 장르의 아이덴티티는 역시 시네마와 그 스토리에 관점을 반영하고, 장르의 변화는 그 관점을 정확하게 포착하도록 한다. 가령 1970년대 중반부터 페미니스트 비평가들에 의해 **여성 영화** 개념의 반복 · 정의 · 재개발 등이 보여주고 있는 것이다.[22] **여성 영화**는 픽션의 중심에 하나나 여러 여성 등장인물들을 배치하고 여성 대중에게 말을 거는 영화이다. 프랑스 시네마 속에서 거의 존재하지 않은 성(性)을 통한 영화와 장르의 명시는, 많은 장르들이 최소한 1960년대까지 성적으로 표지되었던 할리우드 상황 속에서는 완전히 조작적이다: 비록 합리적으로 대중들의 분리로 조직되었고 의식적인 시스템에 대해 우리가 적절하게 말할 수 없다 해도, 스튜디오에서 제작된 광고는 이를 입증하고 있다. 모험과 행동, 갱스터 영화, 서부 영화와 전쟁 영화는 남성 관객들에게 말을 건다; 드라마, 멜로드라마, 로맨틱 코미디와 뮤지컬 코미디는 여성 관객에게 말을 건다; 역사 영화, 벌레스크 코미디, 여행 영화는 특히 아이들과 나이든 사람들이 속해 있는 **제3의 존재**에게 말을 건다. 여성 영화라는 용어는 장르로 인정되지 않고, 빅토리아 여왕 시대의 여성과 대립한, 현대적이고 능동적인 **신여성**의 이미지를 찬양하는 부류나 **연속물**을 지칭하기 위해 1910년대부터 신문에서 나타난다.[23]

---

21) E. 앤 캐플런, 《필름 누아르에서의 여성》, 런던, BFI, 1978. 프랭크 크루틴크, 《고독한 거리에서: 필름 누아르, 장르, 남성성》, 런던, 루틀리지, 1991. 노엘 뷔르슈, 《할리우드 재고. 앵글로-아메리카의 새로운 비평》, 파리, 나탕, 1993, p.153-219.

22) 릭 알트만은 몰리 해스킬의 책 《숭배로부터 강간까지: 영화에서 여성의 취급》을 여성 영화의 활성화 시기로 긋고 있다. 시카고/런던, 시카고대학 출판, 1974. 릭 알트만, 《영화/장르》, p.72 참조.

23) 스티브 닐, 《장르와 할리우드》, 같은 책, p.191 참조.

여성을 위한 작품으로서 영화를 지칭하는 표현은 1930, 1940, 1950 년대에 강한 경멸적인 뉘앙스를 싣고 있다(이것은 **위피**라고 하는데, '여성들이 눈물을 좋아하는' 것처럼 눈물을 자아내는 드라마이다). 페미니스트 비평이 이 용어를 다시 취하면서 경멸적인 의미를 완전히 제거하고 용어의 통용되는 사용을(게시판 첫머리에, 페미니스트 스타가 수반된 멜로드라마) 넘어 그 적용 영역을 확장한다: **여성 영화**는 특히 관객이 여성이라는 사실 자체와 관계하는 감정적 · 사회적 · 심리학적 문제들을 해결하려고 시도한 여성을 그 세계의 중심에 배치시킨다.[24] 이처럼 우리가 전통적으로 다른 장르로 확인된 영화들은 멜로드라마 옆에서, 여성 영화에 포함한다(〈스텔라 달러스〉(비더, 1937)처럼 자신을 희생하는 어머니에서 〈금발의 비너스〉(폰 스턴버그, 1932)처럼 타락한 여자까지): 여성 영화는 이처럼 〈자니 기타〉(레이, 1954)로 서부 영화, 〈퀴리 부인〉(머빈 르로이, 1943)으로 전기(傳記) 영화, 〈드래건윅〉(조셉 L. 맨케비츠, 1946)으로 고딕 영화, 〈델마와 루이스〉(스콧, 1991)로 **로드 무비** 등의 노선을 교차시키고 있다. 그렇기 때문에 여성 영화는 멜로드라마의 변형, 일종의 하위 장르로 간주된다——이는 1980년대에 이런 장르에 주의를 기울였던 페미니스트 비평가들에 의해 설명되고 있는 것이다; 여성 영화는 특별한 의미 · 통사론적 자질로 정의될 수 없기 때문에, 장르를 넘어선 경향으로 통찰된다고 가정해 보자; 시네마토그래프 장르로 제시된다고 가정해 보자. 후자의 경우에, 여성 영화는 공통적이고 새로운 장르의 아이덴티티 아래, 앞서 다른 장르로 보고된 영화를 집결시키고 있다.

---

24) **Jeanine** 베이싱어, 《여성의 관점: 할리우드는 여성에게 어떻게 말하는가, 1930-1960》, 런던; 차토와 빈두스, 1993, p.20.

장르, 시리즈, 작가: 해석의 카테고리

여성 영화의 예가 보여준 것처럼, 영화 장르의 아이덴티티 역시 해석의 문제이다. 다양한 장르는 영화가 수용되고 이해되는 해석적 관점을 나타냄과 동시에 제시한다. 그러나 장르는 단 한 가지 해석의 카테고리가 아니기 때문에, 관객들처럼 비평가들은 영화를 포착하기 위해 장르라는 매개물을 차용하기로 작정하거나 그렇지 않을 수도 있다. 이것은 특히 영화는 그 관객에 따라 수많은 경쟁하는 아이덴티티, 즉 장르의 아이덴티티나 작가적 아이덴티티, 시리즈 아이덴티티나 기술적 아이덴티티 등을 받을 수 있음을 설명하고 있다. 이처럼 〈알파빌〉(1962)의 수용을 연구하면서 장 피에르 에스크나지가 보여준 것처럼, 이 영화는 고다르의 영화, 우의 영화나 공상과학 영화로서 이해되어졌다.[25] 비평가는 이처럼 장 뤽 고다르의 모든 영화(작가라는 매개물을 통해 보여짐)를 싫어함과 동시에 공상과학 영화 규칙에 대답하고 있는 〈알파빌〉을 좋아한다고 단언할 수 있다. 반대로 시리즈 아이덴티티(이 영화는 에디 콘스탄틴이 역을 맡은 1950년대 프랑스 영화에서 반복되는 영웅인 "레미 코션의 이상한 모험"이라고 자막처리되었다)에 의한 구절은 일반적으로 관객을 속이고 있다: 관객들은 동일한 배우가 연기하였음에도, 〈알파빌〉의 레미 코션 속에서 〈야성녀 아이비〉(1953), 〈사이좋은 여인들〉(1954), 〈레이디스 맨레미〉(1961) 등, 베르나르 보르데리 영화들의 비밀스런 중심인물인 탐정의 전형적인 모험을 발견할 수 없다. 장르의 편차가 〈알파빌〉과 이러한 갱스터 영화들 사이에 너무 커서 레미 코션 시리즈가 훌륭한 매개물일 수 없다. 역으로, 장르의 아

---

25) 장 피에르 에스크나지, 〈비평과 영화: 〈알파빌〉의 사례〉, 《예술사회학》 13호, 2001, p.97-118.

이덴티티는 시리즈 아이덴티티 뒤로 사라질 수 있다. 이 시리즈 아이덴티티는 영화를 특징화시키고 대중으로 하여금 그들의 특별한 제작물임을 믿도록하기 위해 할리우드 스튜디오를 통해 빈번하게 주장되고 있다. 〈제임스 본드〉〈람보〉〈록키〉 등 고독한 이름들은 할리우드 단골손님들에게 완전히 장르의 언급 이외에, 1950년과 1960년대의 〈케리 온…〉이라는 영국의 희극 작품 시리즈처럼 해석적 틀을 제시하기에 충분하다.[26] 마찬가지로 소수 집단이 열광적인 지지를 하고 스스로 규정한 공동체 의식으로서 기능하고 있는 컬트 영화 속에서, 컬트-대상의 사회적 기능은 비록 컬트-대상이 부분적으로 그 위상을 장르의 고정화 탓으로 돌린다 해도, 장르의 사회적 기능에 대해서 우위에 서 있다: 평범한 관객들에게 비디오에서 보여지는 〈록키 호러 픽쳐 쇼〉(샤먼, 1975)는 뮤지컬 코미디, 호러 영화나 호러 영화의 패러디이다; 그 후 극도로 의식화된 상영 조건에 의거해, 영화관에서 보여지는 이 영화는 영화의 텍스트적 한정이 아닌, 영화의 언표 행위의 페스티벌 같은 미장센에서 그 아이덴티티를 받을 것이다.

장르의 혼합: 다원적인 장르의 아이덴티티

영화에 그 장르의 아이덴티티를 부여하는 것은 영화 텍스트의 내용과 구조뿐 아니라, 부분적으로 역시 기관(제작자·비평가들)에 의해 고정되기도 하고, 부분적으로 영화의 소비 성향에 의해 생산되기도 하는 해석적 배경이다. 다시 말해 영화의 수용은 또한 영화 장르의 아이덴티티와 영화의 해석 과정 속에서 이 아이덴티티의 중요성을 결정짓는

---

26) 피에르 소를랭, 《1950년대 유럽의 대중 영화》: 1950년대 유럽 작품 시리즈(영국의 케리 온…, 이탈리아 멜로드라마, 독일의 헤이메트 영화)에 관하여, 《50년대 유럽 시네마》, 파리, **AFRHC**, 2000, p.19-46.

다. 장르의 다양한 실천과 사용에 대한 이러한 고찰은 아마도 다수의 영화팬들이 끼여 있는, 분류학이라는 고정관념에 사로잡힌 추종자들을 당황케 하는 하나의 현상, 즉 장르의 혼합을 밝히는 데 기여한다.

순수한 장르의 신화

포스트모던 시대에 관해 자주 상기되는 장르 혼합은 아주 더 일반적이고 오래된 현상이다. '순수한' 장르 영화는 '혼합된' 장르 영화보다 더 드문 것 같다──누구든 강하게 맞닥뜨리는 어려움은 영화에 장르를 부여하거나 장르의 자료체를 한정하는 것이다. 그렇기 때문에 단순하지 않은 대상을 단순하게 만들려는 목표를 가지고 장르를 정의하는 기준에 변화를 주려고 시도하기보다, 이러이러한 혼종 현상의 특별한 원인과 조건을 분석하는 것이 더 흥미롭다.

장르의 의미·통사론적 분석 모델의 장점 중 하나는(제2장, p.77-84 참조) 장르 혼합을 고려할 수 있다는 것이다. 이렇게 릭 알트만은 가령 할리우드 뮤지컬 코미디가 테마·음악·춤·아메리카의 전통적이고 상징적인 무대장식 등의 주류를 활용할 때, 그렇다고 해서 그 양식의 평형을 잃어버리지 않고 서부 영화에 결합될 수 있음을 보여준다. 이때 뮤지컬 코미디는 그 고유의 통사론 속에 삽입된 의미론적 요소들을 서부 영화에서 차용하고 있다. 이런 경향은 뮤지컬 코미디의 제작을 보여준 제2차 세계대전과 함께 확대되는데, 뮤지컬 코미디에서 민속적인 테마는 애국심을 고취시킨다. 이러한 새로운 소재의 삽입 결과로 인해, 장르의 관용적인 통사론은 가볍게 변형되고 있다: 노래하고 춤춘다는 것은 정말로 사랑의 만남의 즐거운 표현이지만, 영화에서 평행하게 공연 구성을 위해 이용되고 있었던, 음악과 커플의 구성은 여기서는 같은 공동체에 속해 있다는 느낌과 조화를 이룬다. 주인공들의 결합은 이들 각자가 나온 그룹들의 결합을 보여주고 이들이 살고 있는 땅의 연결을 확인한다. 사랑의 결합과 공동체의 축하 음악을 통한 동맹 관계는 릭 알트만이 '민속-코미디'라고 이름 붙이고 그 한계가 단지 뮤지컬 코미디/서부 영화의 혼합을 넘어가는 하위-장르의 특징이며, 리얼리스트적 순간에서 연극의 순간으로의 아주 '자연스런' 이행으로 표지된다: 노래와 춤은 여기서 더 이상 전문가들의 전유물이 아니라, 공동체의 자연과의 관계와 가장 일상적인 행동 속에서 뮤지컬 표현의 서문을 찾아낸 공동체의 목소리이다. 로컬 노래는 〈세인트루이스에서 만나요〉(빈센트 미넬리, 1944)의 영화 시작에서 구전되고, 그리고 〈7인의 신부〉(스탠리 도넌, 1954)에서 오레곤 농장에서의 작업이나 〈성공이야〉(카프라, 1950)에서 말에 기울이는 세심한 배려는 리듬과 춤의 움직임의 싹을 품고 있다. 끝으로 서부의 노래는 '뮤지컬이 아닌' 서부 영화 속에서 살롱의 노래가 있는 첫머리 자막에서 이미 소개되었던 것을 회상해 보자——마를린 먼로는 이처럼 〈돌아오지 않는 강〉(프레민저, 1954)의 주제곡을 영화의 결말에서 부른다. 일단 두 장르의 양식이 구성되어지면, 뮤지컬 코미디와 서부 영화의 혼합 현상을 역시 용이하게 한다.

우리는 시네마 장르의 혼합 실천을 설명하기 위해 다섯 가지 보충 설명을 제기할 수 있다:

— 이유 중 하나는, 다음 장에서 더 길게 검토하겠지만 장르의 역사와 탄생과 연관이 있다: 장르는 항상 영화 그룹 사이에 유사성을 설명하기 위해 **경험적으로** 창조된 카테고리이고, 장르의 기원(다시 말해 장르에 대한 의식과 인정을 앞서는 것)은 자주 그 양식이 '장르의 핵'으로 자리매김된 의미·통사론적 균형에 따라 굳어질 때까지, 이미 존재하던 형식들의 교차와 방향 전환으로 이루어졌다. 이러한 메타포는 통시적인 모든 관점을 폐기하고, 장르의 안정된 양식을 핵심으로 만든 것이 틀림없다: 이 핵심에서 빗나갔을 때 영화들은 강하게 다른 것들과 교차하는 서클 속에 위치한, 더욱더 멀어진 동류의 것이 된다. 이러

한 장르의 핵심은 장르를 정의하게 하고, 장르의 일순간의 스냅사진일 뿐이며 이 순간은 어떤 경우에도 기원이 아니라, 오히려 장르의 판에 박힌 축사(縮寫)임을 강조해 보자.

— 여기에 두번째 이질성의 요인, 즉 서로 경쟁하는 장르 카테고리의 존재가 첨가된다. 우리는 분류 놀이, 해석의 카테고리나 매개물 등과 같은 장르의 한정을 차례로 정의하면서 몇 번 반복하여 그 존재에 대해 이미 주장했었다. 혼합은 본질적으로 사후에, 인위적 대상물에 적용된 장르의 분류 유형의 논리와 연관되어 있다. 장르의 지적 프로젝트는 눈에 띄지 않은 총체가 출현하는 것을 목적으로 하고, 사실상 교차를 생산하는데, 왜냐하면 영화는 그 목적 없는 카테고리의 기계적인 반복일 수 없기 때문이다. 그렇기 때문에 (코미디에 있어) 그 톤이나 (공상과학 영화에 있어) 그 의미론처럼 독특한 자질을 통해 정의된 장르는 특히 접목시키기에 적합하다. 더욱이 장르의 혼합은 다양한 시기나 다양한 이데올로기적이고 분석적인 관점에서 만들어진 명칭에 대해 우리가 우리 나름대로 가지고 있던 것에서 기인한다: 이처럼 〈밀드레드 퍼스〉(커티스, 1945)는 멜로드라마, 혹은 필름 누아르, 혹은 **여성 영화**, 혹은 이 세 개의 혼합이라고 말하기보다 오히려 멜로드라마, 필름 누아르, 여성 영화 등**으로 간주된다고** 단언하는 것이 불합리하지 않다. 이는 만약 장르 혼합이 영화 텍스트 속에 있다면, 역시 해석과 해석의 가변성의 결과라고 말하려는 것이다.

— 장르는 영화의 구체적인 현실 속에서 견고한 카테고리가 아니다. 영향, 상호 작용 등이 '다른 장르'의 영화들 사이에서 일어난다. 이처럼 1933-1938까지 RKO사가 제작하고 단짝인 징거 로제/프레드 아스테어를 부각시키려는 뮤지컬 코미디는 이것과 동시대인 루포크 코미디나 스크루볼과 확실히 관계를 유지하고 있다: 아이러니한 이중주 속에서 서로를 믿지 않고 마침내 이들의 사랑의 결합을 축하하는 영화의 결말에서까지 서로 싸움을 하는 징거와 프레드처럼, 〈어느 날 밤

에 생긴 일〉(카프라, 1934)의 클로데트 콜베르/클라크 게이블과 〈휴일〉(쿠커, 1938)이나 〈필라델피아 이야기〉(쿠커, 1940)의 캐서린 헵번/캐리 그란트 커플은 코미디 내내 서로 언쟁하고, 서로의 유혹을 분명히 드러내지 않고 이처럼 숨기고 있다. 두 개의 장르는 리듬 있는 언쟁과 충격적인 대화로 비교할 만한 성적(性的) 에너지의 방향 전환을 한다. 스크루볼 코미디와 마찬가지로 뮤지컬 코미디의 대상인 섹스는 헤이 법전이 부과한 검열의 영향하에, 논쟁 형식으로 다시 나타난다: 애정은 주인공들 사이에 갈등과 균형을 맞추어 커진다.[27]

영화의 흐름에서 톤의 변화는 역시 장르의 이야기를 다른 장르의 것으로 바뀌도록 할 수 있다: 〈어페어 투 리멤버〉(매커리, 1957)는 이렇게 센티멘털 코미디로 시작한다. 이 코미디에서 사랑의 결합과 성적 소모는 니키의 아주 늙은 할머니의 방문으로 이야기에 베일을 씌울 때까지 루포크 코미디의 것과 아주 근접한 정신과 톤으로 연기된다. 이 이야기는 테리의 비극적 사건으로 코믹한 차원을 완전히 가릴 정도로 짙어진다. 테리와 니키는 자신들이 서로 만났었던 크루즈 여행이 끝날 무렵, 6개월 동안 서로 만나지 않으면서 자신들의 사랑의 진실성과 단단함을 시험해 보기로 결정했었다. 만약 이들의 감정이 변하지 않았다면, 이들은 엠파이어스테이트 빌딩 전망대에서 다시 만났어야 한다. 여러 날이 지났고, 이들의 감정은 변하지 않았지만, 니키를 만나러 오던 아가씨 테리는 바로 그 빌딩 앞에서 교통사고를 당하게 된다. 니키는 약속 장소에 그녀가 나타나지 않은 진실한 모티프도 모르고 그녀가 마음이 변했다고 생각한다. 테리는 갑작스런 사고를 당한 후 마비 상태였고 **해피 엔드**로 끝날 때까지 독신이었다. 그러므로 스타 커플의 결합은 로맨틱 혹은 루포크 코미디, 그 다음 멜로드라마

---

27) 앤드류 새리스, 〈섹스 없는 섹스 코미디〉, 《아메리카 영화》 3권 5호, 1978년 3월, p.8-15.

등의 이용으로 연장된다.

― 네번째 이유는 경제적 질서에 속한다: 단 한 가지의 장르는, 영화를 확인하도록 하면서 그 잠재적 대중을 제한할 수 있다. 몇 가지 줄거리와 장르의 교차는 더 많은 수많은 관객을 모으는 성질이 있다. 이는 가령 1980년대 중반부터 특히 많고, 최초에 단지 까다로운 연기로 명성을 얻은 아놀드 슈워제네거가 〈유치원에 간 사나이〉(라이트먼, 1990)나 클로드 지디의 영화 〈잭팟이야!〉(1991)를 리메이크한 〈트루 라이즈〉(카메론, 1994)로 두번째 이력을 인정했던 액션 코미디로 일어난 것이다. 장르 혼합의 경제적 전략은 역시 하나의 영화에 대립되는 이데올로기를 혼합하려는 시도와 어깨를 나란히 한다: 로빈 우드가 〈택시 드라이버〉(스코시즈, 1976)나 〈미스터 굿바를 찾아서〉(브룩스, 1977)처럼 '일관성 없는 텍스트'[28]라고 부른 1970년대 말의 할리우드 영화에서 특히 분명히 나타난다. 자유로운 감독인 스코시즈와 공공연하게 보수적인 시나리오 작가라 알려진 폴 슈레더의 공동작임이 드러나 있는 〈택시 드라이버〉는 이처럼 미국의 중류 계급에 의해 '호러 영화'로 해석되는 반면, 백인 대중은 이 영화를 '도시의 웨스턴'으로 간주한다. 호러 영화는 베트남에서 귀향한 제대 전사인 트래비스가 적대자와 이런 처벌을 받을 만한 가치가 없는 지지자인 히피들을 폭력으로 쓰러뜨리는 측면에서다: 영화는 트래비스에게서 복수하는 영웅을 보여주는데, 그는 어린 창녀를 포주로부터 구해낸다. 이 영웅은 〈수색자〉(포드, 1956)에서 존 웨인이 역할을 맡은 에단과 유사하다고 볼 수 있다. 영화에서 존 웨인은 자기 동생 가족의 살해에 대해 복수하고 이 대량학살 때 인디언들이 납치한 조카 데비(나탈리 우드)를 집에 데려오기 위해 스카르 부족의 대량학살을 계획하고 있다. 노엘 뷔르슈가 지적한 것처럼 〈택시 드라이버〉에서 장르의 혼합은 일종의 '큰 이데올로기적 차이'를 완

---

28) 로빈 우드, 《베트남에서 레이건까지》, 뉴욕, 컬럼비아대학 출판, 1986.

성하면서 상호 배타적인 두 갈래의 대중과 관계한다. 이중적 방향은 커다란 문화적 갈등에 상응한다: "드 니로의 작중인물과 일체되고 있는 국수주의적이고 민족주의적이며 태평스러운 백인 남성의 서민층 대(對) 민주 대통령 선거 캠프에서 일하는 베티라는 미미한 작중인물로 겉만 묘사된, 유행하고 있는 중산층이다. 그런데 베티라는 인물은 결말로 되돌아가기 전에 그래도 막연하게 현혹되는 까다로운 그와 그만 둠으로써 영화에서 가볍게 지나간다."[29] 마찬가지로, 아주 최근에 동일한 감독의 〈에이리언〉과 똑같이 페미니스트 비평으로 분류되었던 〈델마와 루이스〉(스콧, 1991)는 로드 무비나 두 명의 남성 커플이 여성 커플로 된 버디 영화로 보여질 수 있다. 그런데 〈델마와 루이스〉가 여자 주인공으로 전통적인 남성 장르의 연장으로 해석되어질 수 있다 해도, 이 영화는 가정생활과 가정을 떠나 두 친구들이 체험한 모험의 기쁨 사이에 갈등과 성폭력 문제를 여성의 관점에서 토론하고 있는 여성 영화의 특징을 소개하고 있다. 이러한 장르의 혼합은 넓게는 모호한 영화의 성질을 띠고 있다: 두 여자의 여행은 자유로운 주말로 시작해서, 델마에 대한 강간 시도와 그 강간자를 살해한 후 도망으로 계속되고 방황으로 끝나는데, 이 영화는 여성 차별주의와 여성에 대한 폭력을 고발하는 이야기가 아닌가? 아니면 반대로 남성의 힘의 수단(군인에게서 훔친 총)을 손아귀에 넣으면서 독립하게 되는 여성을 보여주면서, 영화의 마지막 영상에서 항복하기보다 오히려 자동차를 타고 허공으로 돌진하는 두 친구들의 자살을 보여주기 때문에 보복하고, 결국에는 '처벌받는' 여성에 대한 남자의 환상을 구체화하고 있지 않은가?[30]

---

29) 노엘 뷔르슈, 〈이중 화법〉, 《레조》 99호. 장 피엘 에스크나지와 로제 오딘, 〈시네마와 수용〉, 파리, CNET/에르메스 출판, 2000, p.103.

30) 이본 테스커, 《여성 범죄자들: 델마와 루이스와 또 다른 여성 경범자》, 《시네막시옹》 67호. 지네트 뱅상도와 베네니스 레이노, 〈시네마에서 페미니스트 연구 20년〉, 파리, 코를레-텔레라마, 1993, p.92-95: 여성 등장인물을 영화의 중심에 놓는 액션 영화(전통적으로 남성 장르)의 모호성에 대한 세부적인 분석을 위해 참조.

— 포스트모던 속에서 문화적 창조 방식의 교체는 결국 동시대에 혼합된 장르의 형식의 보급을 설명하기 위해 자주 내세워졌다.

장르 혼합의 포스트모던적 팽창

포스트모던적 관점에서 동시대 영화는 커다란 지표, 보편적인 (혹은 보편화할 수 있는) 기준과 메타−이야기 등의 상실에서 태어난, 더 일반적인 혼합의 취향을 기록하고 표현하고 있음을 우리는 자주 관찰한다. 각각의 영화는 그 방식대로, 또 반사성에 대한 어떤 경향이 없지는 않지만, 다양한 장르의 의미론적이고 통사론적인 자질들을 재구성하고 있다. 장르의 사회적 기능은 이때 필연적으로 '가(假)−메모리얼' 기능[31]으로, 이 기능을 통해 장르는 강하게 상호 텍스트성으로 표지된 인식을 가리키는 것만큼 실재적 갈등이나 현실적 상징, 과거 장르 영화의 코드, 협약, 의미 등을 덜 결합시킨다. 코언 형제에 관한 팀 버튼의 영화나 타란티노의 영화는 이런 성향의 상징이다. 마치 탐정 영화의 코드(더 정확하게 스릴러)를 반복하고 있는 리들리 스콧의 〈블레이드 러너〉(1982)가 필름 누아르의 암시를 증가시키면서 우주와 공상과학의 미래적 무대장식으로 코드를 옮기는 것처럼 말이다. 이처럼 영화 시작에서 데커트는 레이첼에게 인간과 '복제인간'을 구분하는 테스트를 거치게 한다. 아가씨는 운명적이고 냉정한 아름다운 모습으로 1940년대 재단된 투피스를 입고 나타나고, 필름 누아르의 여성 등장인물식의 시도를 하는 동안 담배를 피우고 있으며 시퀀스 시작에서 밝게 비추어진 조명은 데커트의 요구(테스트는 반(半)어둠 속에서 실현하기에 더 쉽다)대로 어슴푸레진다. 장르의 의식은 장르의 메모리로 변형하고 영화에 대한 관객의 집중은 첫번째와 두번째 정도 사이에서 동요한다.

---

31) 릭 알트만, 《영화/장르》, p.188-192.

미국의 **블록버스터**와 경쟁하고 있는 국제적인 유명 제작사와 마찬가지로, 누벨 할리우드에서 이러한 장르 혼합의 증가는 똑같이 경제적 이익(다양한 대중을 연합시킨다)이 동기가 되었고, 1960년 전부터 대중의 다양한 카테고리들의 측정과 평가 도구의 불변하는 정제를 통해 부분적으로 설명된다: 아주 작은 공동체로 나누어진 대중 앞에서, 그리고 더 많은 매개변수(연령 구분, 성(性), 민족, 사회 계층, 교육 수준, 여가 유형, 성적 방향…)에 따라 제작자와 광고업자는 각자 자기 이득을 볼 수 있는 혼합된 양식을 제안한다. 프랑스에서 뤽 베송이 제작한 액션 영화는 정말로 이러한 현상을 보여주고 있다: 가령 〈택시〉(1997)는 감독인 제라르 피레스와 제작자 겸 시나리오 작가인 뤽 베송의 영화로, 1970년대의 코미디로——〈촌뜨기 집의 환상〉(1970), 〈어디에나 교외는 있다〉(1973)——이름을 날렸다. 즉 이 영화는 시네마의 두 연령층과 프랑스 사회학적 코미디와 미국 액션 영화인 두 장르를 가리키는 협력 영화이다. 여기서는 또 다른 협력, 즉 아주 대조적이고 서로 보완하는 커플을 이루고 있는 두 명의 주요 등장인물은 이러한 협력에 대응하고 있다. 에밀리앙은 오히려 내성적인 경찰관이고, 도저히 운전을 배우지 못하며, 여자와 함께 있으면 수줍어하고 엄마가 일주일씩 **터퍼웨어**에 먹을 것을 챙겨 주는 마마보이다: 다니엘은 예전에 피자배달원을 그만두고 택시운전사가 되는데, 그는 질서를 무시하기 일쑤고, 항상 도로교통법을 위반하고 외향적이며 애인이 있고 모든 가족 관계로부터 자유로운 비할 데 없는 운전사이다. 한 사람은 오래된 도시에서 다른 한 사람은 외곽에 있는 일종의 창고에서 살고, 그리고 한 사람은 자신의 여자동료를 유혹하는 일 없이 그녀를 애인으로 만들고, 다른 한 사람은 영화 시작부터 여자 친구를 가지고 있지만 계속되는 사건의 급변은 서막부터 그들의 오락을 중단시킨다. 그의 아랍계 혼혈인이라는 아이덴티티는 (새미 나세리의 연기와 민족주의자인 경찰의 몇몇 지적을 통해) 드러남과 동시에 합의된 배려로 인해, 그는 다니엘이라는 이름으로 불려지고 있기 때문에 지워지기도 한다. 두 등장인물 중 한 사람은 면허 정지를 피하기 위해, 다른 한 사람은 훌륭한 운전자를 마음대로 이용하기 위해 메르세데스의 독일인 갱단을 쳐부술 목적으로 한 조를 이룬다. 영화는 (그 행동과 정보에 따라 보통 프랑스를 신랄하게 풍자한 경찰관에 의해 1940년의 침입자들을 때려눕히고 있는 '독일놈'으로 간주된) 독일인의 민족주의적 암시를 포기하지 않는다. 그러므로 이 영화는 프랑스 코미디의 전통적인 코믹한 방법, 즉〈염소〉(베버, 1981),〈파리 대탈출〉(오우리, 1966),〈비지터〉(푸아레, 1992)처럼 심리학적으로나 사회학적으로 대조된 주인공 커플을 이용한다. 그러나 이 영화는 또한 자동차의 추격, 연쇄 충돌 신, 경찰과 갱스터의 무장한 대치가 영화 전체를 장식하고 있기 때문에 액션 영화로 본다. 즉 이 영화는 '시각적 폭력'과 함께 코미디에서 차용한 대사와 줄거리, 주관적인 카메라 기법인 전진 이동을 이용하여 영화화된 스펙터클하며 동시대 네오-할리우드 액션 영화의 전형적인 신 등을 결합시키고 있다. 따라서 두 가지 장르의 혼합은 이중의 매개물을 설정하고 있다. 관객은 영화를 코믹 영화나 액션 영화로 해석할 수 있다. 이러한 스펙터클한 형식 속에서, 코믹한 협력은 다른 유형의 대중에게 호소하는 세 가지 장르에 관계될 수 있다. 이러한 협력은 다음을 구성하고 있다:

— 사회적이고 심리학적인 유형의 대결을 허용하고 있는 풍속 코미디의 코믹한 협력. 마르세유의 고정된 이미지 영화에서 이 존재는 영화의 해석을 현대화된 'pagnolade'로서 인정하면서 장르와 국가의 정착을 굳건하게 한다. 여기서 다인종적인 북쪽의 마르세유는 부르주아와 하층 부르주아적인 남쪽의 마르세유에 대립되고, 할아버지들은 강한 악상으로 신문을 읽으며, 노트르담 드 라 가르드 사원은 정당성을 증명하는 상징으로 몇 번 되풀이해서 나타난다.

— 코믹 영화와 프랑스식 액션 영화의 코믹한 협력. 1960년대부터

〈리오에서 온 남자〉(브로카, 1963)나——훈너벨의 각색에서 악상 시
르콩플렉스가 없는——〈판토마스〉(1964, 1965와 1966) 같은 코미디
들은 미국 액션 영화의 요소들을 도입한다.

  —〈다이 하드〉(맥티어넌, 1988)에 이어 미국 영화를 통해 1980년대
에 발전된 장르인 네오-할리우드 액션 코미디의 특징적인 코믹한 협
력. 부르스 윌리스나 자기 이력의 후반부에 아놀드 슈워제네거(〈터미
네이터 2〉〈트루 라이즈〉) 같은 배우들이 연기한 장르이다. 이런 장르
의 마크는 영화 속에서 모든 지방주의가 흡수되고 박탈된 마르세유의
또 다른 모습에 부합하고 있다. 주역과 부차적인 등장인물은 악센트가
없고, 조역들에게 보존되어 있으며, 그곳의 경치는 (영화 상영 시간의
거의 절반이) 질주하는 차들이 서로 맞서는 세계적인 현대성의 상징인
고속도로 교차로로 변형된다.

  더구나 영화인들의 '양성'에 있어서의 변화는, 이것이 영화 학교를
통해서 일어나든 비평에서 오든지 간에, 그들에게 장르의 찬사나 남
용 등, 인용으로 나타나는 시네마의 역사적인 장르의 형식과 친밀감
을 주고 있다. 〈늑대의 후예들〉(갱스, 2001)은 슈퍼 프로덕션에 의거
해 다양한 관객 공동체를 겨냥하고 최대한의 혼합을 통해, 그 연출가
인 오랜 비평가의 시네마토그래프 문화를 표명하려는 의지의 극단적
인 예로 볼 수 있다. 이 영화는 1930년대 몬스터 영화의 전통에 따라,
제보당 야수의 공격과 등장인물 때문에 판타스틱 영화로 본다. 또한
이것은 고어 영화이기도 한데, 야수의 공격은 처음 시퀀스부터 폭력,
상처, 죽음 등을 보여주는 아주 피 흘리는 시퀀스를 야기하고 있기 때
문이다. 이와 더불어 이 영화는 18세기 말 귀족과 농부가 사는 로제
르 마을을 재현하고 실내 신에서 〈배리 린든〉(큐브릭, 1975)의 조명을
모방한 역사 영화이기도 하다; 이 영화는 또한 제보당 야수의 피해 속
에서 정치적 해석을 하고, 은밀히 왕국의 회복을 정당화하며 군주제
의 자유로운 발전을 금하는 공포 분위기를 조성하기 위해, 특히 반동

적인 귀족에 의해 조종되는 피조물을 보여주기로 작정한다. 쿵후 신은 아메리카에서 영웅과 함께 돌아온 그의 친구인, 인디언이 이상하게 이름을 드날리고, 마침내 이야기를 장식하고 있다. 이러한 신은 아시아 시네마인 무술 영화보다 동시대 할리우드 영화 속에서 결투 장르의 통합을 가리키고 있다. 그러므로 〈늑대의 후예들〉은 미국 **블록버스터**의 방법과 기술적 무기를 이용하고 야수를 음모의 도구로 만들면서 국가·지리(마시프 상트랄)·역사·문화적(프랑스 혁명)인 참조의 틀 속으로 네오-할리우드 장르를 이동시킨다. 이 영화는 초창기 혁명적 소란에서 회복기까지를 배경으로, 사건을 목격했었던 내레이터를 통해 이야기되는 만큼 더욱더 강하게 영화를 국가적 메모리 장소에 연결시킨다. 그러므로 우리는 〈늑대의 후예들〉을 강하게 정체성이 확인되는 국가적 장소와 장르(커스텀 영화) 위에 네오-할리우드의 형식과 장르의 접목으로 간주할 수 있다.

패러디와 패스티시

패러디와 패스티시는 매우 특별한 장르 혼합을 대표한다. 이것의 실천은 코믹하고 유머러스한 의도로, 앞서 제작된 영화의 특성을 모방하면서 시네마토그래프 이야기를 만들어 내고 있다. 그러므로 패러디 영화는 그 수용과 마찬가지로 그 개념 속에 패러디된 대상에 대한 지각과 인식을 가정한다. 그렇기 때문에 성공한 영화, 신화적인 테마, 반복적인 주인공이나 장르 등, 이것들처럼 표시할 수 있는 모든 내러티브 구조, 모든 코드화된 대상 등은 패러디와 패스티시의 교류의 기조를 이루고 있다.

장르의 경우에, 패러디는 장르 협약의 반복과 조작에 따라 처리하고 장르가 패러디 영화나 영화들을 가지지 않은 것은 드물다. 가령 재앙 영화에 있어서는 〈에어플레인〉, 공상과학 영화에 있어서는 〈화성 침공〉(버튼, 1996)이나 〈갤럭시 퀘스트〉(패리소트, 2000), 스파이 영화에 있어서는 〈위대한 스파이 체이스〉(로트네르, 1964), 공포 영화에 있어서는 〈드라큘라의 무도회〉(폴란스키, 1967)나 〈영 프랑켄슈타인〉(브룩스, 1974), 페플럼에 있어서는 〈오케이, 네롱〉(솔다티, 1952), 역사 영화나 모험 영화에 있어서는 〈더 쓰리 머스트 겟 데어〉(린더, 1922)나 〈성배〉(길리엄, 1974), 서부 영화에 있어서는 〈내 이름은 튜니티〉(클뤼세/바보니, 1970)과 그 후속물, 필름 누아르에 있어서는 〈죽은 자는 체크무늬 옷을 입지 않는다〉(칼 라이너, 1982) 등을 환기시켜 보자. 패러디와 패스티시는 관객을 통해 그렇게 인정받게 될 때, 장르의 해석을 두번째 단계에서 제공한 것이다: 관객은 이처럼 장르의 쾌락과 패러디 발화 행위의 특징적인 쾌락을 동시에 즐긴다. 이때 우리는 교양 있는 대중에게 말을 거는 《텔레라마》 텔레비전 프로그램들이 수많은 패러디 장르 영화라 부를 수 있는 이유를 아주 잘 이해한다: 문화적 구분의 논리에 따라, 이 프로그램들은 영화를 판타스틱 장르로 인정하면서 일상적인 장르 라벨의 윤곽을 그리고 있다(다시 말해 일상적인 담화에서 사용 가치가 없다). 이 잡지를 통해, 아주 일반적인 패러디 용어에 대해 보여주고 있는 방향은 이러한 실천을 특별한 코믹한 의도 없는, 내러티브 도식의 의식적인 반복으로까지 확대한다: 패러디의 언급은 거리감 있고 비평적인 시선을 영화인들에게 지시하고, 관객에게 부여하면서 이 언급이 인정하고 있는 장르 영화의 합법성을 주고 있다. 여기서 기초가 되는 이득이나 이런 명칭에 대해 논할 것도 없이, '패스티시'나 '패러디'의 언급은 장르 영화가 장르의 절정을 겪었던 시기의 끝이나 그 후에 제작되었을 때 규칙적으로 인정되는 경향이 있음을 우리는 주목할 수 있다.

패러디와 패스티시의 엄격한 의미로 되돌아가서, 우리는 패러디 영화에 혼합된 장르의 아이덴티티만을 줄 수 있는데, 왜냐하면 이 영화는 코미디 영역에 다른 장르의 의미론적이고 통사론적인 자질을 옮겨

놓고 있기 때문이다. 우리는 패러디를 완전히 하나의 장르로 만들 수 있는가? 저자가 보기에 이러한 질문에 대한 대답은 우리가 이론적 혹은 역사적인 방식으로 대답하기에 따라 다른 것 같다. 이론적인 관점에서 장르, 시네마, 또 다른 표현 방식 등의 역사를 거치는 패러디의 실천은 글쓰기 방식, 발화 행위 방식과 또한 해석 방식(이는 우리가 앞서 말했던 《텔레라마》의 비평처럼 몇몇 관객들이 그렇게 간주하지 않았던 장르 영화들을 패러디 방식으로 해석할 수 있다는 것을 특히 설명하고 있다) 등이다. 패러디는 장르와 동일한 차원에서 작용하고 있기 때문에 이처럼 하나의 장르를 이룰 수 없다. 패러디와 패스티시는 영화 장르의 아이덴티티와 겨루기도 하고 뒤섞이기도 한다. 역사적인 차원에서 검토해 보면, 장르와 패러디의 대등성은 더욱 열려 있는 주제이다: 만약 시네마토그래프 제작과 관객에게 빈번하게 패러디 해석의 입장에 의뢰했을 때 우리가 지금 또 20년 전부터 관찰한 패러디의 경향이 굳어진다면, 주요한 패러디 장르는 아닐망정, 어쨌든 가령 윌리엄 폴이 1980년 전부터 미국 시네마에서 지표를 남겼던 〈소리 질러 가며 웃는 영화〉 모델을 토대로, 패러디 차원이 개입할 수 있는 새로운 장르의 한정이 성립된다고 예측할 수 있다——장르 영역에서 그 어떤 가치를 가진다는 전망이 있다 할지라도 말이다.[33] 〈프레디〉 시리즈나 〈스크림〉(웨스 크레이븐, 1997)과 그 후속물처럼 호러와 웃음, 걱정과 코믹한 쾌락 등을 조화시키는 사육제와 축제 같은 광경의 영화들이 관건이다. 더 일반적으로, 코믹 영화 속에 아주 덧없기조차 한 약간의 공포를 불어넣거나 호러 영화에 코믹한 터치를 주는 할리우드 영화의 현재 경향을 지적하고 있다.

---

32) 윌리엄 폴, 《소리 질러 가며 웃는 영화: 현대 할리우드 호러와 코미디》, 뉴욕, 컬럼비아대학 출판, 1994.

제2장에서, 장르의 본질적인 정의에 역동적인 개념을 대체하는 것은 필수 불가결한 듯하다: 고정되고 양도할 수 없는 지표를 구성하기는커녕, 장르의 명칭처럼 영화 장르의 아이덴티티는 제작자·비평가·관객 등이 기여한 변함없는 (재)제작과 (재)해석의 산물이다. 영화 장르의 아이덴티티는 결정적으로 영화에 주어지지도 않고 영화 텍스트 속에 갇혀 있지도 않다. 장르와 장르 영화를 인정하도록 하는 선결된 협약은 불안정한 균형과 시네마의 사용, 이데올로기적 관점, 다양한 해석 유형 등이 서로 교차하고 서로 만나는 교차로이다. 그러므로 장르와 영화와의 관계를 조사한다는 것은 어떤 영화를 어떤 케이스에 놓을지를 명확히 하기보다, 한편으로 왜 그리고 어떤 배경에서 제각기 영화를 그 케이스에 놓는지에 대해서, 다른 한편으로는 영화와 장르가 창조되고 존재하며 수용되었던 시네마토그래프적·역사적·사회 문화적인 이러한 다수의 상호 작용에 대해서 생각해 볼 수 있다. 그러므로 단순한 장르의 명칭보다——사전과 프로그램이 분류 목적으로 이용하는 것——복수적 개념을 선호하고 장르의 아이덴티티에 대해 말하는 것이 적합하다.

제5장
장르의 역사에 대해 어떻게 생각하는가?

시네마토그래프 장르는 결정적으로 굳어지고, 고정된 양식이 아니라 우리가 보았던 것처럼 **귀납적이고** 재정의의 경향이 있는 카테고리이다. 이런 단순한 사실은 장르를 역사 속에서 뿌리내리게 하기에 충분하다. 분석을 통해 구축된 이론적 장르는 '역사적 장르'보다 더 많이 역사를 피하지 못한다(제2장 참조). 그러나 장르의 역사는 장르의 명칭과 동시에 영화 전체에 관계된 복잡한 현상이다. 그러므로 장르의 역사는 결합은 되지만 혼합되어질 수 없는 두 가지 차원에서 펼쳐진다: 장르의 역사를 만드는 것, 이는 장르 명칭의 탄생——장르에 대한 의식과 인정에 필연적인 선결 조건——이것의 변형·구식화·경우에 따른 사라짐 등을 보고하는 것이다; 이는 역시 장르의 변화에 대해 역점을 두고 있다. 다시 말해 장르의 통사적이고 의미론적 변형을 설명하고, 장르의 성공 기간과 행운이 덜한 시기를 이해하며, 장르가 빛을 잃어가거나 스크린에서 사라지는 것을 분석하는 것이다. 그러므로 장르를 구성하는 반복과 변화의 놀이는 일련의 카드나 규칙의 비(非)역사적인 총체로서가 아니라——그 규칙을 분해하거나 결합 관계를 밝혔던 영화 자료체를 통시적으로 다룬 몇몇 텍스트와 구조 분석이 부추길 수 있는 것——시간 속에서 작용하고 현실화하는 부분으로서 고찰한다.

제5장의 목적은 장르의 역사, 그 출현과 발전, 경우에 따른 사라짐

등에 대해 생각하는 틀을 제시하려는 것이다. 따라서 우리는 여기서 특별한 장르들의 독특한 역사 모음집도 아니고, 장르의 보편적인 역사를 찾으려는 것도 아닐 것이다. 결국 장르의 탄생과 발전을 조정하고 한정하고 허용하는 것을 이해하는 것이 오히려 관건이다.

장르의 진화설을 해결짓기 위해

장르가 시네마에서 고정되고 예측할 수 있고, 자주 반복되는 궤도에 따라 변화할 것이라는 생각은 장르의 본질이 펼쳐지는 영역을 역사로 만드는 장르의 이론 속에서 그 근원을 찾아볼 수 있다. 아리스토텔레스부터 존재하는 이러한 본질주의는 역시 19세기에 제작된 이론 속에 있다. 19세기 이론은 때로 목적론적인 관점에서 장르의 역사를 정착시키고 있다.

사회 유기체설과 진화설: 장르의 운명

장르 시스템은 20세기의 문학 장르 이론에 영향을 주었고 분명히 목적론적이며, 헤겔의 《미학》에서 헤겔에 의해 제시되었다.[1] 본질주의적인 동시에 역사주의적인 닫힌 이 시스템 속에서 예술들(건축 · 그림 · 조각 · 음악 · 시 등) 사이에 구분과, 세 가지 예술의 형식들(상징적 · 고전적 · 낭만적) 사이에 구분은 역사적인 구별에 대응하고 있다. 헤겔은 시간적 연속을 고려한 경험적 역사성을 개념적 필연성, 즉 성숙한 에스프리의 한정에 순응하는 체계적인 역사성에 대립시킨다. 예술의 목

---

1) 프리드리히 헤겔, 《미학》, 파리, 플라마리옹, 1979(장켈레비치 번역). 특히 장르 문제에 대해서는 제IV권 참조.

적론으로 이끄는 이런 관점에서, 문학 장르의 본질(시)은 과거를 돌이켜보아 그 세 가지 장르 '모멘트'(서사시·서정시·극시)로 한정된다. 이러한 세 가지 모멘트는 각각 상징적·고전적·낭만적인 예술 형식으로 구체화되고 있다.

세기말에 또 다른 관점에서 브륀티에르는 다윈이 발전시킨 진화론적 모델에서 영감을 얻고, 몇 번 반복해서 그의 《종(種)의 기원》(1859)을 인용한다.[2] 문학(특히 장르)의 발전은 생물학적 발전처럼, 가장 적합한 형식들의 생존과 다른 형식들의 도태에 이르게 하는 근접한 형식들 사이에 '생존을 위한' 끊임없는 투쟁이다. 장르가 종으로 취급되는 다윈의 학설에 일치된 이런 일반적인 틀이 진보 개념에 대한 참조를 완전히 배제하였다 해도, 장 마리 셰퍼가 그렇게 지적했던 것처럼,[3] 목적론적 시도는 브륀티에르가 장르의 내적 발전에 관심을 가졌을 때부터 그 출현을 다시 했다: 개인의 삶에서 제공된 장르는 불변의 사이클에 따라 태어나서 성숙하고 쇠해지고 죽는데, 이 사이클의 절정은 그 내적 성질에 부합하고 있다. 브륀티에르는 이처럼 그에게 참고로 사용된 생물학적 모델을 변형시키고 장르를 역시 종으로 간주하지만(진화설의 계열인 것), 그 운명이 태어나서 성장하고 성년의 나이에 완전히 자기를 실현하고, 늙고, 사라지는 생물학적 개인으로서 간주하지 않는다.

더 명백하게 진화론적 관점은, 비록 생물학적 모델에 참조하지 않고 모든 목적론적 목표가 없다 해도, 러시아 형식주의자들에(제2장, p.48-54 참조) 의해 선택된다. 이들에게 있어 예술의 발전은 그들 자신에 의한 형식의 변증법적인 제작으로 이루어진다: 독창적인 창조성은 규율로 삼아진 주요한 형식을 향해 장르를 발전시킨다. 이런 장르는

---

2) 《문학의 역사 속에 장르의 발전》(페르디낭 브륀티에르, 제1권, 파리, 아셰트, 1890)에 대해 상세히 설명된 서평에 대해서는 특히 장 마리 셰퍼의 《문학 장르란 무엇인가?》, 같은 책, p.47-63 참조.
3) 위의 책, p.61-62.

반복적인 자동성으로 영속하고 마침내 새로운 혁신적인 형식의 도착과 압력하에 물러나는데, 이 형식은 그 차례가 되어 규율로 삼게 된다.

새로운 작품은 앞서고 혹은 동시적이며 경쟁하는 다른 작품들과의 대립에서 나타나고, 그 형식의 성공으로 문학적 시기의 '정점 선'을 정의하고, 더욱더 틀에 박힌 모방으로 낡아지며 결국 소비문학의 진부함 속에서만 살아남는 장르를 낳는다.[4]

10년 후, 비교될 수 있는 도식이 명시적으로나 함축적으로 시네마토그래프 연구를 통해서 이용된다. 장르는 '황금시대'를 겪을 것이다——장르에 할애한 모노그래프 속에서 반복되는 표현. 황금시대에 다양한 영향으로 만들어진 더 모색하는 시험 단계가 선행되고, 쇠퇴가 뒤따르는 장르의 본질이 표현되어질 것이다. 이러한 장르의 역사 개념은 실제로 장르의 '고전' 기에 가치를 부여하는데, 이 시기에 장르는 순간적으로 순수하고 균형 잡힌 형식을 찾아볼 수 있다.[5] 《카이에 뒤 시네마》에 1955년 출판된, 《서부 영화의 변화》에 관한 아티클 속에서 이러한 주제에 관한 앙드레 바쟁의 입장은 진화론과 본질주의의 혼합을 충분히 상징하고 있다. 제2차 세계대전 이후 촬영된 서부 영화에 관심을 보이면서 앙드레 바쟁은 존 포드의 〈역마차〉나 킹 비더의 〈대행진〉으로 1939-1940년대에 도달한, 고전적인 완벽함으로 서부 영화를 구분하는 데 전념한다:

---

4) 한스 로베르트 야우스, 《수용 미학》, 같은 책, p.70.
5) 장르 단 한 가지가 아니라 총체적으로 시네마토그래프 예술에 관한 이러한 생각은 가령 로메르에게서도 재발견된다. 그는 유기체적 도식을 반복하는데, 이에 따르면 예술은 자율적이고 고유한 일생, 다시 말해 유년기·장년기·노년기가 타고난 유기체이다. 자크 오몽, 《영화인들의 이론》, 파리, 나탕, 〈나탕 시네마〉, 2002, p.120-123: 이러한 주제에 관한 참고 서적.

전쟁 직전, 서부 영화는 확실히 완벽한 정도에까지 이르렀었다. 1940년은 새로운 변화가 운명적으로 일어나야만 하는 단계를 표지하고 있다. 4년간의 전쟁은 이 변화를 한정하지 않았음에도 불구하고 단순히 변화를 지체시켰고 그 후 방향전환시켰다. 〈역마차〉(1939)는 그 고전주의에 이르는 이러한 스타일 성숙기의 이상적인 예이다. 존 포드는 사회적 신화, 역사적인 환기, 심리학적 진리, 서부 영화 연출의 전통적인 주제 등, 이들 사이에 완벽한 균형에 도달했었다. 이러한 기본적인 요소들 어느 것도 다른 것보다 우세하지 않다.[6]

장르를 통한 장르 변화를 설명하려고 하면서, 그는 1945년 이후의 작품을 '초(初)-서부 영화'라 부르도록 제안한다. 이런 명칭은 변화하는 현상을 커버하고, "그 자체로만 존재하는 것을 부끄럽게 여기고 관심을 일으킬 만한 것을 보충해서 그 존재를 정당화시키려는 서부 영화를 지칭한다: 미학적 · 사회학적 · 심리학적 · 도덕적 · 정치적 · 관능적인 이러한 질서, 요컨대 장르의 비본질적이고 장르를 풍부하게 하려는 약간의 가치를 통해서 말이다."[7] 이렇게 〈백주의 결투〉(비더, 1947)의 눈부신 사치와 멜로드라마식의 줄거리, 〈셰인〉(스티븐스, 1953)의 사랑의 논지와 스티븐스가 이 영화에서 의식적으로 서부 영화의 신화론과 초상을 반복하는 수법 등은 바쟁에게 있어 장르의 표지이다. 이런 장르의 표지는 장르 그 자체를 의식하면서, 그 고전적 순수함을 떠나 분산되거나 반대로 자기-인용을 실천하면서 그 자체로 되돌아온다: 가령 그 주인공에게 흰색 옷을 입히면서 〈백주의 결투〉는 의상 색깔을 덕과 용기의 신호가 아닌 서부 영화의 상징으로 만든다. 초-서부 영화는 1950년대에 제작된 장르 영화 전체를 특징짓기에 충분하

---

6) 앙드레 바쟁, 〈웨스턴의 변화〉, 《시네마란 무엇인가?》, 파리, 세르프, 〈일곱번째 예술〉, 1995, p.229.
7) 위의 책, p.231.

지 못하다고 인정하면서, 그는 로마네스크식의 풍부함으로 특징지어
진 '현대' 서부 영화처럼, 이 시기의 또 다른 서부 영화를 확인한다.
1950년대에 제작된 영화 전체는 오늘날 우리가 반사성이라 부르는 모
든 경향을 게시하지 않는다. 비록 바쟁이 장르의 변형에 있어서 세계
적 갈등의 영향을 부인하지 않는다 해도, 그는 말하자면 이런 영향을
두번째 차원에 놓는데, 그 고전적 절정을 겪었던 장르의 운명에 내재
하는 것으로서 '데카당스'와 '쇠퇴'를 제시하면서이다.[8]

이러한 장르 변화의 개념은 역사적 요인을 전체적으로 버리는 것이
아니라, 이 개념은 이 요인들을 발전, 즉 쇠퇴를 향한 고전적 균형의
일반적이고 피할 수 없는 도식의 특별한 단순한 양태로 만든다. 이처
럼 제인 포이어[9]에 있어, 할리우드 뮤지컬 코미디는 여전히 중대하는
반사성을 향해 변화한다. 전쟁 이후 〈브로드웨이의 바클리스〉(월터스,
1949), 〈사랑은 비를 타고〉(도넌과 켈리, 1952), 〈밴드 왜건〉(미넬리,
1953)처럼 **MGM** 제작사의 작품들은 이를 증명하고 있다. 이 영화들의
이야기는 실패한 공연과 인트라디제시스적(intra-diégétique)[10]한 대중
옆에서 즉각적인 성공을 거둔 공연을 번갈아 한다. 이러한 반사적인
영화들은 장르의 메모리를 이용하면서 그 코드를 지속시키도록 한다:
이러한 영화들은 다른 영화에서 음악을 차용하고, 그전의 뮤지컬 코미
디를 암시하며, 유명한 장면이나 시퀀스를 인용한다——〈탑 햇〉(샌드
리치, 1935)의 개회식 장면을 반복하고 있는 〈브로드웨이의 바클리스〉
에서 스타 커플의 걸음걸이에 대한 첫번째 장면처럼 말이다. 그리고
이 영화들은 〈사랑은 비를 타고〉에서 '허구적'이거나 〈밴드 왜건〉(아
스테어)과 〈브로드웨이의 바클리스〉에서 '실재적인' 과거의 스타들을
그리워하며 찬양하고 있다. 더불어 이러한 영화들은 집요하게 자발적

---

8) 앞의 책, p.233.
9) 제인 포이어, 〈자기-반사적인 뮤지컬과 엔터테인먼트 신화〉, 《장르 리더 II》, 같
은 책, p.442-455.

이고 개인을 그룹이나 커플에 통합시키는 신화를 이용하고 노래한다. 이 신화는 '뮤지컬 코미디' 장르에 의해 창조된 신화들이다. 소위 이런 영화들은 더 이상 전쟁 전의 세계가 아닌 세계 속에서 뮤지컬 코미디의 힘, 우수성, 효과 등을 재확인한다: 제인 포이어에게 있어 〈사랑은 비를 타고〉의 줄거리는, 무성에서 유성으로의 이행을 통해 직면한 위기에 대한 대답으로 노래로 된 영화를 만들면서 다음을 지적하고 있다. 즉 뮤지컬 코미디는 특히 텔레비전과 또 다른 오락 형식의 경쟁을 통해 야기된 새로운 기술적인 혼란에 직면해, 그리고 장르 협약을 의식하게 되는 대중의 기대 변화에 직면해 확실한 가치가 있을 수 있다. 반사성으로 한층 더 표지된 경향을 띤 서막으로 볼 수 있는 이러한 영화들은 그 성공에도 불구하고, 장르의 쇠퇴를 알리고 있다. 물론 장르의 쇠퇴는 사회·경제적인 요인들이 수반되지만 무엇보다 먼저 반복, 패러디, 그 다음 논쟁 등으로 언도되는 장르의 운명적 법칙이다. 몇 년 후, 덴마크 라스 폰 트리에의 뮤지컬 영화 〈어둠 속의 댄서〉(1999)의 멜로드라마 형식은 이처럼 뮤지컬 코미디 세계의 찬사와 이것에 대한 논쟁 사이에서 동요한다: 셀마는 미국으로 이민 온 가난한

---

10) 수잔 헤이워드, 이영기 역, 《영화사전(이론과 비평)》, 한나래, 2007, pp.74-76: 내재적 디제시스 사운드는 그 출처를 우리가 볼 수 없지만 스토리 내에서 사운드가 존재한다는 것을 아는 그런 사운드를 가리킨다. 예를 들어 내레이터의 보이스 오버를 들 수 있다. 고전적인 예로 〈레베카〉(알프레드 히치콕, 1940)를 들 수 있다. 영화의 도입부에서 우리는 보이스 오버를 통해 모습을 드러내지 않은 어떤 여성의 목소리를 듣게 된다. "어젯밤 나는 멘덜리로 들어가는 꿈을 꾸었다." 조금 뒤 우리는 보이스 오버 속의 '내'가 여주인공과 같은 인물임을 알게 된다. 자신이 과거를 회상하는 주인공들의 보이스 오버는 내재적 디제시스이다. 가장 전형적인 방법은 보이스 오버가 나오면서(〈날은 밝다 Le Jour se Lève〉(카르네, 1939)에서 "그것은 겨우 어제 일이었다…"처럼) 주인공의 얼굴이 그 시기의 이미지로 디졸브되는 것이다. 사실 플래시백 그 자체를 내재적 디제시스로 볼 수도 있는데 플래시백이 내러티브 일부이긴 하지만, 그것들은 현재의 내러티브의 흐름을 방해하기 때문이다. 내적 독백도 내재적 디제시스라고 할 수 있다. 이것은 스토리의 일부가 아니면서도 스토리에 관한 정보를 주는 전지적 내레이터의 비디제시스적 보이스 오버와는 확연히 구분된다. [역주]

체코인이며 그녀 자신도 유전병으로 인해 실명 위기에 놓인 소년의 미혼모로, 힘들게 일하고 아들의 눈수술에 필요한 돈을 모으기 위해 열악한 환경에서 살고 있다. 그녀의 유일한 행복은 영화관에서 뮤지컬 코미디를 보는 것, 그리고 아주 어두운 영화를 사이사이 끊고 완화하는 뮤지컬 노래 시간에, 자기 존재의 힘겨움, 줄거리의 비장미, 라스 폰 트리에가 자신의 여주인공을 둘러싸고 묘사하고 있는 아메리카의 '현실' 등과 전체적으로 모순되는 상상의 공간 속에 있는 것이다.

이런 순환적인 발전 도식을 할리우드 장르 전체에 적용하면서 토마스 샤츠는 모든 장르가 투명성에서 불투명성으로 진행한다는 규칙도 제안한다: 장르 영화는 스토리를 이야기하는 것을 점차 그치고 의식적인 형식주의를 향해 변화한다.[11] 관객은 이때 형식(장르의 협약)을 통해 스토리를 바라보지 않고 이 형식을 감상한다. 스토리는 샤츠에게 있어 기본적으로 몇몇 장르가 '생성/고전주의/형식주의'라는 장르의 순환적인 운명을 완성하는 것을 방해하는 주행 사고처럼 개입한다: 뮤지컬 코미디, 서부 영화나 멜로드라마 등과 달리 갱스터 영화는 반사적인 단계를 겪지 않는데, 왜냐하면 검열의 위협이 장르의 모든 형식주의적 연장을 예방하기 때문이다.

결정론적 역사의 한계

장르의 변화를 연속적인 사이클로 재단되는, 예측할 수 있는 주행으로 만들고 있는 이 모델에 몇 가지 이의가 제시될 수 있다. 연속적인 서클에서 형성 시기는 그 자체로 패러디, 반사성, 초(初)-코드화, 형식주의, 매너리즘 등으로 표지된 불가피한 쇠퇴가 뒤따르는 고전적

---

11) 토마스 샤츠, 《할리우드 장르: 포퓰러, 영화 제작과 스튜디오 시스템》, 같은 책, p.38.

시기로 통한다…. 이러한 발전 도식이 반복과 변화 작용에 의해 제작된 불가피한 반사적인 효과를 명백하게 설명하는 장점을 가졌다해도, 이것은 장르의 변화를 '장르의 종말'로 예정해두고 있는데 장르의 종말을 특성으로 만들어 낼 정도이다.

이런 의견은 사실들의 시험에 맞서 저항하지 못한다. 〈버팔로 빌과 인디언〉(알트먼, 1976)이나 이탈리아 서부 영화 이전 반세기 이상, 1910년부터, 가령 〈와일드 앤 울리〉(에머슨, 1917)처럼 더글러스 페어뱅크스가 등장하는 영화들이 보여주는 풍자적이고 패러디한 서부 영화의 맥이 존재한다. 더 일반적으로 장 루이 뢰트라와 수잔 리앙드라 기그가 지적한 것처럼, 비록 '솔직하고 서투르고 소홀히 한 유머를 분간하기란 항상 쉽지' 않을지라도, '장르에서 그 풍자까지의 폭은 좁다.' [12] 갤러거 역시 초창기 서부 영화 장르의 '초(初)의식'(hyperconscience)에 대해 주장하고 1960년과 1970년대의 서부 영화에 부여된 반사성은 우리로 하여금 오늘날 〈역마차〉에서 발견한 '고전적 순수함'이 사실상 참조, 협약의 반복, 등장인물, '의식적으로 고전 서부뿐 아니라 고전 서부 영화를 답습한' 모티프 등의 기능을 숨기고 있음을 잊지 않도록 하는 것 같다고 환기시킨다. [13] 우리 시대에 거의 보이지 않은 〈역마차〉에 대한 장르의 의식은 무성의 서부 영화와 더 가깝고 친숙한 1930년의 관객들에 의해 틀림없이 지각되고 있다.

게다가 서부 영화에만 유보되어 있지 않은 이러한 경험론적 이의에, 더 이론적인 유보 조건들을 덧붙이는 것이 적합하다. 사실상 고전 시대의 데카당스를 가정한 장르의 변화 모델은 자주 이 시대를 우리가 장르의 순수한 형식을 분리시킬 수 있는 시기로 만들고 있다. 그러므

---

12) 장 루이 뢰트라와 수잔 리앙드라 기그, 《서부 지도. 시네마토그래프 장르: 서부 영화》, 같은 책, p.113.

13) 태그 갤러거, 〈코랄 장르에 대한 논쟁: 서부 영화의 발전 문제〉, 《필름 장르 리더》, 배리 키스 그랜트, 오스틴, 텍사스대학 출판, 1986, p.202-216.

로 장르는 또 다른 형식, 반복되는 상호 작용을 하고 자주 혼합하는 또 다른 장르 등과 교차하는 시네마토그래프 영역에서 실현되는데, 이 모델은 이러한 순수한 유형 속에서 장르의 본질을 보이고 있다. 그러므로 이러한 모델이 원칙적으로 한 가지 장르의 내적 스토리에 관심을 갖는 것은 (혹은 이 모델이 수많은 장르를 조사할 때 각 장르의 변화를 개별적으로 고찰한다는 것은) 놀랄 일이 아니다. 이러한 모델은 시네마토그래프 장르의 인정이 있다는 것을 역시 무시하는데, 왜냐하면 의미론적 자질과 통사론적 자질 전체가 균형을 이루고 있는 준(準)안정(métastable) 양식이 영화 속에 확립되고 자리매김되어졌기 때문이다. 이는 이런 양식이 넘어설 수 없고 유일한 완벽한 점이라는 것을 말하고자 함이 아니라, 반대로 이 양식은 일정한 시대에 명확한 시네마토그래프적이고 문화적 상황 속에서, 장르의 가능하고 일시적이며 불안정한 균형의 순간이 있을 뿐이라는 것을 말하고자 한다. 즉 공상과학영화와 **여성 영화**(p.202-203 참조)를 가지고 더 뒤에서 살펴보겠지만, 경우에 따라 이 균형의 순간에 또 다른 구성이 뒤이어 올 수도 있다. 결국 이러한 이론은 결정론적 원칙을 장르 변화 원칙의 열쇠로 만들면서, 영화의 사회·문화·정치적 상황, 작품의 경제적이고 미학적인 시스템 변형, 대중과 이들 기대의 변동 등에 영향을 주는 변화를 역사의 돌발적인 일로 치부한다. 만약 이 모델이 그 체계주의에도 불구하고, 고전 할리우드 장르를 고찰하기에 유용할 수 있다 해도, 이것은 가령 스튜디오 시대 이후나 할리우드가 아닌 다른 곳에서 피어나는 장르의 역사를 이해하기에는 거의 관여적이지 않은 것으로 드러난다.

이처럼 고어 영화가 그 반복적인 구조와 격화되는 효과, 살인의 취향으로 주목을 끌었던 것은 〈피의 향연〉(루이스, 1963)이나 〈살아난 시체들의 밤〉(로메로, 1969)과 더불어 그 초창기 출연 때부터이다. 필립 루예가 그렇게 지적한 것처럼, (같은 영화나 다른 영화에 둘러싸인) 피의 축적은 마침내 상황의 현실감을 잃게 하고 소외 효과'를 창조하는데,

이 소외 효과는 '고어 효과의 필수적인 구성 요소'이며 특히 불일치하고 코믹한 어조의 경향으로 드러난다.[14] 장르 진화론 주창자들의 용어를 다시 취해서 '고전' 고어 영화, 다시 말해 1970년대 동안 실현된 미국이나 유럽 영화는 동일한 연속적인 구조를 채택하고, 지나치게 동일한 방향을 드러내고 호러와 웃음이라는 동시에 두 가지 효과에 걸고 있다: 가령 〈죽은 신경의 경련〉(1971)에서 마리오 바바는 90분에 걸쳐 열세 명의 살인을 거듭하고 창구에서 잡은 곤충들을 관찰하는 데 시간을 보내는 곤충학자를 연출하는데, 즉 밀폐된 환경 속에 갇힌 등장인물들의 제물을 관찰하는 영화인과 관객의 진실한 다이제시스적 릴레이이다. 문에 못에 박힌 채 있는 어부의 이미지는 나무판에 핀으로 꽂힌 곤충의 이미지를 가리키고, 갈가리 찢긴 육체와 얼굴의 클로즈업과 줌 촬영은 과학자의 확대경을 환기시킨다. 이 호러 이야기는 사고로 인해 자신의 부모들을 방금 죽인 두 아이들에 대한 관심 어린 주목으로 끝난다: "봐라, 아이들이 정말 죽은 자들을 가지고 노는 것 같아." 역시 탐정 영화(**자일로**)이기도 한 이러한 '고전' 고어 영화를 형식주의 · 패러디 · 반사적이라고 부르지 않기에는 정말 어려운 것 같다.

장르의 복잡한 역사에 대해

유기체적이고 진화론적인 모델은 그 효과가 어떻든간에, 장르의 역사를 장르 현상과 동질적인 변화로 이끌려는 그 야망이 실패로 돌아간다. 장르 역사의 통일적이고 총괄적인 모델을 제시하는 것 대신, 우리는 당분간 다양한 장르의 역사 속에 개입하는 다수의 한정을 주는 것으로 만족할 것이다. 다양한 장르의 역사는, 우리가 앞서 보았던 것같이 구조 결과로 귀결될 수 없고, 시네마토그래프 이외의 현상이라는

---

14) 필립 루예, 《고어 영화. 피의 미학》, 같은 책, p.170-171.

단순한 해석이나 영화 속에서 사회적이고 정치적인 변형의 기록으로
도 서술될 수 없다: 첫번째 경우, 장르의 구조 변화는 그 역사적인 정
착을 은폐하고 있다: 두번째 경우, 오로지 영화와 무관하고 그 담화에
영향을 주는 상황에 두고 있는 강조는 장르가 구성하는 특유한 양식을
고려하고 있지 않다. 이러한 두 가지 장애 사이에, 의미·통사론적 정
의는(제2장, p.77-82 참조) 흥미로운 관점을 제공하고 있다. 이러한 이
중적인 접근은 장르간에 순환을 설명하고 시네마토그래프적이 아닌
변형을 통해 도입된 의미론적 단절을 특유한 장르의 통사론 안에 통합
하도록 해준다: 우리는 서부 영화에서 차용된 민속적 테마를 가진 할리
우드 뮤지컬 코미디 속에서 잠재하는 상승세로 그것을 이미 보았다(제
4장, p.149 참조). 〈밤새도록〉(셔먼, 1942)나 〈셜록 홈즈와 공포의 목소
리〉(로린스, 1942)처럼 몇몇 전쟁 영화에 관해서도 아마 동일한 지적
을 한다. 이 영화들은 '독일 적군'이라는 새로운 의미론적 요소들을
1935년 〈무법자〉부터 갱스터 영화의 성격같이 범죄자들을 처벌하는
우익 '경찰관들'의 통사론에 적용한다.[15]

약간 간결하게 요약해 보면, 시네마토그래프 장르의 역사를 만드는
것은 상황에 따라 변화하는 영화 장르 양식의 역사를 만드는 것이다.
결국 장르의 모든 역사는 개념의 이론적 컨셉트로부터 구축되었기 때
문에, 만약 우리가 장르를 정확한 시대와 상황 속에 주어진 표현 영역
속에서 나타나고 작용하는 구체적·미학적·사회문화적인 형상 중 하
나로 만들지 않는다면 이러한 명제는 설정될 수 없다. 이 명제는 본질
적인 접근으로, 또 장르들 속에서 보편적 영향력이 있는 원형의 표현
을 보여주는 초(初)역사적인 접근으로——이 책이 의도적으로 거의 널
리 퍼트리고 싶지 않은 것——모든 방향을 잃어버린다.[16] 이 마지막의

---

15) 릭 알트만, 《할리우드 뮤지컬 코미디》, 같은 책, p.133.
16) 스튜어트 카민스키, 《미국 영화 장르: 대중 영화의 비평적 이론을 위한 접근》,
데이턴, 플라움, 1974.

경우, 아주 단순하기조차 한 (형식 · 사고(思考) · 사회 등의) 역사에 대한 거부가 있는데, 왜냐하면 이념적으로 의심스러운 법령으로 자주 고양되고, 영원하고 초월적인 진리인 고대 신화를 장르로 반복하는 것에 만족하기 때문일 것이다.[17]

시네마토그래프 장르의 탄생

여전히 구성된 장르의 변화보다 더 실제적 사실로서, 장르의 출현은 —— '서부 영화' '탐정 영화' '뮤지컬 코미디' 등 장르 카테고리가 존재하지 않던 시대와 관객 · 비평가 · 제작자 등이 분명하게 장르 카테고리를 사용하지 않던 시기가 정말 있기 때문이다—— 너무 자주 유기된다. 작품을 '선사 이전'에 위치한, 장르의 거의 신화적인 기원으로 만들면서, 우리는 영화 출발점을 경험론적이고 과학적인 증명이 없는 장르에 주고 있다고 가정해 보자: 멜리에스의 〈달세계 여행〉(1902)은 최초의 공상과학 영화이고, 포터의 〈대열차 강도〉(1903)는 최초의 웨스턴이며, 루이스의 〈피의 향연〉(1963)은 최초의 고어 영화이다. 그 내용 · 미학 · 내러티브 도식을 시네마토그래프적이지 않은 장르에서 부분적으로 차용한 시네마토그래프 장르에 대해 우리는 시네마를, 또 다른 수단을 통한 대중문학이나 무대 예술의 계승자로 만든다. 이때 장르의 시네마토그래프적 질과 특성은 전혀 고찰되어지지 않는데, 왜냐하면 근원의 문제는 다른 영역으로 이동되기 때문이다. 그러므로 그 문제는 여전히 그대로 남아 있다: 왜 그리고 어떻게 우리는 탐정 소설에서 탐정 영화로, 쓰여진 공상과학 소설에서 공상과학 영화로, 브로

---

17) 이 주제에 대해서는 신화에 대한 융의 연구와 〈보편적인 혼합주의〉 속에 들어 있는 미르키아 엘리아데의 것을 참조.

드웨이 무대에서 할리우드 뮤지컬 코미디로 이행했는가? 대중문화의 인기 있는 형식이 필연적으로 하나의 미디어에서 또 다른 미디어로 이행할 수 있을 것이라는 설명은, 비록 이 설명이 모든 장르에 대해 주장할 수 없다 해도 대답의 요소를 물론 가지고 있지만, 왜 시네마가 일정한 시기에 이러한 소재를 독점하고 있는지, 왜 차용이 자주 데포르마시옹이나 재양식화로 변형되어지는지를 설명하기에는 충분하지 않다.

후에 적어 넣어진 탄생 행위

시네마토그래프 장르는 그 이름이 불리워지고 그렇게 지칭될 때만 나타나는데, 왜냐하면 장르의 존재는 공동체가 장르에 대해 가지고 있는 공유하고 합의된 의식과 관계가 깊기 때문이다. 이처럼 처음 장르의 출현은 **귀납적으로**, 세워진 카테고리에 대응하는 영화들 속에서가 아닌, 영화 위에 실행된 담론 속에서 찾아야 한다. 이런 사실은 우리가 벌써 장르 명칭의 생성을 보았었던(제4장, p.141-143 참조), 필름 누아르를 가지고 인정될 수 있는데, 왜냐하면 이것은 비평의 창조물이기 때문이기도 하지만, 모든 장르에 확대 해석할 수 있기 때문이기도 하다. 이처럼 할리우드 뮤지컬 코미디는 〈재즈 가수〉(크로스랜드, 1927)로나 〈브로드웨이 멜로디〉(보몬트, 1929)로 나타나지 않고, **뮤지컬**이라는 명칭이 1928-1930년까지 생산된 다이제시스적 음악 영화들을 소급하여 지칭하기 위해 부여된 1931년 초기부터 나타난 것이다. 릭 알트만이 그 시기의 비평 분석에서 그렇게 보여주었던 것처럼, 할리우드 뮤지컬 코미디는 이런 작품들이 후퇴하는 기간에, 뮤지컬 영화들이 공유한 약점들을 지각함으로써 탄생했고 점차적으로 옛날 명칭을 대신하였다.[18] 마찬가지로, 만약 '웨스턴'이라는 단어의 최초 명사형

---

18) 릭 알트만(1999), 《영화/장르》, 같은 책, p.34-36.

사용이 1910년부터라면, 그 사용이 서부에 대한 영화를 지칭하기 위해 공통적이고 체계적이 되기 위해서는 1920년까지 기다려야만 했다. 그러므로 서부 영화는 1903년에 〈대열차 강도〉나 20세기 중 초창기 15년 동안 잔인한 귀족들을 그린 **인디언 영화**로가 아니라, 역사적으로 새 시대를 긋는 카테고리의 의식으로 나타난다. 장 루이 뢰트라가 그렇게 지적한 것처럼, 이 장르의 역사가 시작한 것은 시네마토그래프 서부 영화에 관한 '담론적 실천'이 굳어질 때이다.

변형을 연구하기에 충분할 웨스턴의 '자연적 무대장식'은 존재하지 않는다. 자연적 무대장식의 역사에 이런 영역을 구축했었던 객관화의 역사를 대체해야 한다. 이 영역에서 연결, 만남, 동맹, 권력 게임, 전략 등이 주어진 순간에, 때때로 거의 직접적으로 증거로 기능할 수 있다.[19]

앞선 두 장(章)에서 보았던 것처럼, 장르는 전체적으로 비교할 만한 일련의 협약에 의해 지배받는 텍스트 구조에 있지 않을 것이다: 장르는 단지 해석의 카테고리이기 때문에 존재하고, 영화 장르의 해석이 수용 행위로서 인정받아졌을 때만 장르는 탄생할 수 있다. 그러므로 장르는 수많은 탄생 행위를 가질 수 있고, 다른 대중과 다른 국가로부터 다른 시기에 나타날 수 있으며, 경우에 따라 어떤 수용 상황과 또 다른 상황 속에서 존재할 수 있다.

이처럼 '페플럼'이라는 용어는 1960년대 프랑스에서, 에투알 광장 가까이에 있는 막 마옹 시네마에 자주 드나드는 파리 영화팬들의 입에서 탄생했고, 많은 대중 속에 퍼지기 전에 (성서·이집트·그리스·로마나… 더 판타스틱한) 고대를 주제로 한 역사적인 영화를 지칭하기 위해 《카이에 뒤 시네마》와 《포지티브》 비평가들의 펜대를 거친다.[20]

---

19) 장 루이 뢰트라, 《깨어진 동맹. 1920년대의 웨스턴》, 같은 책, p.17.

이 영화에서 등장인물들은──이들 전부나 일부──자신들이 고대 세계에 속한다는 확실한 표시인, 짧은 망토를 과시한다. 그러므로 이 탈리아 영화와 미국 영화를 원칙적으로 재분류한, 이 장르에 대한 의식은 〈쿼바디스〉(고아조니, 1912)나 〈카비리아〉(패스트로네, 1914)처럼 고대의 주제를 가진 이탈리아 무성 영화의 유명한 작품들과 〈십계〉(드밀, 1923)나 〈벤허〉(니블로, 1925) 같은 1920년대의 화려한 할리우드 스펙터클 영화 이후에 완전히 나타난다. 유성 영화 초기에 상대적으로 사라지고 그 다음 무솔리니 치하의 이탈리아에서 고대를 주제로 하고 이데올로기적 성향을 분명히 가지고 있는 영화 작품 이후──〈아프리카의 쉬피오네〉(갈로네, 1937)처럼 로마 황제의 영광스런 과거를 찬양하는 것──고대의 맥은 1940년대 말, 대량으로 할리우드 영화계에서 그리고 〈헤라클레스〉(프란시스코, 1957)의 성공에 이어 이탈리아에서 다시 나타난다.

그러므로 '페플럼' 장르가 탄생하려면, 방법의 웅장함이 자주 드러나고 때로는 창의적인 빈약함에 자리를 내어 주는 고대 주제에 대해 많은 예산을 들인 미국 작품과 이탈리아 영화 등의 프랑스 영화계를 향한 연속을 기다려야만 한다. 두번째 단계로는 약간의 스놉한 취향이 부족하지 않고, 이 영화들에 대한 1960년대 비평가들의 관심의 서막인 영화팬의 재부활이 일어나는 것 역시 필요하다. 처음에 이탈리아 영화에 예약된 이 용어는 그 후 고대를 주제로 한 영화 전체에 확대된다. 그러나 그 주제 면에서는 유사하지만 국적·예산·이데올로기 등의 면에서는 커다란 차이가 있는 영화를 포함하고 있는, '페플럼' 이라는

---

20) 이 용어는 클로드 아지자에 따르면 《카이에 뒤 시네마》 1961년 8월호에 리카르도 프레다의 《테살리아의 거인》에 대한 미셸 말도르 텍스트에서, 그 다음은 1962년 5월에 자크 시클리에 아티클 〈페플럼 시대〉에서 나타났다. 《포지티프》에서 제라르 르그랑은 1963년 3월 〈페플럼과 케이프〉라는 제목이 붙여진 텍스트에 이 용어를 이용한다. 클로드 아지자, 〈서문〉, 《시네막시옹》 89호, 〈페플럼. 고대 영화〉, 클로드 아지자의 지도, 파리, 코를레-텔레라마, 1998, p.10-11 참조.

명칭은 미국의 시네마토그래프 사용과 의식으로 옮겨가지 않는다. 대서양 저편의 제작자와 비평가들은 사실상 1950, 1960년대에 화려한 것을 우선으로 삼는 (고대가 아니라) 옛날을 주제로 한 역사적인 영화를 지칭하기 위해, 오늘날 '화려한 스펙터클'이라는 여전히 더 일반적인 개념으로 대신한 **서사극**이라는 용어를 이용한다: 그러므로 장르의 한계는 동일하지 않는데, 왜냐하면 〈국가의 탄생〉(그리피스, 1915)이나 〈1492〉(스콧, 1992)는 영화에서 〈십계〉(드밀, 1923과 1926)의 두 개 버전, 〈스팔타커스〉(큐브릭, 1960)나 〈글래디에이터〉(스콧, 2000)와 나란히 하고 있기 때문이다. 만약 '페플럼' 장르가 대다수의 이탈리아나 미국에서 수입된 당시 옛날 영화를 재분류하면서 1960년대 프랑스에서 탄생했다 해도, 미국에서는 이 장르가 여전히 탄생하는 중이다.

결국, 할리우드 장르에 할애한 수많은 연구는 **명사화된** 장르 라벨을 채택해야 할 필요성에 대해 주장하는데, 이는 장르에 대한 의식이 형성되기 위함이다. 존재하고 있는 장르의 명사에 성질 형용사의 단순한 첨가는 장소·어투·분위기 등을 명시하면서, 단순한 부차적인 한정을 대신하고 있다: 웨스턴이 보어로 쓰인 웨스턴 멜로드라마, 웨스턴 드라마, 웨스턴 코미디, 웨스턴 로맨스 등의 표현들은 서부라는 장소의 한정을, 다양한 장르에 속하는 것으로 확인된 영화들의 공통점으로 만든다. 이러한 표현들은 서부의 역사를 이야기하는 작품의 경향을 말해 주고 있지만, 웨스턴이라는 장르의 의식이 나타나는 것은 단지 형용사가 연결되어 있는 다양한 명사의 자리를 빼앗을 때이다. 이런 관점에서, 반복적으로 장르의 명칭에 연결되어 있는 형용사는 그 자체로 결코 장르의 명칭을 이룰 수 없다: 만약 로맨틱한 코미디, 로맨틱한 드라마, 로맨틱한 전기 등이 존재하고 있다면, '로맨틱' 장르란 없다. 아마도 형용사나 수식하는 표현이 가져다주는 정확성은 단지 하위–장르를 한정하도록 한다: '풍속' 코미디, '풍자' 코미디, '액션' 코미디, '로맨틱' 코미디 등은 '코미디' 장르의 하위–범주이다. 마찬가지로 비평을 통해 (재)정의된 장르의 경우, 새로운 명칭을 눈에 띄게 하는 인용부호들의 유기는 또한 장르의 강화를 알리고 있다: 메리 앤 도앤의 두 개의 텍스트, 즉 1984, 1987년의 영화 《더 디자이너 투 디자이너: 1940년의 여성 영화》 속에서 **여성 영화**라는 용어의 다양한 출현을 분석하고 있는 릭 알트만이 보여준 것처럼[21] **여성 영화**를 장르로 규정지으려는 것에 대한 망설임은, 어떤 때는 용어를 눈에 띄게 하기 위해 사용되고, 어떤 때는 유기되어지는 인용부호의 일관성 없는 실천 속에서 나타난다.[22]

이러한 '명사화'를 통한 장르 카테고리의 형성 모델이 할리우드의 제작과 수용 상황 속에서 충분히 조작적이라 해도, 우리가 미국의 수용 틀에서 빠져나올 때 또는 한 국가가 외인적 장르에 대해 가지고 있는 의식에 흥미를 느낄 때 더 논의할 만하다: 오래 전부터 프랑스에서 인정되고 프랑스 시네마가 극히 드물게 이름을 드날리던 두 개의 장르를 다뤄 보자면, 서부 영화는 미국에서 프랑스로 이행하는 반면, **뮤지컬**은 코미디 뮤지컬이라는 프랑스어로 남아 있다. 그런데 극적 코미디처럼 이중적인 장르의 명칭을 어떻게 만드는지 알기는 어렵다: 이 용어는 장르의 혼합을 표현한 복합적인 복잡한 단어인가? 이 용어는 시네마와 프랑스 시네마토그래프 어휘 속에서, 특정한 장르 구조에 대한 저항을 표현하고 있는가? 이 용어는 멜로드라마 형식의 프랑스식 변이형인가? 아니면 이 용어는 1932년 지너가 영화로 각색하고 1986년 레네가 반복한 헨리 번스타인의 〈멜로〉처럼, 진지한 불르바르 희곡의 각색에서 물려받은, 프랑스 영화에서 오래 전부터 나타난 특별

---

21) 메리 앤 도앤, 〈여성 영화: 포제션과 어드레스〉, 《라비전: 페미니스트 영화 비평주의에 대한 고찰》, 메리 앤 도앤 지도하에, 파트리샤 멜레캠과 린다 윌리엄스, 프레드릭, MD, 미국 영화연구소/아메리카대학 출판, 1984, p.67-82. 《더 디자이너 투 디자이너: 1940년의 여성 영화》, 블루밍턴, 인디애나대학 출판, 1987.

22) 릭 알트만, 《영화/장르》, 같은 책, p.73-76.

한 장르인가?[23]

문화적 상호 작용과 시네마토그래프 재창조

장르의 명칭과 의식은 그러므로 항상 특정한 상황 속에서 **귀납적으로** 나타나지만, 맨 먼저 지각할 수 있는 동일한 양식을 이용한 충분치 않은 양의 영화 작품을 가정하고 있다. 시네마토그래프 장르에 근원을 부여하는 것이 어렵다 해도, 근거의 결합만이 이러한 영화 시리즈가 연출되고 성공적으로 생산되었는지의 이유를 설명해 준다. 장르가 되도록 반복적으로 불리워진, 이러한 영화적 양식의 제작은 선(先)존 재하고, 문화적이며 시네마토그래프적인 협약의 산물, 즉 양식을 통해 특유하게 맞춰지고, 변형되며 **재창조**되는 산물임과 동시에, 역사적이고 문화적이며 시네마토그래프적 변화 덕택이다. 협약은 이런 새로운 영화를 잘 알려진 형식과 지표의 연장 속에 새기면서 수용할 수 있게 만들고, 반면 새로운 역사적인 경향은 이 영화에 그 특성을 부여하는 단절의 근원에 속한다.

필름 누아르는 가령 레이먼드 챈들러 · 대실 허미트 · 제임스 A. 케인 · 에릭 엠블러 등의 탐정 문학으로 대중화된 **하드 보일드 픽션**의 소설적인 모델에서 영감을 얻는다. 마찬가지로, 필름 누아르는 전쟁 전에 갱스터 영화에 영감을 주었던 범죄 영화의 맥으로 볼 수 있는데, 이 맥을 상당히 변형시키고 있다: 필름 누아르는 사립탐정(〈말타의 매〉 (휴스턴, 1941)에서 보가트가 연기한 말로가 그 원형이다)이나 비전문적인, 고독한 탐정의 인물을 정부 탐정인 G Man이라는 인물에 대체한다. 수수께끼 같은 줄거리 속에서 다루어지는, 개인주의적이고 사회화

---

23) 이 주제에 대해서는 다음을 참조: 주느비에브 셀리에, 〈앙리 번스타인과 1930년대 프랑스 시네마〉, 《시네막시옹》 93호, 르네 프레달 지도, 〈영화 연극〉, 파리, 코를레-텔레라마, 4반기 네번째 1999, p.82-88.

되지 않은 등장인물과 **플래시백**과 **무성**의 잦은 사용이 표현하고 있는 운명의 죄수는 조직적인 범죄와 탐정 기관 두 그룹을 대신한다. 더욱이 사회를 떠나 위치한 주역에의 집착은 갱스터 영화와 동시에 1930년대 사회 영화에서 반복된 의미론적이고 통사론적인 특징이다: ⟨공중의 적⟩(웰먼, 1931)이나 ⟨스카페이스⟩(혹스, 1932) 같은 갱스터 영화가 실직, 금지, 약간의 사회 폭력 등의 산물이고 징후인, 전설적인 범죄자의 반(反)사회적이고 비극적인 모습을 애매하게 찬양하고 있다면, ⟨나는 탈옥수⟩(르로이, 1932), ⟨너는 단지 한 번 산다⟩(랑, 1937)나 ⟨나는 범죄자다⟩(버클리, 1939) 같은 사회 영화는 오직 사회가 유죄와 범죄자로 만들어 버린 개인, 즉 희생자의 스토리를 자주 이야기하고 있다.[24] 필름 누아르는 원칙적으로 1930년대 장르에서 남자 주인공을 특징짓는, 사회적 고립을 반복하고 그리고 팜므 파탈이 되기 위해 가족의 틀에서 여성을 나가게 하면서, 여성 등장인물에게 사회적 고립을 일반화하고 있다. 더욱이 이러한 고립은 더 이상 사회 구조의 행위가 아니라, 일종의 자연적인 소재를 이루고 있다. 미국 영화 특히 판타스틱한 영화 속에 이미 정착되어지고, 영국식의 영감과 독일식의 비주얼 스타일 등으로 된 고딕식 줄거리의 영향은 역시 필름 누아르, 특히 ⟨로라⟩(프레민저, 1944), ⟨창문의 여인⟩(랑, 1944), ⟨가스등⟩(쿠커, 1944), ⟨드래건윅⟩(맨케비츠, 1946) 등으로 연장되고 있다. 그러므로 장르는 장르와 존재하는 스타일의 교차와 변형으로부터 형성되는데, 여기서 전쟁과 전쟁 후의 변화는 형식을 부여할 것이다.

1940년대 필름 누아르의 출현은 전쟁 기간을 특징짓는 국가적 통일체의 이데올로기적 침식과 동시에 일어나는 페시미즘과 무력감을 표현하고 있다; 팜므 파탈이라는 등장인물의 출현은 남성성의 위기를 나

---

24) 장 루 부르제, 《미국 시네마(1895-1980): 그리피스에서 치미노까지》, 파리, 프랑스대학 출판, 영어권 세계, 1983, p.76-78.

타내고 있다; 주인공들을 고독과 좌절의 경험으로 내몬 '정상적인' 가족 관계의 부재는 여성의 지위와 역할 변형(가령 전쟁 산업에서 대량의 여성 징집 행위)으로 인해 야기된 걱정을 대신하고 있다. 실비아 하비가 그렇게 말한 것처럼 "필름 누아르의 등장인물을 통해 표현된 상실과 소외감은 전후의 불황과 동시에 미국 경제의 재구성 결과 때문으로 포착될 수 있다."[25] 더욱이 필름 누아르의 분위기는 조르주 립시츠의 분석을 반복해 보면, '정반대의 사회적 행동, 즉 무질서한 파업과 냉전의 내적 논리를 파악하고 있다':

　공동체의 삶에 대한 열망, 고립의 두려움, 옳은 삶을 위해 싸울 필요성, 권력의 소지자를 향한 깊은 반감 등에 역점을 두면서, 필름 누아르는 무질서한 파업과 대중 소요의 모티베이션을 재현하고 있다. 이 장르를 특징짓는 사회적 반대의 편집광적인 기대조차 새로운 의식에 메아리친다. 즉 개인적인 목표는 정말로 전통적인 규범에 의거해 불법이라고 판단할 수 있을 것이다.[26]

1945-1946년 전례 없는 규모의 야만적인 파업을 특징짓는 혁명과 유사한, 합법성에 대항한 혁명은 필름 누아르 속에서 법을 위반한 주인공들에게 있다. 그런데 필름 누아르에서 혁명은 사회 전체를 위한 행동 규범이 되고 있다. 그러나 같은 시기에, 장르가 표명하는 불운과 학대의 감정은 죄책감을 표현하고 세계관을 확인하고 있다. 이 세계관은 미국인들을 외부의 힘이나 냉전이라는 보수적인 이데올로기에 일치된, 내부로부터 온 배신 등으로 인한 불행한 희생자로 만들고 있다. 이처럼 필름 누아르는 동시에 약속을 지키지 않고, 지배자에 의해

---

25) 실비아 하비, 〈여성의 자리; 필름 누아르 속에서 가족의 부재〉, 《할리우드 재고. 앵글로-아메리카의 새로운 비평》, 같은 책, p.194.
26) 조르주 립시츠, 〈필름 누아르와 냉전〉, 같은 책, p.171.

유지되고 할리우드로 교체되는 등, 이러한 미국 앞에서 대중의 냉대를 표현하고 있다. 그러므로 필름 누아르는 변형시키는 데 기여한 아주 오래된 형식 속에, 대립하는 현실적 고통을 결집시키고 있다.

시네마토그래프 장르의 탄생은 항상 요소들의 결합 행위이고, 몇몇 시네마토그래프 장르와 몇몇 문화적 형식이 서로 만나는 과정의 결과지만, 확인할 수 있는 영화적 양식이 세워지기 위해서는 특별한 역사적인 상황을 필요로 한다. 시네마토그래프 산업은 또한 이런 상황에 개입한다. 이처럼 시네마토그래프적 서부 영화는 19세기 말과 20세기 초에 시네마와 다른 벡터들에 의해 구축된 서부 신화론을 연장하고 있다: **와일드 웨스트 쇼**(wild west shows)는 오두막집이나 개척자들을 실은 마차의 공격과 같은 신처럼, 그 스펙터클 속에 깃털을 꽂은 평원의 인디언과 재주있는 카우보이에 대한 스테레오타입을 고정시키고 있다; 서부에 대한 삽화가 · 사진작가 · 화가 등은 경치의 로맨틱하고 신비로운 이미지를 제시하거나 프레드릭 레밍톤과 찰스 **M**. 러셀에 따라, 로컬 신의 스펙터클을 찬양하고 있다; **펄프**, 이것은 삽화가 넣어진 잡지로 그 시리즈는 분명히 20년대에 시네마토그래프 장르의 구분을 다시 취하고 영화를 위해 줄거리의 중요한 보유고를 제공한다. 다시 말해 펄프는 그 이미지와 텍스트 속에 서부에서 일어난 멜로드라마식의 에피소드를 대중화시킨다. 마치 여러 개의 **싸구려 소설**의 이야기, 다시 말해 버팔로 빌이나 달톤 형제들을 전설적인 인물로 변형시키는 데 기여한, 여러 가지 주제의 시리즈로 구성된 발행 부수가 많은 싸구려 소설의 이야기처럼 말이다. 1893년 정복에 성공한 이후 쓰여진 프레드릭 잭슨 터너의 책 《미국 역사 속에서 국경의 중요성》에 이어, 저 멀리 서부 쪽으로, 항상 밀쳐진 경계선은 민주주의를 조장했고 개척자들을 이들의 유럽 기원으로부터 해방시키면서 미국 대중의 성격을 형성했다는 논문이 마침내 펼쳐진다. 시네마의 초창기 15년 동안, 이러한 서부 신화론은 필요한 경우에는 '서부 영화'의 모습을 띤 여행 영화, 범죄 영화, 멜로드라마나 **슬랩스틱**만큼 다양한 장르 속에서 자주 반복된다.[27] 그러나 서부에서 일어난 영화는 1910년대 말에 서부의 영화가 되고, 이때 이 영화는 더 반복적으로 **야생성/문명성**이라는 대립 속에 그 이야기를 구조화하고 인디언이 공격자가 되는 멜로드라마식 구조 속에 그 행동을 구성하기 시작한다(비록 벌레스크 형식이 1920년대까지 존속하고 있다 할지라도 말이다). 새로운 이주의 물결이 일어나고 불안케 한 시기에, 시네마토그래프를 포함해 국가적 정체성의 출현으로 인해, 우리는 상징적이고 정체성을 드러내는 대단히 잠재적인 미국의 장르를 서부 영화 속에서 발견한다. 결국, 미국 영화 산업의 변형은 이러한 새로운 장르의 출현으로 필수적이다: 영화사들은 서부 영화를 위해 자연적 무대장식을 발견할 수 있는 서부 쪽을 향해 점차적으로 이주하고, 마치 다른 곳, 특히 유럽에서 서부에 대한 영화를 촬영하기에는 더욱 어려운 것처럼, 서부 영화는 미국과 외국 시장의 정복 전략에 꼭맞는 것 같다. 그러므로 이러한 영화 장르의 대량 생산은 완전히 경제적 측면으로 판단된다. 일단 시네마로 종합화되고 어휘화되자, 서부 영화는 결국 할리우드 목록에서 1920년대에 전체적으로 사라지고 마는 남북 전쟁에 관한 영화, 북극권 드라마, 동물 영화, 인디언 영화, 서부의 멜로드라마 등과 같은 시네마토그래프 작품의 또 다른 카테고리를 대신하고 있다.

'장르화' 개념

우리는 장르와 장르 이름의 생성과 출현을 설명하는 특별한 역사적 유산을 넘어 장르의 논리 이론과 연결될 수 있는, 시네마토그래프 장

---

27) 우리는 장르의 기원에 서부의 노래, 서커스, **싸구려 소설**의 연극적 각색, 로데오 등을 첨가할 수 있을 것이다. 세부적인 장르 기원의 역사를 위한 참고: 장 루이 뢰트라, 《웨스턴: 장르의 고고학》, 리옹, 리옹대학 출판, 1987.

르 형성의 일반적인 모델을 제시할 수 있는가? 릭 알트만이 장르의 탄생을 영구적인 '장르화' 과정으로 생각하도록 제안한 것은 이러한 질문에 대답하기 위함이다. 이런 신조어를 통해 그는 '카테고리들의 군혀짐과 분산 사이에 변함없고 생산물들의 차이화라는 자본주의적 욕구(대중문화의 특성)에 밀접하게 연결된 변증법(유형과 용어론의 역사를 지배하는 변증법)'을 원한다.[28](제3장, p.88-94 참조). 확장과 군혀짐이라는 이중의 원칙은 이처럼 릭 알트만이 네 단계로 서술한 장르 생산의 무한한 과정을 지배하고 있다.[29]

— 그들 고유의 성공 영화를 모방하면서, 스튜디오들은 **우선** 팔기 쉽고 그 고유한 라벨에 합치될 영화 시리즈를 전수시키려고 노력한다. 스튜디오들은 그러기 위해 새로운 요소들을 존재하고 있는 장르에 첨가할 수 있다. 그들은 존재하고 있는 장르의 의미론과 통사론을 부분적으로 쇄신한다. 더욱이 시리즈 영화의 특성을 알리고 있는 품질 형용사는, 그때 현행하는 장르의 명칭에 자주 첨가된다.

— 만약 이 시리즈가 성공하고 다른 스튜디오들이 동일한 제작법의 성분들을 모을 수가 있다면, 시리즈는 장르가 된다.

— 이때 형용사 속에 포함되어져 있었던 시리즈의 한정은 명사화되며 새로운 장르 이름 자체가 된다.

— 일단 스튜디오 전체가 장르를 인정하고 공유한다면 혹은 장르가 포화 상태가 되었을 때, 이 장르로부터 새로운 장르화 과정을 착수하게 되는, 새로운 시리즈를 창조하거나 버리는 것이 더 이익을 가져다 준다.

시리즈 모두가 장르가 되는 것이 아니고 몇 가지 새로운 장르만이 다른 것들보다 더 공고히 굳혀진다. 가령 서부 영화와 뮤지컬 코미디

---

28) 릭 알트만, 〈다시 이용할 수 있는 꾸러미: 총칭적 생산물과 재순환 과정〉, 〈시네마 장르의 개념에 대해〉, 《아이리스》 20호, 같은 책, p.26.

29) 위의 책. p.20.

의 경우는 장르화가 더 쉽고 빠르게 일어나고 있다는 것을 보여주고 있다. 시리즈를 특징짓는, 품질형용사가 존재하고 있는 수많은 장르 카테고리와 결합될 수 있을 때 말이다. 더욱이 이런 장르화 과정은 비평가들이 옛날에 한정된, 영화 시리즈를 완전히 장르로 만들기를 주저하는 이유를 이해하도록 한다. 이것은 가령 1970년대 재앙-영화나 1980년대와 1990년대 말 액션 영화의 경우이다──비록 〈러시 아워〉(래트너, 1998)의 다양한 제작 상영에서 뤽 베송에 의해 그 당시 창작되었던 (그러나 감독되지는 않은) 수많은 영화들까지, 영화계에서 규칙적으로 보여주었던 액션 영화는 아마도 장르화의 주행을 성취하지 않았음에도 불구하고 말이다.

이러한 시리즈/장르 과정은 그 역동성으로 인해, **하위-장르와 시리즈** 사이에 혼동을 어느 정도 피하도록 해준다. 이 하위-장르들은 장르의 스토리에 따라 드러내어지고 장르 양식의 특별한 한정 결과로 생기며, 시리즈는 주어진 시기에 커다란 중요성을 가질 수 있지만 장르의 확장과 일시적인 단순한 다양성이다: 그렇기 때문에 마치 〈위험한 독신녀〉(슈로더, 1991)나 〈환생〉(브래너, 1991)이 하위-장르는 아니지만 시리즈인 것처럼, 적량의 로맨티즘과 (모호한) 소량의 페미니즘을 스릴러에 첨가하면서, 가령 1990년대 초기에 여주인공을 연출시키고 여성대중을 장르에 끌어들이려고 시도한 것은 스릴러 영화였다.

할리우드 밖에서의 장르화

이러한 장르의 창조 모델은 할리우드 시네마에 있어서는 충분히 조작적으로 드러난다. 다시 말해 스튜디오 구조화와 회사들 사이에 경쟁의 논리 속에서, 그리고 또 다른 대중매체나 또 다른 시네마토그래프에서 온, 외적 영향을 소화할 정도로 충분히 강한 자율적인 시네마토그래프의 문화적 공간 속에서이다. 이러한 틀을 떠나, 장르의 창조 모델은 수정되어지기를 요구한다: 가령 1950년대 프랑스 영화처럼, 정체성을 드러내는 문화적인 차원을 유지하는 데 마음을 쓰는 동시에 지배적인 시네마토그래프와 미국의 영향에 민감한 자율적이지 못한 시네마토그래프의 경우이다. 이런 상황, 즉 스튜디오가 아닌 상황 속에서 장르화 과정은 역시 확장으로 일어나지만, 존재하는, 즉 국가적 장르에 그 자체가 정체성을 드러내는 국가적인 요소와 아메리카적 요소 등의 혼합에서 파생된, 낯설고 새로운 한정과 자질 등을 결합시킨다. 1960년대까지 프랑스에서 인기였던 '흑색 총서'(검은 표지의 추리 소설 시리즈) 장르는 적격한 예로 볼 수 있다.

　장르화 과정은 아주 각색의 경향이 있는 프랑스 시네마에 관계하기 전, 무엇보다도 먼저 탐정 소설 속에서 요령을 배운다. 갈리마르 출판사에서 뒤아멜이 이끌었고, 전쟁 직후 앵글로색슨(먼저 영국의 피터 체니, 제임스 해들리 체이스, 그 다음 미국의 레이먼드 챈들러·제임스 케인·호레이스 맥 코이) 작가들의 작품을 출판한 '흑색 총서' 컬렉션은 미국 필름 누아르의 프랑스 영화계에 도착과 프랑스 시네마토그래프 비평 속에서 이 장르의 출현과 동시에 놀라운 성공을 거둔다. 이러한 성공은 경쟁 출판사, 특히 탐정 장르 분야에서 앵글로색슨의 공격에 대항하기 위해 프랑스 작가들을 모으고 있는, 플뢰브 누아르 출판사에 경쟁자를 만든다.[30] 알베르트 시모냉·오귀스트 르 브르통·샌 안토니오·미셸 오디아르 등은 앵글로색슨식의 모델에 파리의 야유와 은어를 불어넣는다. 〈탕헤르 미션〉(1949), 〈금발미녀를 조심하라〉(1950), 〈죽음의 여명〉(1951) 등 탐정 3부작은 신문기자와 그의 충실한 사진작가의 모험을 이야기하고, 훈너벨이 감독하고 오디아르가 쓰고 대화체로 고쳤으며, 피에르 빌라르드에 따르면[31] 문학적 '흑색 총

---

30) 1950년대에 뒤아멜 컬렉션이 역시 만든 것이지만, 대개의 경우 가명의 미국인 이름으로 그 작가들을 알리게 하고 있다.

서'와 시네마토그래프 '흑색 총서'를 접목하고 있다. 흑색 총서 영화의 정착은 〈야성녀 아이비〉(보르데리, 1953)에서 레미 코션의 연기를 한, 에디 콘스탄틴에 의해 쉽게 되었다. 이 영화에서는 **FBI** 요원의 모험에 관한 초창기 일면을 다루고 있다. 그리고 피터 체니의 주인공에서 영감을 얻은 미국인 요원 임원이자 고독한 모험가인, 게으른 동시에 아이러니한 이 등장인물은 수많은 '흑색 총서' 영화들을 표지하게 될 패러디 스타일을 부여하고 이 장르를 프랑스 대중이 수용할 수 있게 만든다:

　　등장인물의 모호성은 ( ) 미국 시네마와 프랑스와의 관계의 모호성을 잘 표현한다(매혹과 반감, 시기와 거부 등의 혼합). 그 최상의 것을 보면, 흑색 총서 영화는 미국 영화에 대해 프랑스 영화인들이 느끼는 애정과 조롱으로 제작된 가짜 미국 영화이다.[32]

레미 코션의 모험 영화의 뒤를 이어 그리고 이 모험 영화와 나란히, 흑색 총서 영화는 스파이 영화에 투자한다: 보르데리가 감독한 〈고릴라가 당신에게 잘 인사한다〉(1958)는 '고릴라' 시리즈를 열고 있다. 여기서 리노 벤츄라는 중심적인 역할에 있어 로저 해닌으로 대치된다: 우리는 샤브롤의 〈호랑이는 신선한 고기를 좋아한다〉(1964)와 〈호랑이 다이너마이트 냄새를 맡다〉(1965)에서 나온 **DST**의 요원으로 이와 동일한 해닌을 재발견한다. (가뱅이 연기한 **매그레** 서장처럼) 더욱 전통적인 탐정의 픽션을 벗어나, 흑색 총서는 역시 범죄 영화를 변형시키고 있는데, 이 범죄 영화는 〈현금에 손대지 마라〉(자크 베커, 1954)에 이어, 약간 지쳐 있고 나이든 전문인들에게 특권을 부여하는 경향이

---

31) 피에르 빌라르드, 《시네마의 고전 시대. 유성 영화에서 누벨바그까지》, 파리, 플라마리옹, 1995, p.548.
32) 위의 책, p.550.

있다. 흑색 총서 영화는 탐정 장르와 스파이 장르를 변형시키면서 이처럼 새로운 시리즈를 허용한다: 비록 〈커다란 위험〉(소테, 1960)과 〈두번째 숨결〉(멜빌, 1966)이 용어의 영속성을 증명한다 해도, 그럼에도 불구하고 장르화 과정이 그 용어로 계속되기까지는 확실하지 않다. 사실상 매우 빨리, '흑색 총서' 시리즈는 자아(自我) 조롱과 패러디 경향으로 표지되는데, 이러한 경향은 로트네르, 즉 그의 작품인 〈블랙 모노클〉(1961-1964), 〈젠틀 건맨〉(1963), 〈위대한 스파이 체이스〉(1964) 등 '컬트' 모험으로 1960년대에 절정에 달하고 있다.

전후 일본 영화의 경우, 시리즈로 장르를 확장하고 그 다음 이 시리즈의 견고함으로 새로운 장르 속으로 사라진다는 것을 가정하는 장르화 모델은 재가치평가되어지기를 요구하는데, 이노시로 혼다의 〈고질라〉(1954)에 이어 나타난 '가이주 에가(일본의 괴수 영화)'나 '몬스터 영화'의 예가 보여주고 있는 것과 같다. 이러한 영화는 일본의 가상의 판타스틱 영화의 확장으로 간주되고 있다. 이 판타스틱 영화는 '몬스터(bake-mono)'나 '괴담' 같은 일본의 유령 영화 작품 속에서 윤곽이 드러나고, 이 유령 영화의 근원은 가부키 연극을 통해 일본에 적용된 중국 콩트이다: 사실상, 메이지 시대 이전의 주제로 된 시대 영화(시대극)와 동시대의 주제로 된 영화 사이에 기본적인 대립으로 구조화된 장르 시스템 속에서, '가이주 에가'는 동시대의 주제로 된 영화(원자로 인해 탄생하고 소생한 몬스터는 영화에서 현대의 일본 도시를 위협한다)인 반면, 1940-1950년대 영화계에서 매우 대중적이고 가령 〈우게츠 이야기〉(미조구치 겐지, 1953)가 관련되어 있는 '몬스터'는 시대 영화이다. 더욱이 '몬스터'는 사적인 드라마(가령 이 영화에서 살해당한 신부의 망령이 자기 죽음의 책임자들에게 복수하러 온다)인 반면, '가이주 에가'는 국가적인 드라마로, 여기서 몬스터는 나라 전체를 위협하고 있다.[33] 이 몬스터 영화는 정말로 히로시마와 나가사키에서 일어난 핵 폭발의 심한 충격과 두 미국 장르의 수용에서 탄생한다: 1930년대 몬스터가 등장하는 미국 판타스틱 영화를 말하는 것으로, 혼다의 영화는 분명히 거기서 영감을 얻었으며 그는 처음 〈킹콩 탈출〉이라는 제목으로 프랑스에 개봉된 〈킹콩 역습〉(혼다, 1967)에 생명을 불어넣는다. 〈킹콩 탈출〉을 보면, X 방사선 요소를 소유하기 위한 투쟁을 배경으로, 큰 원숭이가 악마 같은 닥터 후가 자신의 이미지대로 조립한 로봇 메치니콩과 맞서 싸우고 있다. 이는 냉전에 대한 망상증과 원자의 위협에 흠뻑 젖어 있는 1950년대 미국의 공상과학 영화로 볼 수 있다.

장르의 교차와 교체

구성된 장르의 역사는 대중성의 상승과 전락으로 표지되고 있는데, 이는 생산된 양(量)과 마찬가지로 영화로 올린 수입량을 통해 뚜렷이 드러난다. 더욱이 장르에 그 아이덴티티를 주고 있는 의미·통사론적 균형은 사회, 대중, 제작법에 관계하는 경제나 문화적 변화의 영향으로 끊임없이 변형된다. 이러한 균형은 또한 감독들이 장르의 협약에 가져다주는 이노베이션 때문에 변화한다. 그리고 이노베이션이 다른 감독자들에 의해 반복되어지면, 이것은 새로운 균형을 창조할 수 있다. 마침내 이러한 균형은 영구적으로 장르화 과정에 따르고 있다. 이 장르화 과정은 비록 새로운 장르의 출현까지 가지는 않는다 해도, 혼합과 교차를 고무시키고 있다. '장르의 역사는 의도, 궁극성, 아이덴티티 등이 동시에 나타나도록 할 수 있는 지속적인 움직임일 수 없다.'[34]

---

33) 막스 테시에, 《일본 영화의 이미지》, 파리, 앙리 베이리에, 1990, p.111-121.
34) 장 루이 뢰트라와 수잔 리앙드라 기그, 《서부 지도. 시네마토그래프 장르: 웨스턴》, 같은 책, p.133.

결합과 단절

《깨어진 결합》에서 서부 영화에 대해 장 루이 뢰트라가 제시한, 이 두 가지 용어는 장치를 일시적으로 고정시키고 새로운 구성에 그 자리를 남겨 주기 위해 삭제되는 이러한 연속적인 결합으로 장르의 역사를 서술하도록 한다. 이처럼 1920년대의 흐름 속에서까지 서부 영화는 (많은 줄거리의 멜로드라마식 구조를 극소화하는) 뢰트라에게 있어, 역사와 벌레스크와의 주요하고도 대립되는 두 개의 결합으로 특징지어진다. 이 벌레스크는 그 서툶이나 비겁함으로 인해 웃게 되는 부차적인 등장인물들의 규칙적인 사용과 반복적인 코믹한 상황 등을 통해서 드러나고 있다. 그러나 **슬랩스틱**과 이 장르의 공모는 이야기의 리듬과 배우들의 제스처에서 특히 눈에 띈다. 즉 이들의 육체는 "픽션을 이끌어가고, 그리고 배우에 픽션의 방향을 부여하는데, 그 반대는 있을 수 없다."[35] 서커스와 로데오 요소를 수정한 액션과 즉흥적인 몸짓 신부터 벌레스크 에피소드까지, 곡예와 몸짓은 모든 심리학적 밀도보다 우선으로 간주되고 있다: 1910, 1920년대에 200편에 달하는 서부 영화의 주역을 맡은 톰 믹스의 연기는 그의 소란과 육체의 민첩성을 통해 버스터 키튼이나 해럴드 로이드의 연기를 환기시키고 있다.

이러한 벌레스크와의 결합은 흐려져서 1920년대 말에 결국 끊어지고 만다. 분명히 미국 건국의 이야기가 되고 있는 장르 속에서 역사의 첫 등장을 통해 얻어진 심리학적 깊이는 유성 영화의 도래와 '자연스런' 연기(게리 쿠퍼의 연기처럼) 모델의 영향으로 확대된다. 심리학적 깊이는 결국 서부 영화로부터 무대술과 벌레스크와 함께 공유하고 있는 코믹한 요소들을 쫓아내고 만다. 리듬, 민첩한 육체의 스펙터클,

---

35) 장 루이 뢰트라, 《깨어진 결합》, 같은 책, p.134.

움직임과 액션 등은 미국 건국에 대한 전설의 수립과 인간의 이기심에 첫번째 자리를 양보한다. 〈스트레이트 슈팅〉(포드, 1917)에서 배회하는 서부인에 대해 보면, **서부인**이 항상 일할 채비를 갖추고 있어야 하는 부유한 소유주의 잔혹함과 동시에 가난한 농부의 딸이라는 인물의 사랑을 발견하면서, 1910년부터 해리 카레이가 역할을 맡은 주인공들은 육체적인 능력을 과시하는 스펙터클에 대체되는 동화(同化)·동정·두려움 등을 불러일으킨다.

시네마토그래프 장르를 또 다른 시네마토그래프 장르나 혹은 또 다른 문화적 표현에 연결시키는 이러한 결합은 장르의 혼합을 고무시키거나 설명해 주고 있다. 이처럼 이러한 결합 관계는 분명히 일정한 시기에 지배적인 형식과 혹은 이데올로기적 내용이 제시되거나 고찰된 시기의 특수한 정세에 연결되는 문제에 대답을 부여하는 장르 등과 결합되는 경향이 있는 것 같다. 우리는 이런 식으로 거국일치의 상황과 공동체의 전통적인 가치에 대한 호소 등이 어떻게 제2차 세계대전 동안, 뮤지컬 코미디와 서부 영화 사이에 결합을 고무시켰는지 이미 보았다(제4장 참조). 마찬가지로, 1940년대와 1950년대 초기에 필름 누아르는 수많은 다른 장르에 영향을 주는데, 그 중 멜로드라마를 꼽을 수 있다. 필름 누아르의 운명적인 분위기, 압도적인 무대장식, 강하게 대조적인 조명등은 가장 일상적인 표현적 상징의 제스처를 하고, 감정적인 상태를 무대장식 요소에 이동시키며 압축시키는 등 할리우드 멜로드라마의 경향을 강조하고 있다. 더욱이 필름 누아르의 범죄 줄거리는 이 시기에 자주 멜로드라마 모티프와 결합된다. 즉 〈그녀를 천국으로〉(스탈, 1945)나 제임스 케인의 소설을 각색한 〈밀드레드 퍼스〉(커티스, 1945) 같은 영화로 두 장르 사이에 구분을 무효로 만드는 효과를 가지고 있다.[36) 〈밀드레드 퍼스〉에서 경찰의 수사는 내레이션의 형식 자체, 즉 밀드레드가 플래시백으로 세 가지 이야기를 하는 동기가 된다: 그녀는 이야기에서 동업자이자 두번째 남편인 몬테 베라곤의 살해 상황을 설명하고 자신의 직업상의 성공에서 몰락까지, 즉 직업상의 실패, 동시에 사랑과 모성애의 마지막 실패까지 자기 생애에 대한 이야기를 한다. 영화는 등장인물 겸 내레이터인 밀드레드가 이야기하고 있는 긴 시퀀스의 획일적인 조명과 베라곤의 초기 살인부터 수사관에게 밀드레드의 거짓까지, 현재의 신을 특징짓고 있는 강하게 대조되는 조명 사이에 놀라운 시각적인 대조를 제시하고 있다. 그녀의 모성애적 사랑, 직업적으로 성공하려는 그녀의 의지, 여성 멜로드라마의 특징처럼 그녀가 희생양이 되게 만든 (그녀의 딸과 남자 동업자들 쪽에서의) 이중의 배신 등을 주제로 한 여성 등장인물의 담화는, 팜 쿡[37]이 그렇게 지적한 것처럼, 필름 누아르의 비주얼한 스타일과 남성 담화 속에서 이처럼 완전히 다루어진다. 한편 영화 내부에서 남성 담화에 여성 담화의 종속은 영화 시나리오의 역사를 반영하고 있다: 1930년 **여성 영화**의 규칙에 충실한 초창기 버전들은 캐서린 튜니라는 여성에 의해 쓰여졌다; 그러나 〈밀드레드 퍼스〉를 필름 누아르로 만들도록 운명지어 준, 남성 시나리오 작가를 통한 연속적인 재글쓰기는 초창기 버전을 변형시켜 튜니가 영화 첫머리 자막에서 자신의 이름을 끄집어 내려고 작정할 정도이다.[38] 팜 쿡에게 있어 '필름 누아르'의 전형적인 첫번째 신(베라곤의 살해)은 현재 이후에 시퀀스가 반복하곤 하는, 의혹의 분위기를 정착시키고 관객으로 하여금 밀드레드 이야기보다도 남성 탐정의 관점과 수사를 더 따르지 않을 수 없게 한다. 영화 초기에는 사실상 총알로 상처투성이가 된 몬테의 육신이 거울 속에 반사되고, 그 다음 밀드레드의 이름을 발음하고 있는 그의 고통스런 얼굴에

---

36) 장 루 부르제, 《할리우드 멜로드라마》, 같은 책, p.257-265: 필름 누아르를 통한 멜로드라마의 일반적인 혼성 상태 참조.

37) 팜 쿡, 〈밀드레드 퍼스 이중성〉, 《필름 누아르 속에서 여성》, 같은 책, p.68-82.

38) 린다 윌리엄, 〈밀드레드 퍼스, 제2차 세계대전과 영화의 페미니스트 이론〉, 《시네막시옹》 67호, 〈시네마에서 페미니스트 연구 20년〉, 같은 책, p.115.

클로즈업을 한다; 방파제 위에서 걷고 있는 절망에 빠진 밀드레드의 장면은 총을 쏘았던 인물을 촬영하는 대신, 몬테의 뒤를 잇고 있다. 그 다음은 물론 관객으로 하여금 긴 생략이 이 두 가지 사건을 분리시키고 밀드레드가 유죄가 아님을 깨닫게 할 것이지만, 이러한 숨김은 여주인공에 대한 의심을 가중시키면서 밀드레드가 하는 이야기의 믿음을 떨어뜨린다. 여성 멜로드라마의 담화는 필름 누아르에 여성 담화의 종속으로 인해 여기서 흐리게 되고, 그리고 밀드레드 퍼스는 이런 두 장르를 혼합하고 있는 많은 또 다른 영화의 여주인공들 식으로, 강하거나 미친 여성, 희생양이나 죄인의 모습 등으로 간주될 수 있다. 우리는 이러한 열린 해석 속에서 할리우드 시네마의 여자를 싫어하는 망설임과 동시에 필름 누아르에 내재해 있는 선과 악의 모호성을 재발견한다. 더욱이 이러한 이중의 언어는 1940년과 1950년대 고딕 영화의 특징인 것 같다. 노엘 뷔르슈는 이러한 고딕 영화를 엄밀하게 남성 누아르 장르에 여성을 장식한 것으로 간주하고, 우리는 고딕 영화가 멜로드라마와 필름 누아르가 결합한 것이라고 인정하는 데 동의한다. 이러한 '편집광적인 여성들'의 영화는 〈가스등〉(쿠커, 1944)이나 〈드래건윅〉(맨케비츠, 1946)처럼 정당하게 혹은 〈레베카〉(히치콕, 1940), 〈의혹〉(히치콕, 1941), 〈이탈리아 별칭〉(랑, 1948)처럼 부당하게 이 여성들을 죽이고자 하는 이들의 남편에게 혐의를 두고 있고, 남편의 의도와 부인의 마조히스트적 욕구에 전체적으로 의문을 남긴다: 영화가 여성 등장인물이 옳다고 인정할 때, 편집광적인 여성이 자신의 비극적 운명이 이루어지기를 기원했다는 의혹이 남는다; 이 여성이 실수할 때, 지리멸렬한 해피 엔드는 이러한 때늦은 폭로로 인해, 남편의 실제적인 결백과 약간 마조히스트적인 여성의 수락에 관한 의심이 지속되게 한다.[39]

불운과 행운

장르는 시간에 따라 성공 시기와 좋지 못한 기간을 겪는다. 장르의
변화하는 대중성은 대중의 현실적인 관심사로 장르의 테마·가치·영
상기술 등이 찾고 있는 사회문화적인 일치와 동시에, 시네마토그래프
산업이나 정치적 권력이 그 이야기로부터 끌어낼 수 있는 이데올로기
적 이득으로 설명된다. 이런 식으로, 1950년대에 공상과학 영화의 성
공은 첫째, 주민들 사이에 확산된 핵 분쟁의 두려움과 둘째, 이타성(理
他性) 때문에 두려운 만큼 걱정스런 적을 숨기고 있는 냉전의 이데올로
기적 전제사항과의 일치로 인해 아주 덕을 입었다. 독일군의 프랑스
점령 시기 동안 프랑스에서 (220편의 영화 중 90편 가까이 되는) 멜로
드라마의 유행은 여성 등장인물을 상위에 두고 노엘 뷔르슈와 주느비
에브 세리에가 그렇게 보았던 것처럼, 1930년대 프랑스 시네마를 통해
남성과 여성 등장인물/배우들 사이에 세워진 관계를 타파하고 있다:

세계대전 전의 시네마는 첫째 남성의 역할에 특권을 주는 한편, 모든
혼동된 경향과 단계였던, 독일군의 프랑스 점령 시대 이후의 시네마는
자주 여성을 조종석에 놓을 것이다. 만약 우리가 여성의 독립 투쟁에
대항한 비시파의 이데올로기에 의해 가해지는 무시무시한 공격에 대해
생각해 보면 역설적이다(⋯). 그러므로 독일군의 프랑스 점령 시대 이후
의 시네마는 인물상의 '하나의' 논리를 직접 가리키고 있는 여성 등장
인물들의 이상화를 보여주고 있다. 가비 모렐리부터 마들렌 솔로뉴까지
보면, 여성들로 하여금 패배, 독일의 점령, 200만 명의 전쟁 포로와 노

---

39) 노엘 뷔르슈, 〈이중의 언어. 할리우드 시네마의 모호한 경향〉, 《레조》 99호,
《시네마와 수용》, 같은 책, p.120-121.

동 수용자 등의 수치로 인해 심하게 상처받은 국가적이고 도덕적인 아이덴티티를 표현하도록 할 것이다(STO).[40]

멜로드라마는 세계대전 전의 시적 리얼리즘을 죽이면서 패배의 흔적이 새겨져 있고, 여성의 새로운 모습 앞에 두고 있는 부권제의 실패를 전달하고 있다. 몇 편의 드라마나 멜로드라마는 가령 그레미옹의 〈여름 햇빛〉(1942)이나 〈하늘은 당신 것이다〉(1943)처럼, 더 이상 통속극의 가볍고 매혹적인 욕구도 없고, 자연주의 전통의 위험한 욕구도 없는, 여성의 욕구를 그 이야기의 목적으로 만든다: 이것들은 특히 의무와 욕망 사이에 적대 관계를 탐구한다. 그럼에도 불구하고 이 시기에 연출된 수많은 멜로드라마는 페탱파의 공식적인 선전 도구를 이루고 있다. 멜로드라마에서 여성들은 '투사'이고 주부이며 천사 같고 순수하며 정숙하고 겸손한 얼굴을 가진 아가씨로, 이들은 도덕적 혁신 프로그램에 봉사하고 있다. 여배우 가비 모렐리는 멜로드라마의 모성적인 여자 조언자가 되기 위해 독일군의 프랑스 점령 동안 통속극의 배역과 전쟁 전에 자신이 전문으로 했던 배역을 버렸고, 비비안 로망스는 고통받는 여주인공의 자리를 찾기 위해 매춘부 역할을 그만두는데, 이들은 드라마나 멜로드라마의 상징적인 인물이다. 기트리조차도, 자신이 눈이 멀게 되기 때문에 사랑에 빠진 모델과 절교하는 장년의 조각가의 이야기를 〈미스트리스〉(1943) 영화로 소개하기 위해, 통속극의 자유롭고 가벼운 배역, 즉 매우 강력한 매혹적인 자신의 작중인물을 일시적으로 한쪽으로 제쳐두고 있다: 진정한 결별 이유를 알아버린 아가씨는 결국 그의 부인 겸 가이드가 될 것이다. 실명의 테마, 커플 관계의 스타일과 처리는 〈밤의 천사〉(베르토미외, 1942)나 〈장님 비

---

40) 노엘 뷔르슈와 주느비에브 세리에, 《1930-1956년 프랑스 영화에서 우스운 성(性) 전쟁》, 파리, 나탕, 1996, p.101.

너스〉(강스, 1940)와 동일한 멜로드라마식 맥에 따라 이 영화를 새기고 있다. 자주 비시 정부의 멜로드라마 영화의 극치로 간주된 〈블루 베일〉(스텔리, 1942)에서, 가비 모렐리는 1914년 전쟁에서 남편과 태어난 아들을 잃어버리고 자신의 삶을 다른 사람의 아이들을 키우는 데 헌신하기로 결정한 여성인, 루이즈 자로드의 역을 연기한다. '자신들의 삶을 아이들에게 바치는 모든 여성들에게 헌정된' 이 영화 속에서 그녀는 에고이즘, 예술적 직업, 쾌락과 돈에 대한 의욕 때문에 부모가 교육적 임무를 소홀히 한 아이들을 키운다: 이러한 어머니다운 어머니는 진정한 의무의 화신이고 마레샬의 도덕적 가치의 책임자이다. 이 책임자는 (오직 실패로 이끌었던) 제3공화국의 풍속의 타락과 문란함을 고발하면서, 자신의 엄한 부드러움으로 각각의 결점을 가리키고 있다. 아무런 방책 없이 늙어 버린 그녀는 병원에서 자신이 키워서 의사가 된 아이 중 하나인 제라르의 보살핌을 받는다: 그는 이번에는 그녀에게 자기 자식의 교육을 위임한다. 역시 아이도 없고, 모든 프랑스인들에게 아버지다운 자신의 부성애를 펼치는 그, 바로 마르샬의 여성적이고 시네마토그래프적인 것에 상응하는 루이즈 자로드는 다음과 같은 이데올로기적 환경 속에 자리를 차지하고 있다. 즉 "정치적 담화는 가장의 훈계를 이용하는 반면, 교화하면서 유혹하는 데 관심을 갖고 있는, 이 시네마는 여성의 대변자로 감정에 특권을 주는 멜로드라마의 특색을 선택하고 있다."[41]

장르의 성공은 관객의 수나 제작된 영화의 수뿐만 아니라, 제작 방식과 그 영화의 배급로에서 역시 나타난다. 장르의 등급은 장르의 문화적인 합법성과 상업적 이득이 결합된 것이고, 다양한 장르의 성공과 실패가 읽어질 수 있는 움직이는 그릴이다. 가령 먼저 소예산을 들인 작품으로 귀결되는 고어 영화는 검열제도의 완화, 상당수의 이런 영화

---

41) 앞의 책, p.100.

들의 성공, 작가 영화들 속에서 폭력 행위의 증대, 특수 효과에 바탕을 둔 판타스틱 영화의 도래 등을 이용하는데, 〈샤이닝〉(큐브릭, 1980)이나 크로넨버그와 카펜터의 영화 속에서 나타나는, 1980년대 '호러 영화의 두번째 성질'[42]이 되기 위함이다. 상업적 이득과 그 귀족문학을 획득하면서 고어 영화는 모든 종류의 액션 영화(전쟁 영화, 공상과학 영화, 스릴러 등)에서 반복적인, '고어 효과'를 내기 위해 1990년대에 그 전문성을 상실할 정도로 아주 많은 성공을 한 다량의 할리우드 작품에 투자한다.

오랫동안 또 아주 최근까지, 상영 프로 편성 유형(고급 영화와 독점 상영, 소예산이나 경영 종말의 영화와 값싼 수입 영화)이 부합하는 많은 극장 유형(중심가의 큰 영화관에서 구(區)의 작은 영화관까지)은 서양 여러 나라에서 유행하고 있지 않은 장르의 생존을 허용하고 있다. 이러한 생존은 오늘날, 복제의 증가로 인해 영화계에 공급이 줄어드는 시기에 아주 있을 수 없는 것 같다. 마찬가지로, 미국에서 고전 시기에, 이중적 프로그램의 존재는 장르가 B급 영화 속에 그 이력을 지속하도록 할 수 있었다. 가령 서부 영화는 1920년대 말에 순조롭지 않은 상황을 겪는다: 기술적인 이유로 스튜디오와 다른 곳에서 유성 영화를 촬영하는 것은 사실상 불가능한 것 같다. 이는 움직임이나 자연적 무대장식이 특징을 이루는 장르에 있어서 난처하다. 이러한 어려움으로 인해 아주 수많은 서부 영화는 1930년대에 제작되어져야 했다: 이 장르는 B급 영화로 다시 모여지고, B급 영화에서 노래는 '노래하는 카우보이'의 시네마토그래프적 맥을 탄생시키면서 자주 줄거리를 풍부하게 한다. 영화의 방법상의 결핍을 보충하고 있는 이 노래들은 소규모 영화관으로 더욱 시골스럽고 반(半)도시적인 대중을 끌어들이고 여성 대중에게 더 많이 관심을 갖도록 한다. A급 카테고리의 서부 영화

---

42) 필립 루예, 《고어 영화. 피의 미학》, 같은 책, p.85.

는 〈대작업〉(월시, 1930)와 〈빌리 더 키드〉(비더, 1930)처럼 70밀리미터로 촬영된 화려한 스펙터클로 된 몇몇 작품들임에도 불구하고, 이 시기에 거의 없었다. B급에서 〈역마차〉의 A급 영화까지, 소규모 리퍼블릭 회사가 소예산을 들여 서부 영화에 정확하고 성실한 헌신을 한 지 10년 후, 고급 서부 영화의 대거 귀환과 존 웨인으로의 이행을 보기 위해서는 1930년을 기다려야 한다.

소멸과 재출현

장르의 역사는 역시 그 종말을 가지고 있다: 벌레스크는 1930년대 초기에 사라졌고, 이탈리아 작품들의 기여를 통해 순간적으로 활성화된 서부 영화는 1960년대에 쇠퇴하고 그 후 10년 후에 사라지는데, 이 시기는 역시 뮤지컬 코미디의 종말을 표지하고 있다. 그러나 이러한 종말은 자체의 매너리즘으로 인해 약해질 수 있는, 오로지 아주 강력한 장르의 진화 논리로 설명되어질 수 없을 것이다. 장르의 이러한 종말은 또한 사회 문화·테크놀로지·경제적 교체에서 기인한다: 대중의 사회학의 변화, B급 영화의 사라짐, 할리우드 스튜디오의 쇠퇴, TV와 같은 또 다른 문화 산업과의 경쟁 등은 가령 1960년대 할리우드 장르의 쇠퇴를 설명하는 데 기여한다. 1970년대와 1980년대의 남자 인기 배우들에게 있어서도 특히 선호하고 성공적인 장르였고, 오늘날 TV 시리즈를 위해 대형 스크린에서 거의 사라진 장르인 프랑스 탐정 영화도 마찬가지이다: 장르의 전통적인 규범은 시네마를 떠나, TV에서 〈매그레 경감의 수사〉의 다양한 버전들이 보여주고 있는 세습적인 맥으로 연장된다. 이 전통적인 규범에 따르면, 탐정은 사회적 재현 속에서 항상 진실을 발견하지도 질서를 회복시키지도 못하고 끝나게 된다. 이 사회적 재현에서 '환경'은 정확한 장소로 국한된 미시사회로 구조화되었다. 다른 한편으로, 〈판사〉(르페브르, 1984)처럼 정치적 질서의 표적이 되는 경찰관과 법관이라는 인물이나 〈난 천사가 아니다〉(보노, 1983)처럼 사회와 더 가깝지만, 더 '인간적'[43]인 현장 경찰관의 변호를 위해 정치적 질서와 사회에 관계된 질서 사이에 강한 긴장감을 표현하고 있는 복수하는 주인공 등의 후퇴는 TV를 통한 탐정 장르의 복귀를 가능케 한다. TV에서 성공적인 탐정 시리즈(〈나바로〉〈줄리 레스코〉)는 교감하는 일간신문의 픽션처럼 기능하고 있다.

그러므로 우리는 몇몇 장르를 죽은 장르로 간주할 수 있다. 이는 웨스턴이나 벌레스크 코미디가 더 이상 산발적으로 제작되어지지 않고, 이런 장르 카테고리들이 더 이상 통용되지 않음을 의미하지 않는다: 영화팬의 메모리, 시네마테크나 재상영 프로그램을 짜는 작가 장르의 영화관에서 영화 상영, 더 광범위한 대중에게 말하고 있는 텔레비전 방영, 오래된 영화의 비디오나 DVD로의 편집 등은 수용 범주로서 장르의 존재를 지속시킬 수 있다. 그러나 이러한 것들은 제작 범주로서 더 이상 능동적이지 않다. 이러한 장르의 소멸은 결정적인가 아니면 일시적인가? 당시 영화계에서 뮤지컬 코미디나 서부 영화가 퇴장할 때 이 장르의 귀환을 예상하던 비평가들과 반대로, 저자는 엄격한 의미에서 죽은 장르의 귀환이 있을 수 있다고 생각하지 않는다. 똑같이 되살아난 페닉스사와 반대로, 시네마토그래프 장르는 서로 다른 제작과 수용 상황 속에서 같은 형식으로 재생시킬 수 없다. 그렇기 때문에 재출현이라고 말하는 것이 좋을 듯싶다. 이는 지하수가 된 강물의 재출현에 참조해 볼 수 있는 것으로, 지질학적 환경은 강물이 돌아가는 동안 물의 성분을 변형시켰고 또다시 이 강물이 맞닿아 흐르고 있는 토양의 모습은 아주 다른 층을 만들어 내고 있다. 그러므로 장르가 표면에 다시 나타날 때, 때때로 일어나는 것은 새로운 균형을 이루고 있는

---

43) 올리비에 필립, 《현대 프랑스 탐정 영화》, 파리, 세르프, 〈일곱번째 예술〉, 1996 참조.

의미론적이고 통사론적인 자질과 새로운 해석 상황 속에서이다. 요컨 대 소멸한 후 다시 나타나는 장르의 **재출현**에 관계되는 것은, 시네마 의 역사를 가로지르고 또는 다양한 국가나 시대에 사용되고 있는 장 르 명칭의 어휘들 속에 나타나고 있는 드라마나 코미디처럼, 아주 모 호한 정의와 한계로, 모든 장르에 해당하는 것과 마찬가지로, 매우 긴 항해를 한 장르에도 역시 관계된다는 것을 환기해 보자.

〈앨리스는 이제 여기 살지 않는다〉(스코시즈, 1974), 〈세 여인〉(알트 먼, 1977), 〈미스터 굿바를 찾아서〉(브룩스, 1977), 〈줄리아〉(진네만, 1977), 〈리멤버 마이 네임〉(루돌프, 1978), 〈걸 프렌즈〉(웨일, 1978), 〈독신녀 에리카〉(마줄스키, 1978) 등의 영화와 함께 1970년대 **여성 영 화**의 재출현은 특히 여성 해방과 페미니스트 운동으로 표지된, 1930 년과 1940년대의 상황과 아주 다른 상황 속에서 새겨지고 있다. 만약 1930년과 1940년대의 영화가 이러한 새로운 여성 영화의 직접적인 원인이 아니라 해도, 이 영화는 특히 자아 발견이나 독립된 여성으로 의 접근을 둘러싸고 그 이야기를 구성하면서 페미니즘 문제에 접근하 고 있다. 이야기의 모호한 해결은 겨냥된 대중들의 차이가 더욱 확연 히 드러나는 순간에, 다소 페미니즘에 관심을 갖게 된 현대 여성에게 호소하려는 할리우드의 의지를 표명하고 있다. 논박의 대상이 된 페미 니스트 이데올로기에 찬성하거나 반대하는 명백한 의견 표명에 반감 을 일으킬 수 있는 더욱 이질적인 대중을 보존하면서 말이다.[44] 이러 한 새로운 **여성 영화**는 이렇게 샤를로트 브런드슨이 보기에 〈코스모 폴리탄〉처럼, 이 시기의 현대 여성 잡지의 것과 아주 가까운 이야기 를 하고 있다. 즉 현대 여성 잡지는 오래된 고정관념과 개인적이고 사 회적인 해방과 실현 계획 사이에 상호 대립으로 특징화되는 페미니테

---

44) 아네트 쿤, 〈할리우드와 새로운 여성 영화〉[1983], 《시네막시옹》 67호, 〈시네 마에서 페미니스트 연구 20년〉, 같은 책, p.53-58.

의 이미지를 제시하고 있다: 잡지의 여성 독자는 이러한 1970년대 이 영화들의 여성 관객 유형일 것이다.[45]

　장르가 재출현할 때 그 양식을 변형시키는 테크놀로지의 변화는 역시 사회・경제적인 변화에 첨가된다. 시리즈로 전개되는 그 특수성 때문에 스튜디오의 쇠퇴로 인해 다소 위협받은 장르인 공상과학 영화는 〈스타워즈〉(루카스, 1977)에 이어 1970년대 말에 대거 다시 나타난다: 그러나 국경선의 신화(공간의 정복), 침입의 편집광적인 고통, 미쳤거나 불성실한 학자 등은 특수 효과의 미학으로 인해 뒷전이 되었다. 특수 효과의 미학은 크로넨버그의 영화나 최근 〈매트릭스〉(워쇼스키 형제 앤디와 래리, 1999)가 분명히 보여주는 것처럼, '실제' 적 육체에서 육체의 이미지까지 인간과 과학적인 인공물 사이에 구분과 혼동(공상과학 영화 테마의 핵심)의 문제를 딴 데로 돌리고 있다. 더욱이 특수효과와 종합적 이미지인 '꽃불' 의 사용[46]은 공상과학 영화의 다이제시스적 세계를 놀이 공간으로 만드는데, 여기서 시퀀스의 연속은 자주 병렬적인 논리에 따르고 있다. (양방향으로 일어나는) 영화 산업에서 비디오 게임 산업으로의 전환은 한편 장르의 이러한 새로운 형식으로 나타난다. 그러므로 이는 가령 바이오테크놀로지처럼, 장르의 양식을 원칙적으로 변형시켰던, 새로운 의미론적 소재의 사용이 아니라 통사론적 변화에 있다: 에피소드가 연결되어 있는 이야기의 선조성은 병렬 원칙을 위해 버려진다. 그리고 이런 병렬 원칙은 이 영역에서 모든 종류의 피조물이나 물체들의 공존과 동시에 액션 신의 연속으로 드러나고 있다.

---

45) 샤를로트 브런즈슨, 〈1970년대 시사적 주제〉, 《시네막시옹》 67호, 〈영화에서 페미니스트 연구 20년〉, 같은 책, p.59-64.
46) 로렌트 쥘리에, 《포스트모던적 스크린. 암시와 꽃불의 시네마》, 파리, 아르마탕, 1997 참조.

시네마토그래프 장르의 역사는 이 장에서 보았다시피, 필연적으로 수많은 차원을 함께 고찰하고 연결해야 하는 복합적인 현상이다. 그러므로 장르의 역사를 서술한다는 것, 이것은 하나의 장르 카테고리와 영화 집합체를 추적하는 것이다. 하나의 장르 카테고리와 영화 집합체는 사회·문화·시네마토그래프 역사와 이들과의 상관 관계 그리고 다른 장르들과 이들과의 관계에 따라, 유사한 의미론적이고 통사론적인 자질의 구성을 공유하고 있다. 요약하면 보충적이고 상호 의존적인 일곱 가지 양상이 고찰되어야 한다:

— 장르 과정 그 자체의 역사;

— 고찰된 장르와 또 다른 장르들 간에 상호 작용;

— 장르와 시네마토그래프가 아닌 문화적 작품들 사이에 관계와 전환;

— 시네마토그래프(가령 국가적인)와 또 다른 시네마토그래프 사이에 문화적인 전환;

— 시네마토그래프 작품의 상황 변화;

— 수용의 역사와 대중의 교체;

— 사회·문화·정치·경제 등 그 다양한 차원에서, 시네마토그래프가 아닌 역사.

제6장
컨텍스트 장르

　개별적으로 고찰되어진 장르는 다른 시네마토그래프 장르를 포함한 또 다른 문화적 형식과의 결합과 단절을 통해서처럼, 역사를 통해 형성되고 변형되어진다. 이처럼 사회·문화·시네마토그래프 환경은 장르의 출현과 발전을 하는 데 있어 기본적이다. 그럼에도 불구하고 한편으로 장르의 문화적 한정을 재검토하는 것이 적합하다: 이 책의 제1장, 장르 카테고리 리스트 조사에서 극도의 이질성을 보았다시피, 두 종류의 시네마토그래프 장르가 존재한다고 지적한 것 같다. 이 중 하나는 시간과 공간 속에서 한정되고 한정된 시·공간에 고유한 명칭으로 지칭된 로컬 장르이고, 다른 하나는 초(初)역사적이고 초국가적인 장르이다. 후자(後者)에 있어, 다양한 시대와 시네마토그래프에 속하고 있는 영화를 특징짓기 위한 동일한 명칭의 사용(가령 '멜로드라마'나 '코미디'처럼)이 '보편성'을 지적하고 있을지라도, 그 사용은 사실상 항상 특정한 상황 속에서 실현된 다양한 장르의 양식을 이해하는 데 필수적인 국가·역사·문화적인 차이를 은폐하고 있는 것 같다. 또 다른 한편으로, 우리가 앞장에서 했던 것인 특정한 장르의 역사성뿐만 아니라 시스템, 카르토그래프 혹은 각 장르가 제작되고, 구상되며, 수용되는 등, 장르 전체의 역사성을 고찰해야 한다. 이러한 장르의 논리 해명은 특정한 장르에 바친 모노그래프에 충분히 내재해 있는 관점을 한정하도록 한다: 일반적으로 이러한 장르의 논리는 강력히 구심성의 성격을 제시하고 있다. 왜냐하면 여기서 고찰된 장르는 말하자면 거미줄의 중심을 차지하고 있기 때문이다. 여기서 가장 다양하고, 현실적이거나 더 오래된 시네마토그래프나 문화적인 영향의 맥락이 다시 만나고, 합성되며, 분해된다.

장르의 문화적 아이덴티티와 보급

장르의 사회적이고 문화적인 기능과 장르에 그 형식을 부여하는 의미·통사론적인 배치는 본질적으로 연결되어 있고 불변하는 자료를 구성하지 않는다. 그렇기 때문에 시네마의 역사를 가로지르거나 수많은 장르 명칭의 어휘로 나타나는 장르를 원형적인 형식으로 간주하면서——영화 제작과 수용의 특별한 상황은 원형적인 형식에 단순히 로컬적인 색깔을 부여할 수 있다——초(初)문화적이고 초역사적인 분석은 카테고리로서의 장르와 영화 그룹으로서의 장르를 혼동하고 있다. 이처럼 다양한 국가나 시대에 사용하고 있는 '코미디' 장르의 명칭이 존재하는 것이 정확하다면, 이 장르의 명칭은 다소 광범위한 의미에서, 문화적이거나 역사적인 시기의 특정한 ('스크루볼 코미디' '불바르 코미디' '민중 코미디' '이탈리아 코미디' '군대 보드빌' 등과 같은) 또 다른 명칭들을 포함하고 있다——이 장르의 명칭은 가끔 또 다른 장르의 목록 속에서 동시에 나타난다. 또한 이런 장르의 명칭은 영화 그룹을 장르로 만드는 반복적인 의미·통사론적 자질을 명확하게 구분하거나 장르의 사회적이거나 문화적인 의미를 설명하기보다 장르의 명칭이 지칭하는 영화들의 색조를 더 지적하고 있다.

초(初)국가적인 장르와 로컬 장르: 믿을 수 없는 이분법

'유명한 장르'에 내재되어 있는 문화적이고 미학적인 차이를 이해하기보다 국한된 사용을 하고 있는 장르의 명칭이나, 지리학적으로나 역사적으로, 완전히 경계가 정해진 영화 집합체를 정의하는 장르의 확실한 성격을 알아보기가 더 쉽다.

이처럼 **레비타**(혹은 'cinéma redingote')라는 프랑코파 시네마의 출현에서 정치적 상황의 무게에 아무도 이의를 제기하지 못할 것이다. 이는 문학 각색의 장르로, 세습적인 차원과 항상 도덕적이고 교훈적인 이슈를 찾고 있는 갈등과 줄거리를 보여주기 위해 역사적 재구성에 특권을 부여하고 있다.

마찬가지로, 군대 보드빌은 프랑스 시네마의 특유한 장르를 이루고 있는 것 같다. 프랑스 시네마에서, 제작에 있어 군대 보드빌의 빈도는 아주 두드러지게 다른 시네마토그래프보다 더 중요하다. 〈기병대의 즐거움〉(토너, 1932)나 〈열한번째 굽기〉(크리스티앙 자크, 1937) 같은 영화와 함께 1930년대에 특히 급증한 군대 보드빌은 공적도 권위도 없는 병사 생활의 코믹한 돌발사건을 말하고 있다. 여기서 신병들은 개인 참호와 연습에서 빠져나가고 방문하는 장군의 경계심을 완화시키기 위해 자주 게으름과 영악함, 교활함을 겨룬다. 거의 훌륭하지 못한 이들의 외관과 거의 실물보다 더 잘나지 않은 이들의 초상에도 불구하고, 군대 보드빌은 '군복무의 추억'에 대한 시네마토그래프적 이미지를 그려내고 있다: 남자의 동료애 정신을 대중화시키고 찬양하면서 군대 보드빌은 역시, 코믹한 맥 속에 모병의 국가적 이데올로기의 색채를 띠고 있다. 하나는 〈크레이지 보이〉(지디, 1971)로, 다른 하나는 〈지금 일곱번째 동반자는 어디에 있는가?〉(라무뢰, 1973)으로 시작되는 1970년대 두 연작물들이 특히 보여주고 있는 것처럼 말이다. 후자의 영화에서, 과묵한 소집병들과 평범하고 약간 겁많은 군인들이 기묘한 전쟁에서 기대치 않은 용기를 드러내고 있다.

독일과 오스트리아 시네마 특유의 **헤이메트 영화**들은, 1920년대 지방주의와 반동적인 소설에서 영감을 얻어, 나치즘만큼 바이마르 공화

국하에서 독일의 독자적인 성격에 대한 교육적 다큐멘터리의 형식을 띠고 있으며, 1950년대 이러한 국내 시네마 중 가장 대중적인 장르가 되고 있다. 이는 16만 명 이상의 독일 관객을 끌어들인 〈포레 누아르의 소녀〉(데페, 1950)의 커다란 성공이 뒷받침해 주고 있다: 이 시기에, 빈번하게 오스트리아의 다뉴브 강이나 독일의 알프스 산맥과 포레 누아르만큼 신화적인 무대 배경 속에 설정된, 이 영화들은 분명히 정확한 지리학적 장소나 국가와 조국(**파털란드**)의 이념을 참조하지 않지만, 우리가 '자기 집'에서 느끼는 부드럽고 편안한 공간을 참조하고 있다(heimlich sein). 피에르 소를랭이 그렇게 분석한 것처럼 그 당시 **헤이메트 영화**는 나치즘, 실패, 점령과 분단 이후, 유토피아, 영원한 꿈, "독일은 어디 있는가?"라는 독일인 스스로의 질문에 대한 단순하고 안심시키는 대답 등을 제시하고 있다: "헤이메트 영화에서, 독일은 당신이 당신 집이라고 느끼는 바로 그곳이다."[1]

독일 나치즘의 결과는 강력히 범게르만주의와 프러시아 군국주의의 원인을 초래하였다: **헤이메트 영화**는 일종의 군국주의에서 해방되고 독일의 서부나 남쪽 지방을 향해 이동하는, 과거의 이상주의를 재구성하는 것을 정당화하고 있다.[2]

강하게 반동적인 **헤이메트 영화**는 이처럼 평화적이고 거의 시간을 초월한 로컬공동체를 찬양하고 있다. 그런데 이 공동체에서 그룹과 이들의 전통은 모든 갈등을 해결하고 결국 현대성과 독립의 세이렌에 유혹당했던 모든 사람들이 공감하는, 부부와 가족의 진실한 가치를 전달하고 있다. 그렇기 때문에 1960년대에 **헤이메트 영화**의 반체제주의

---

1) 피에르 소를랭, 〈50년대 유럽에서 대중 영화였던 것〉, 《50년대 유럽의 시네마》, 같은 책, p.42.
2) 위의 책, p.44.

적 형식이 탄생했다. 이 형식은 목가적인 시각을 나타내고 공동체의 영향을 받은 '일상적인 파시즘'을 부각시키기 위한 이 장르의 메모리가 없다: 〈바비에르에서 사냥 장면〉(플레시만, 1969)은 가령, 한해의 수확 축제 때 시골사람들이 사회에서 소외된 사람들, 즉 정신이 단순한 사람, 불구자, 창녀, 재혼하여 너무 고통받고 있는 과부, 인간 사냥으로 인해 낙담한 동성애자 등을 어떻게 박해하는지 이야기하고 있다. 장르의 재해석은 〈헤이메트〉(에드가 레이츠, 1981-1984)로 1980년대에 이어가고 있다. 이 장편 영화는 처음에 텔레비전을 위해 촬영되고 많은 부분이 영화에서 소개되었으며, 1919-1982년까지 독일인 가족의 삶을 마르크시스트 관점에서 이야기하고 있다.

그러므로 프랑스 군대 보드빌, **레비타**와 **헤이메트** 영화 등은 다음과 같은 장르에 속한다. 즉 이 장르들은 정확히 국가적 틀 안에서 성공을 거두고 명성을 얻었지만, 국가적 · 이데올로기적 · 문화적인 강한 정착으로 인해 장르는 국경을 넘어서 약하게 보급되고 거의 무가치하게 인정(전문가를 제외하고)받고 있는 것으로 나타난다. 비록 로컬 장르의 문화적 아이덴티티가 드러난다 해도, 이것은 수많은 장르 카테고리의 목록이나 시네마토그래프 속에 존재하는 장르들 때문에 빈번하게 숨겨져 있다. 그렇지만 이런 장르들은 원형적인 인지적 · 표현적 · 감정적 도식에 연관된, 초(初)국가적인 원형으로서 생각될 수 없다. 사실상, 멜로드라마, 코미디, 모험 영화 같은 카테고리들은 물론 아주 일반적이고 서양 문화에 공통된 문화적 도식을 가리키고 있지만, 오직 민족중심주의는 가령 인디언이나 일본 시네마에 대한 카테고리의 해석판으로 사용할 구실을 줄 뿐이다(여기서 서양 멜로드라마 모델에서 분명히 영감을 얻은 영화들만을 멜로드라마로 간주하지 않는 한에서 말이다). 더욱이 이러한 카테고리 중 몇 가지는, 아주 모호한 한계에 따라 매우 다양한 현상들을 재통합시키고——가령 모험 영화는 식민지 영화, 전쟁 영화, 활극 영화, 해적 영화 등일 수 있다——국내 시네마토그래프 속에서 아주 특별한 실현을 겪는다.

리메이크는 장르의 모습 속에서 역사적이고 문화적인 자질의 결정적인 중요성을 상상하기 위한 탁월한 시금석을 제공하고 있다. 가령 프랑스 버전 직후에 실현된, 1980년과 1990년대 프랑스 코미디를 리메이크한 할리우드 영화의 분석은 프랑스 영화와 할리우드 영화 속에서 코미디의 문화적(이데올로기적이고 미학적인) 아이덴티티의 중요성을 잘 드러내 주고 있다.[3] 〈뉴욕 세 남자와 아기〉(니모이, 1988)와 〈트루 라이즈〉(카메론, 1994)는 동일한 코믹 목록에 의거해, 〈세 남자와 아기 바구니〉(세로, 1985)와 〈잭팟이야!〉(지디, 1991)를 각각 리메이크한다. 그러나 세 명의 미혼남을 통한 '모성적인' 부성애에 연관된 기쁨과 어려움의 발견 이야기로 덮여 있는 풍속 코미디와 불바르의 정신이나 〈잭팟이야!〉의 커플 속에서 거짓과 인습의 정신 등은 미국 리메이크 영화에서, 액션 코미디의 리듬이나 새로운 전개로 대체되어지는 경향이 있다. 이런 식으로 마약 스토리의 중요성과 처리는 콜린 세로의 영화부터 레너드 니모이까지 근본적으로 서로 다르다: 이 두 가지 경우, 주인공들은 물론 뚜렷한 명목으로 난처한 이중의 인도에 대면한다. 즉 하나는 그 엄마가 아이를 인도하고, 다른 하나는 수많은 오해를 불러일으키고 있는, 여주인공이라는 사람이 인도하는 것이다. 그러나 마약 사건은 〈세 남자와 아기 바구니〉(세로, 1985)에서 부차적이고 아기와 밀접하게 연관된 줄거리이다. 여주인공을 제거하고 경찰의 수사와 밀매자들의 보복을 피하기 위해, 미셸은 젊은 수사관을 속이고 마약을 몽소 공원 쓰레기통 속으로 던진다: 그는 어린아이를 배내옷으로 싸면서 두 개의 기저귀를 포개 놓았고 그가 아이의 기저귀를 갈기 위해 벤치에 멈췄을 때, 같은 제스처로 젖은 기저귀와 젖지 않은

---

3) 라파엘 무안, 〈프랑스 영화의 미국 리메이크. 아이덴티티의 문제〉, 《프랑스/할리우드. 시네마토그래프의 상호 교환과 국가적 아이덴티티》, 마르탱 바르니에와 라파엘 무안, 파리, 아르마탕, 2002, p.63-81 참조.

것을 던졌다. 그런데 그 기저귀에는 마약이 숨겨져 있었고 밀매자는 그것을 되찾아야만 한다. 반대로 〈뉴욕 세 남자와 아기〉에서, 세 명의 공범자들은 밀매자들을 속이기 위해 경찰과 결합하는데, 이러한 적극적인 협력은 영화 후반부 전체를 장식하고 있다. 마찬가지로 〈세 남자와 아기바구니〉의 에필로그는 아기 엄마가 아기를 되찾아감으로써 공허함을 견디지 못하는 침울한 세 남자를 보여주고 있다. (다행히도) 젊은 여자는 그들에게 다시 도움을 청하러 온다. 그들은 흥분해서 다시 그 아이 돌보기를 승낙한다. 영화는 어린 여자아이가 아장아장 걷기 시작하면서 끝난다. 〈뉴욕 세 남자와 아기〉의 결말은 여기서 역시 그 엄마가 되찾아간, 아기의 부재와 세 남자들이 느끼고 있는 결핍으로 예상하지 못한 모험을 무릅쓴다. 그들은 어린 여자아이와 헤어지자마자 엄마와 딸이 비행기를 타지 못하게 하려고 서둘러 공항으로 갔다. 영화는 랑도 마차를 콘서트로 몰고 가는 사인조(세 남자와 젊은 여자)의 영상으로 끝난다. 이러한 결말은 성장하는 아이의 장면이 함축하고 있는 완전히 열린 길을 남겨두는 대신 해결책(확대된 가족)을 보여줄 뿐만 아니라, 심사숙고하기보다는 재빠른 행동에 특권을 부여하고 있다: 사실상 프랑스어 버전에서 세 남자의 따분함, 이들의 우울함과 실수 등은 설명할 것도 없이 남자아이의 갈망을 엿보게 한다. 애매함, 암시, 심리학적 깊이 등에 관심을 갖는 프랑스식 버전과, 망설이지 않고 스펙터클하게 만들면서, 액션에 특권을 주는 미국식 버전의 대립은 코미디를 제작하는 두 가지 방식과 아마도 스토리를 이야기하는 두 가지 방식을 떠나, 시네마의 두 가지 기능을 정의하고 있다.[4]

---

4) 지네트 뱅상도, 〈하이잭트〉, 《시각과 음향》, 1997. 7. p.23-25.

모든 장르 속에 멜로드라마

다양한 시네마토그래프 영역에서 왔고 프랑스에서 '멜로드라마'라 벨로 분류된, 영화 전체에 대한 조사는 다른 컨텍스트 속에서 제작된 멜로드라마의 코드화와 의미를 설명하기 위해서 한 가지 장르 용어로 는 불충분하고, 그 용어는 약한 해설력을 가지고 있음을 분명히 보여 주고 있다. 한편 시네마토그래프적 멜로드라마 양식의 풍부함은 시네 마에 앞서 또 시네마를 떠나, 19세기에 유럽과 아메리카에서 낳았던 여러 가지 멜로드라마 형식과 관계를 맺고 있다고 환기해 보자.[5] 시 네마토그래프 장르의 문화적 다의성(多義性)은 말하자면 문학 · 연 극 · 오페라 장르의 다의성에 덧붙여진다. 멜로드라마의 역사와 형식 이 이 책 전체를 차지하기에 충분하기 때문에, 우리는 여기서 예를 주 축으로 멜로드라마의 국가적이고 동시대적인 두 가지 표현, 즉 1950 년대 할리우드 멜로드라마와 이탈리아 멜로드라마를 비교하는 것으 로 그칠 것이다. 이러한 비교는 문화적 정착이 두 개의 장르 양식 각각 을 한정한다는 것을 분명히 보여주고 있다.

무엇보다 먼저, 장 루 부르제가 그렇게 지적한 것처럼, 연극적 멜로 드라마 계열에 더 이상 직접 위치하지 않은 프랑스와 이탈리아의 시 네마토그래프적 멜로드라마와 달리, 할리우드 멜로드라마는 빅토리아 여왕 시대의 로마네스크에 더 많은 영향을 받았다: "영국식은 한편 사 건의 급변이 있는 그 줄거리로 특징화되는 액션 영화에 **(범죄) 멜로드 라마, (전쟁) 멜로드라마** 등의 명칭을 보유하고, '우리가 멜로드라마라 고 부르는 것'을 **로맨틱 드라마**라는 아름다운 이름으로 특히 지칭하는

---

5) 멜로드라마의 탄생에 관해서는 특히 토마스 앨새서의 아티클 참조: 〈음향과 분 노 이야기: 가족 멜로드라마 관찰〉, 《장르 리더 II》, 같은 책, p.350-380. 이 중 특히 350-358페이지 참조.

경향이 있다."[6] 부르제에게 있어 할리우드 멜로드라마(다시 말해 **로맨틱 드라마**)는 다음 세 가지 특성을 보여주는 영화로 정의된다: 희생하는 등장인물(자주 여성), 현실적인 인과 관계를 생각하지 않고 천만다행이거나 파국적인 사건의 이용, 상황의 비장미나 사건의 맹렬함을 강조하는 처리 등, 이 세 가지 특성이다. 이러한 프로그램에 충실한 장르 영화는 호화로운 형식을 구성하기 위해 컬러, 음악, 넓은 화면 등이 결합된 **타오르는 멜로드라마**인 1950년대 할리우드에 속한다. (자주 속죄의 가치가 있는 무시무시한 사건, 주인공들의 신체에 자신들이 희생자임을 새기고 있는 신체적 불구. 서로가 적대적인 형제들의 경쟁, 행복을 방해하는 숨겨진 비밀과 같은) 상황판(Les clichés-situations)[7]은 시네마에 할리우드 장르의 테마를 반복한다. 〈마음의 등불〉(서크, 1953)은 이처럼 모터보트 사건으로 시작하고, 여기서 희생자는 부유한 이기적인 플레이보이 밥 메릭이다. 그는 심장소생수술 의사의 구조로 난관을 벗어나지만, 필립 의사의 목숨을 대가로 구조된 것이다. 유명한 외과 의사인 그는 호흡기를 사용하지 않은 그 순간에 죽게 된다. 목숨의 빚을 진 의사의 죽음에 간접적으로 책임이 있는 밥은 계속해서 헬렌이 실명하고 과부가 되는 원인이 된다. 그녀를 사랑하게 되고 그를 도와주기 위해 무슨 일이든 하기 원했던 그는 자신의 고집으로 그녀를 눈멀게 한 사건을 초래한다: 그녀는 그의 끈질긴 구애를 피하려고 시도하다가 자동차에 친다. 〈어페어 투 리멤버〉(매커리, 1957)에서 테리는 니키를 제외하고 방문에 응할 수 없고, 그녀는 그들이 서로 알게 된 크루즈 여행 6개월 후(서로의 사랑을 확신하고 각자의 인생을 정리할 시간), 엠파이어스테이트 빌딩 꼭대기에서 약속했었다: 그녀는 차에 치여 마비가 되었고, 니키는 분명히 이것을 알고 있지 않다. 〈에

---

6) 장 루 부르제, 《할리우드 멜로드라마》, 같은 책, p.12.
7) 위의 책, p.32-63.

덴의 동쪽〉(카잔, 1954)에서 제임스 딘이 역을 맡았던 '못된 아들' 칼은 자신을 보잘것없다고 생각하고, 아버지가 자신을 좋아하지 않는다고 확신하며, 아버지가 두 아들에게 어머니가 집을 나갔다는 진실을 숨기고 있음을 알게 된다: 그 가족에게 죽은 줄로만 알았던 그녀는 정숙한 여자가 아니라, 몬테레이에서 술집을 경영하고 있다. (결국 칼이 밝히게 될) 이런 비밀에 사로잡혀 있는 그는 더욱더 아버지와 '착한 아들'인 형 아론과 충돌하고, 형의 애인인 애브라에게 다가간다. 뇌혈증으로 쓰러진 아버지는 마침내 자신의 잘못을 깨닫고, 애브라의 마음속에 아론 대신 자리잡고 있었던 칼은 아가씨와 결혼하고 아버지의 농장으로 돌아오는 반면, 아론은 군에 입대한다: 영화 제목이 암시하고 보안관이 해설한 것처럼 "카인은 동생 야베를 피하여 에덴의 동쪽 노드의 땅으로 도피한다." 실제적이고 상징적이며 때로는 적인 두 형제 커플은 하나는 착하고 다른 하나는 악하며, 신뢰하는 아들이고 사랑받지 못하고 거칠은 못된 아들이다. 이들은 역시 〈달려온 사람들〉(미넬리, 1958)에서 주목할 만한 가장인 프랑크와 노름꾼이자 술꾼인 보헤미안풍 작가 데이브, 〈바람에 사라지다〉(서크, 1955)의 두 주인공 카일과 미치, 〈산중의 집〉(미넬리, 1959)에서 애인이었던 리비 사이에서 낳은 아이의 아버지임을 인정하지 않고, 자기 아버지의 실수를 되풀이하고 있는 적자인 테론과 자신이 겪었던 치욕적인 삶을 아이에게 물려주지 않으려고 리비와 결혼한 사생아 레이프 등과 함께 다시 나타난다.

그렇지만 이러한 상황판보다 더, 1950년대 멜로드라마에 속한 할리우드 영화를 한정하고 이처럼 동일한 표현 기능 속에 음악을 합치하는 것은 바로 스타일의 기준인 컬러이다. 할리우드로 하여금 컬러와 대형 화면에 호소하도록 더욱더 부추겼던 텔레비전과의 경쟁 상황 속에서, 컬러의 존재가 여전히 중요한 자질이던 시기에 컬러는 영화의 스펙터클한, 즉 멜로드라마적 특성을 '강조'하는 반면, 드라마의 엄숙한 분위기와 조화를 이루고 있는 흑백은 드라마의 심각성과 문학적 연관성을 부각시키고 있다.[8] 감독이 자주 심리적 내면성에 치우치는 이 드라마는, 테네시 윌리엄스 작가에 따르면 감독이 〈지난 여름 갑자기〉(1959)를 감독한 멘케비츠와 같은 멜로드라마 작가들을 각색할 때조차 흑백에 의뢰함으로써 멜로드라마와 구분된다. 더욱이 멜로드라마에서 컬러는 뮤지컬 코미디처럼 비현실적인 색을 사용하고 있다. 가령 〈바람에 사라지다〉의 색채는 기본적으로 표현적이고 상징적으로, 빨간색과 강렬한 장밋빛은 이 영화에서 하들리의 형과 누이, 즉 격렬한 감정으로 불타고 있는 두 등장인물을 특히 특징화하는 데 사용되고 있다: 카일은 진홍색 실내 가운을 과시하고, 미치는 자동차와 전화를 비롯해 옷에서 손톱까지 모든 것이 빨간색이다. 컬러와 대형 스크린의 이러한 처리는 멜로드라마의 표시가 되고, 이 멜로드라마에서 1940년대 필름 누아르의 영향을 받은 폭력은 그 후로 무엇보다도 비주얼하고 형식적인 장면에서 읽어낼 수 있다: 이렇게 〈올스티커〉(레이, 1958)는 그 시나리오가 명백하게 필름 누아르의 마크와 정신을 담고 있으면서 범죄 줄거리를 멜로드라마의 영역으로 옮기는데, 실제로 갈등과 정열을 강조하기 위해 강렬한 노랑과 빨간 색조를 이용하면서 말이다. 이러한 화려함은 일종의 보상 현상으로, 감정의 이동과 1930년과 1940년대의 특유한, 여성 희생자 같은 모호한 등장인물을 동반하고 있다. '수사학과 동시에 경제성에 의해 부여된, 성(性)의 속함에 따라 제작자와 연출가 역할의 분할과 분리'로 표지되는,[9] 이 시대는 엄마를 미국 사회의 악의 책임자로 그리고 여성을 가정의 보호자로 만드는 경향이 있다. 이러한 사실에 따라 실제로 여성들은 전쟁 전보다 이후에 더 많이 일하고 있다 해도, 이데올로기적 담화는 이상적인

---

8) 앞의 책, p.265.

9) 자네 워커, 〈할리우드, 프로이드와 여성의 표현〉, 《할리우드 재고. 앵글로-아메리카의 새로운 비평》, 같은 책, p.222.

문화적 역할로서 여성에게 부인과 엄마의 역할을 주면서, 성적 역할의 조사를 사회적 문제의 조사와 분리하고 있다. 이러한 컨텍스트 속에서 할리우드 영화는 여성 멜로드라마와 여성 등장인물 주변을 중심으로 한 **여성 영화**를 희생하고, 가족 멜로드라마에 특권을 주고 있다. 그렇지만 우리는 정신분석과 〈소용돌이〉(프레민저, 1949)이나 〈이브의 세 얼굴〉(존슨, 1957)과 같이 여성성 등에 대해 논하고 있는 영화들, 즉 다양한 장르의 영화 속에서 여성 멜로드라마를 다시 볼 수 있다.[10] 끝으로 설령 몇몇 영화들, 즉 일반적으로 리메이크 영화가――매커리가 1939년도 자신의 영화를 컬러에서 수정한 〈어페어 투 리멤버〉 같은 영화――사랑의 멜로드라마 속성을 보존하고 있다 해도, 컬러의 스펙터클한 면은 감정의 스펙터클한 면과 대체되고 있다.

1950년대 이탈리아 멜로드라마는, 같은 시기에 할리우드 멜로드라마보다 아주 덜 동질적인 총체를 형성하고 있다 해도, 두 개의 주요한 흐름, 즉 신(scène)예술의 영향을 받은 것으로 드러나고 있는 오페라-영화와 대중적인 센티멘털 드라마를 통해, 이탈리아의 아이덴티티를 상좌에 앉히는 공통점을 가지고 있다. 오페라-영화는 향수를 가지고 장엄함과 국가 통일을 찬양하고, 무솔리니 시대 이후 인정할 만한 애국심을 광고하고 국가의 이념을 재평가하게 한다. 이것은 널리 퍼지는데 왜냐하면 서정적 전통은 반도 전체와 다양한 대중의 카테고리에 강하게 뿌리내리고 이탈리아의 통일을 실현하기 직전, 오페라는 국가 예술의 지위를 가지고 있기 때문이다. 더욱이 지방에서 수많은 서정적 연극의 파괴는 그 스펙터클한 성격과 미국의 스타들과 견줄 만한 명성을 가진 이탈리아의 국가적 인기스타 등을 통해, 할리우드와 경쟁할 수 있을 것 같은 장르가 영화계에 꽃피우도록 고무시키고 있다.[11] 갈

---

10) 앞의 책, p.220-240.

11) 프랑수아 자코미니, 〈나폴리가 할리우드에 도전했을 때. 이탈리아 뮤지컬 영화〉, 《1950년대 유럽 영화》, 같은 책, p.217-218.

로네는 이렇게 전쟁 이후 〈리골레토〉(1947)에서 〈라 토스카〉(1956)까지 약 열 편 가량의 영화를 통해 서정적 레퍼토리인 파란많은 사랑을 성공적으로 활용하고 있는데, 〈카스타 디바〉(1955)와 마지막 시퀀스에서, 마리 뒤프레시의 무덤에서 베르디와 아들 알렉상드르 뒤마의 만남을 보여주면서 각본과 비교해 약간의 자율성을 취하고 있는 〈트라비아타〉(1948)를 거치면서 말이다. 〈센소〉(비스콘티, 1954)는 완전히 다른 스타일로, 투르베르의 세번째 막 동안 페니스 드 브니에서 전개되는 신을 통해서 오스트리아 장교 프란츠 말러에 대한 세르피에리 백작부인의 불행한 만큼 열정적인 사랑 이야기를 시작한다. 애국심과 사랑의 열정으로 가득 차 있는 두 아들들은 영화의 멜로드라마 줄거리를 구성하고, 다음과 같은 상연을 하는 동안 전개되기 시작한다: 군가가 끝날 무렵 오스트리아 군인들이 차지하고 있던 1층 뒷좌석에서 삼색의 무더기 전단이 내려온다; 백작부인과 프란츠는, 신에서 디바가 '사랑은 장밋빛 날개를 타고'를 부르는 동안, 오페라와 멜로드라마(멜로드라마가 신에서 일어날 때만 백작부인이 사랑한다고 확신하는)에 대한 몇 마디를 주고받으면서 알게 된다. 스테파노 소치가 지적한 것처럼 '〈센소〉의 핵심은 멜로드라마의 공간, 즉 연극, 선택된 장소, 뿐만 아니라 사랑·전쟁·희생·눈물·고통·정열·배반 등이 있는 삶과 현실의 신 등을 반사하고 있는 거울로 된 프리즘'이다.[12] 10년 중 전반기 동안, 중요했던 멜로드라마의 서정적 맥은 1950년대 말에 천천히 고갈되는데, 이때는 전쟁에서 멀어지고 생활 수준이 개선됨에 따라 제작자와 대중으로 하여금 평범한 사람의 가정 문제의 표현을 촬영할 수밖에 없었다. 프랑수아 자코미니는 이런 말기의 쇠퇴를 네오-리얼리즘 초창기 방식에 접근시키고, 한편 네오-리얼리즘은 가령 비스콘티의 〈벨

---

12) 스테파노 소치, 〈이탈리아 멜로드라마〉, 《시네막시옹》 68호, 《시네마 장르 파노라마》, 같은 책, p.116.

리시마〉(1951)나 화려한 시네마토그래프 직업에 대한 허망한 꿈을 품고 있는 서민을 그린 안토니오니의 〈동백꽃 없는 숙녀〉(1957)를 보면 멜로드라마를 소홀히 하지 않았었다: '다양한 내러티브와 예술적인 구조로 된 이 두 영화의 형식은 자주 비슷한 생각을 전달'하고 있다. 즉 개인의 운명이라는 프리즘을 통해 인간의 본성, 최고의 가치 찬양 등에 대해 주장한 염세주의와 해피 엔드의 결핍이라는 것이다.[13]

센티멘털 멜로드라마는 전쟁 이후부터 세나지아타의 나폴리 지방과 지역의 전통을 성공적으로 활용하고 있다. 세나지아타는 "대중적인 노랫말이나 멜로디로부터 신이나 스크린을 구상하고, 말라비타의 멜로드라마적 상황과 등장인물, 즉 윤락 여성과 원화창(圓華窓)의 성모 같은 여성을 연출하고 있는 스펙터클이다."[14] 이런 방식의 전문가인 로베르토 아모로소는 〈말라스피나〉(1947)로 세나지아타를 재활성화시킨다: 사랑의 정열과 배반, 간음죄 등으로 만들어진 줄거리는 그 당시 나폴리에서 일어나고 약간 이탈리아화된 나폴리식의 대화가 서로 겹쳐지고 때때로 영역을 떠나 효과가 있는 제목의 노랫말과 혼합된다. 이 장르는 자주 방언으로 된 노래로 장식되었지만, 더욱 광범위한 대중에게 접근하기 위해 로마, 가령 티타누스사에 의해 제작되고, 대체로 남쪽에서 촬영된 '이탈리아화된' 영화들로 1950년대에 그 영광의 시기를 거친다. 이러한 멜로드라마는 가족의 응집력을 유지하는 데 열중하고 있는 가족사를 이야기하고 있다. 여기서 죄책감을 느끼거나 속죄하지만, 자주 연극화된 이런 감정은 여성 등장인물 속에 특별한 방식으로 구체화되고 있다. 〈악마와 육체〉(브뉘엘, 1950) 같은 에스파냐 멜로드라마에서 그 사촌들에 대해 보면, 가족들을 분리하는 데 주저하

---

13) 프랑수아 자코미니, 〈나폴리가 할리우드에 도전했을 때. 이탈리아 뮤지컬 영화〉, 《1950년대 유럽 영화》, 같은 책, p.218.

14) 로렌스 스키파노, 《이탈리아 시네마, 1945-1995. 위기와 창조》, 파리, 나탕, 〈128〉, 1995.

지 않고 있는 순수하고 약하고, 고대뿐 아니라 현재도 여전히 '범죄'로 간주한 죄를 범하거나―― 영화에서 반복적인 용어――모험적인 여성 주인공은 그 감각적인 성질과 에로틱한 힘으로 인해 위협을 가중시킨다. 여성의 현실적이고 가정된 불성실과, 질투하는 남자친구나 애인에 의한 라이벌의 살해 등은 〈엄마의 거짓말〉(마타라조, 1950)처럼, 마지막 새로운 전개가 결국 또다시 가정에 모임으로써 끝나기 이전에 부부나 가족을 위협하는 것은 시나리오에서 드물지 않다. 이 영화는 이본 샌슨과, 아빠와 손위의 형 역할로 전환된 1930년대 초기 청년이었던 아마데오 나자리에 의해 형성된 신화적인 멜로드라마식 부부의 길을 창시하고, 나폴리 멜로드라마의 이탈리아화된 소재를 내놓고 있다: 마타라조는 약 10년 동안 이러한 유형의 또 다른 열여섯 편의 영화로 에스파냐·포르투갈에서 커다란 성공을 거둔다. 이것은 사법적 실수의 희생양인 자기 남편의 불행과 형의 선고로 인해, 무서운 시어머니에게 아이를 버려야 했던 한 여자의 스토리로 짜여진 〈고뇌〉(1951)나 범죄와 거짓 증언으로 시작되는 영화 〈실종된 소녀들이 탄배〉(1954) 같은 것이다: 영아 살해 범인, 행복한 가정의 한 소녀는 가난한 사촌에게 자기를 대신해 자신이 저지른 범죄를 책임져 달라고 요구한다. 대중적인 영화를 넘어 이탈리아 남부, 남부 무대 배경과 멜로디 등은 그 네오-리얼리스트적 표현까지 멜로드라마의 선택된 땅인 것 같다: 〈비극적인 수색〉(드 산티스, 1953)에서 나폴리 여주인공은 유부남에게 유혹당하고, 불행한 사랑으로 북부 사람인 라벤나 선원을 사랑하기 전에 늙은 비밀 결사단에 저항한다. 여기서 북부 사람의 남부 사람의 감정에 대한 몰이해는 영화관 전체가 눈물로 젖어 있는 동안 그에게는 폭소를 터트리게 한 세나지아타 공연 때 드러난다. 유명한 나폴리의 분위기는 〈이탈리아 여행〉(로셀리니, 1953)에서 위기에 처한 영국인 부부의 스토리를 동반하고 있다: 폼페이에 있는 베수비오 화산재에 묻혀있는 두 연인의 시신 발굴과 자신들의 여행을 중단시키고 모여든 신자들 사이에서 순간적으로 그들을 헤어지게 했던 전통적인 성모마리아 행렬은 이들의 화해 요인이다.

보다시피, 비록 미국과 이탈리아 멜로드라마가 사건의 급변과 사건의 새로운 전개로 마디마디가 연결되는 강렬한 액션을 공유하고 전형화된 등장인물을 대치해 놓는다 할지라도, 수많은 특징들로 인해 두 개의 멜로드라마를 구분할 수 있다. 등장인물의 유형, 상황판 등은 1950년대 두 개의 시네마토그래프에서 동일하지 않다. 이탈리아 멜로드라마는 오페라와 스토리, 혹은 나폴리 전통 등과의 결합에 의거해 문화적이고 국가적이며 지역적인 아이덴티티를 나타내고 있다: 만약 음악이 여기서 할리우드처럼 사건의 비장미를 강조하고 상황의 감정적인 분위기를 보충한다면, 그 표현적 기능은 강력한 아이덴티티의 공시(公示)로 인해 두 배가 되고, 노래 구절은——분명히 오페라 영화, 나폴리에서 제작된 멜로드라마와 몇몇 남부 멜로드라마 등에서——미국 영화보다 아주 더 많다. 미국 영화에서 이 구절은 거의 영화 첫머리나 마지막을 수반하는 **타이틀 송**으로만 나타나고 영화 내부에는 아주 드물게 들어간다(가령 〈어페어 투 리멤버〉). 결국 이 시대에 할리우드 멜로드라마의 의미론 속에 한정하고 있는 컬러의 사용은 이탈리아 멜로드라마에서는 거의 부재이다: 아직도 흑백이었던 유럽에서, 이 문제에 있어 마타라조의 시도는 결국 실패로 끝났다.[15]

그러므로 매우 다양한 컨텍스트 속에 위치한 현상을 지칭하기 위해 동일한 장르의 라벨을 사용한다는 것은, 사실상 일정한 문화적 시기에, 문화적으로 지배하는 형식이나 양식을 장르로 대체한 것이다. 린다 윌리엄스가 미국 시네마에서 '멜로드라마' 장르와 '멜로드라마' 방식을 구분하도록 제안한 것은 바로 이러한 시각에서이다. 멜로드라마

---

15) 피에르 소를랭, 〈1950년대 유럽 대중 영화〉, 《1950년대 유럽 시네마》, 같은 책, p.39.

장르란 **여성 영화**, 가족 멜로드라마와 몇 편의 전기(前記) 영화 등을 특징짓고, 멜로드라마 방식이란 앞의 장르를 포함하고 있지만 린다 윌리엄스에 있어서는 특히 미국 대중적 시네마의 기본적인 목록이다: 센세이션을 일으키는 신, 등장인물들의 도덕적 미덕이 엿보이는 절정의 순간 등을 통해, 우리로 하여금 그들에 대해 연민을 느끼도록 하는 스토리다. '여성'의 파토스(수많은 '멜로드라마' 장르 영화처럼)나 '남성'의 액션을 공연하고 확대하는 이러한 순간들은 내레이션을 중단시키는 것이 아니라, 이를 진행하도록 하고 유지시키고 있다.[16]

〈람보〉 시리즈는 완전히 근육질로 된 남성적인 영웅을 통해 남성우월적 가치를 회복시키고 베트남전에 대한 부정적인 의식을 제거시키려고 시도한 레이주의식이며 보수적인 아메리카의 상징으로 자주 해석되고, 전쟁 영화와 마찬가지로 액션 영화 장르에 속한다. 그러나 이 시리즈는 역시 람보를 둘러싸면서 멜로드라마 방식 위에 희생이라는 감동적인 멜로드라마 분위기에서 나온다. 이러한 멜로드라마 분위기는 "우리가 조국을 사랑하는 만큼 조국이 우리를 사랑한다"라는 잃어버린 애국의 순수한 상태를 되찾도록 요구하고 있다. 〈람보〉(코체프, 1982)에서, 조국에 귀환한 베트남전의 옛 영웅은 영화 결말 부분에서 만나기를 수락했던 자신의 옛 상사의 팔에 쓰러지기 전, 미국 소도시에서 혼자서 게릴라 작전을 시작한다: 전쟁으로 인한 인적 손실, 즉 자기 친구들의 죽음과 순수함의 상실로 슬퍼하는 한 남자의 비탄에 잠긴 비장미는 옛 그린베레의 액션 스펙터클의 뒤를 잇고 있다. 린다 윌리엄스가 지적한 것처럼, 베트남전에 할애한 많은 전쟁 영화처럼 이 시리즈는 희생자들과 죄인들의 역할을 재구성하고 있다. 더불어 이 시리즈는 단지 위업과 액션의 스펙터클로 이루어진 것이 아니라, "성가

---

16) 린다 윌리엄스, 〈수정된 멜로드라마〉, 《재형상화하고 있는 아메리카 영화 장르. 이론과 역사》, 닉 브라운, 버클리/로스앤젤레스/런던, 캘리포니아대학교 출판, 1988, p.42-88.

시게 끼어드는 도덕적인 짐을 일소하려는 멜로드라마 방식에 의거해 위업의 미장센으로 처리한다: 도덕적인 짐이란 잃어버린 전쟁 속에서 **나쁜 놈**이었던 것을 의미한다."[17] 역사에 남을 죄인이라는 짐이 무거울수록, 멜로드라마가 효과를 내는 비장미와 액션의 혼합은 잃어버린 순수함을 회복시키기 위해 필수적이다.

장르의 순환

로컬 장르와 초(超)역사적이며 초국가적인 장르 사이에 이분법은 그러므로 우리가 여기서 '장르' 개념의 다른 두 가지 용법, 즉 장르 개념은 방식을 가리키거나 아니면 안정된 의미론적이고 통사론적 자질이 부여된, 문화적이고 이데올로기적이며 특정한 일시적인 양식을 지칭하고 있다는 두 용법의 해석을 알아보면 오히려 부분적으로 해결될 수 있다.

이것에 장르의 수입 · 통합 · 문화적 흡수 등의 과정을 덧붙이는 것이 적합하다. 이 과정은 시네마토그래프가 지배하고, 그 모델이 국제적인 공간에서 순환하기 때문에 더욱더 많다. 장르 영화는 수출되면서, 이런 식으로 장르의 국제적인 의식을 구축하는 데 기여하는데, 영화 관객이 각지에서 동일한 방식으로 장르에 빠지지 않는데도 말이다. 한편으로, 장르의 명칭은 번역되지 않고 국내 어휘 속에 반복될 수 있다. 서부 영화나 스릴러, 혹은 무술 영화라고 때로 불려지고 있는 쿵후 영화나 미국의 **뮤지컬**을 프랑스 단어로 번안한 오페레타와 확연히 구분되는 용어인 뮤지컬 코미디 등처럼 말이다.

그러므로 그 수용 상황으로 인해 다른 국경선에서 장르 카테고리를 재구성하는 일 역시 일어날 수 있다. 가령 프랑스에서 고대를 주제로

---

17) 앞의 책, p.16(개인적인 해석).

한 이탈리아 영화나 이탈리아와 합작으로 연출된 영화와 몇 편의 **서사시**, 즉 할리우드 화려한 스펙터클 영화를 포함하고 있는 페플럼처럼 말이다. 외인적(外因的)인 장르 카테고리는 로컬 작품들을 새로운 꼬리표 아래 재정의하기 위해 역시 채택될 수 있다. 이처럼 입 본데비야그[18]가 분석한 것처럼, 덴마크 비평가가 할리우드 뮤지컬 영화뿐 아니라, 노래와 음악과 춤을 포함하고 있는 국내 작품들을 특징짓기 위해 뮤지컬이라는 용어를 사용한 때는 1950년대 말기부터이다. 1930년대부터 많아지고 커다란 대중적 성공을 거두고 있는 덴마크 뮤지컬 영화는 거의 30년 동안, 유럽과 덴마크 전통에 따라 오페레타라는 단어로, 혹은 덴마크 시네마에 매우 영향력 있는 독일 코미디 전통(lustspiel)과 동시에 로맨틱 코미디와 뮤지컬 영화의 앵글로·아메리카 전통을 가리키는 용어인 리스필(lystpil)이라는 명칭으로 지칭되어졌다. 덴마크 뮤직-홀의 순수한 소산이자 1930년대부터 1950년대까지 이런 장르에 대해 모두가 인정하던 인기배우였던 마르그리트 비비와 릴리언 엘리스처럼, 뮤지컬 영화의 여성 스타들은 할리우드에 대립되는 덴마크의 국가적 아이덴티티를 전달하는 매개수단으로 느껴진다. 할리우드는 그 당시, 덴마크 스타일과 아이덴티티를 대조적으로 정의하는 데 사용되고 있는, 위협하는 이타성의 형식이나 덴마크 시네마에 결코 필적하지 못할 이상적인 이타성으로 나타나 있다. 이렇게 〈Alle Gaar rundt og foresker sig〉(그레거스, 1941) 영화는 개봉할 당시 '오페레타' 라고 불리워졌고 우리는 신문에서 메트 메드슨의 역할을 맡은 인기스타 릴리언 엘리스가 외국에서 몇 년을 보냈음에도 불구하고 코펜하겐의 아름다운 아가씨로 남아 있다고 읽었다: 덴마크 시네마는 그녀의 할리우드 이력이 그녀에게 제공하지 않았던 기회를 줄 것이다. 비

---

18) 입 본데비야그, 〈코펜하겐 노래와 춤. 할리우드와 네덜란드 뮤지컬 영화의 구성〉, 《50년대 유럽의 시네마》, 같은 책, p.199-214.

평가들은 덴마크와 미국적인 요소들을 혼합시킨 이 영화를 미국 뮤지컬 코미디를 약하게 모방하였다고 하거나, 반대로 비평가들이 이 영화에 대해 가치 평가할 때, 그들은 이것을 국가적 표현 쪽에서 이끌어내고 있다. 1950년대 말에 나타난 덴마크 뮤지컬 영화를 지칭하기 위해 **뮤지컬**이라는 용어의 첨가는 할리우드 스타일(내레이션에서 춤 출 번호의 통합)에서 영감을 얻었지만, 부분적으로 그 기원을, 전쟁 동안 덴마크 시네마 상황 속에서 발견한 미학적 변화의 결과이다:

독일인들은 자신들의 영화가 우세해지는 것을 보고 싶어하지만, 덴마크 사람들은 이것을 허용하지 않았다: 반대로 덴마크 영화는 스스로 자극을 받아 그 어느 때보다도 더 대중적이었다. 덴마크 제작자들과 영화인들은 그 당시까지 주로 미국이나 유럽의 영감을 받았던 장르 속에서 새로운 형식을 발전시키려고 시도하면서, 새로운 방향으로 뛰어들었다. 스크루볼 **코미디**, 범죄 영화, 필름 누아르, **스릴러**, 뮤지컬 영화 등의 도래는 40년대에 중요했지만, 역시 50,60년대에 나타나게 될 형식의 기반을 확립했다.[19]

역시 **뮤지컬**이라는 용어가 덴마크의 '새로운' 뮤지컬 영화를 정의하기 위해 1950년대 말에 부여될 때, 그 사용은 적어도 장르의 할리우드 통사론을 이용하는 모든 영화들에 대해 소급력이 있게 된다: 〈Alle Gaar rundt og foresker sig〉는 그 이후 미국 세트 영화의 현대적 스타일로 촬영된 최초의 덴마크 **뮤지컬**로 보여진다. 이후 우리는 미국 장르에 영화의 비주얼한 참조와 뮤지컬 차용을 강조한다.

그러므로 명칭의 순환은 역시 제작의 영역을 바꾸면서 변형되어진 형식의 순환이다. 1960년대 이탈리아 서부 영화의 경우가 그 본보기

---

19) 앞의 책, p.200.

라 할 수 있다: 이 장르는 미국의 대형 화면에서 사라져 효력을 잃은 장르에 제2의 삶을 부여한 에스파냐, 영국, 특히 이탈리아 등을 통해 유럽에서 다시 활기를 띠게 된다. 이는 물론 비주얼한 요소, 의미론, 의미 등이 스토리, 경치, 미국의 이데올로기 등과 밀접하게 관련이 있는 장르를 가지고 제작된 최초의 비(非)할리우드적 시도가 아니다. 왜냐하면 유럽의 무성 시네마는 자주 카마라그 지방에서 촬영된, 1910년대 장 뒤랑의 프랑스 장편 영화처럼 서부 영화를 이미 제작했었기 때문이다――가령 〈카우보이가 되고 싶은 칼리노〉(1911)처럼 말이다. 그럼에도 불구하고 '유럽 서부 영화 장르'의 출현을 입증하면서, 중요한 다수의 서부 영화들이 할리우드를 떠나 성공적으로 제작되어진 것은 처음이다. 대서양을 건너면서 서부 영화는 변모된다. 미국의 사막을 회상할 수 있는 사막의 경치에서 촬영된, 이 영화들은 분명히 멕시코를 주제로 한 성향을 분명히 드러내고 수많은 등장인물의 성(姓)(장고, 스피리토 산토 혹은 트리니타)의 자음은 서부의 모험에서 라틴문화권의 접촉을 보이고 있다. 미국 서부 영화의 코드와 가치를 전복시키고 더럽거나 기괴한 육체를 선호하기 때문에 사육제에 어울리는 영화라고 가끔 이름 붙여지기도 하는, 이 영화들은 클린트 이스트우드가 그 상징인 시니크한 주인공이나 사디즘적이고 잔인한 등장인물을 통한, 앞선 10년간의 미국 영화인 진부하고 오래된 웨스턴의 구실을 하고 있다: 서부 액션의 상징적인 인기스타이자 〈나의 사랑 클레멘타인〉(포드, 1946)에서 위엄 있는 와이어트 어프 역할을 맡은 헨리 폰다는 〈옛날옛적 서부에서〉(레오네, 1969)에서, 특히 잔인한 상황에서 하모니카 맨의 형을 교수형에 처한 잔인한 프랭크가 된다. 레오네의 달러 3부작에서 등장인물들은――〈황야의 무법자〉(1964), 〈석양의 건맨〉(1965), 〈석양의 무법자〉(1966)――무법자, 양심에 가책도 도덕도 없는 협잡꾼 등이다. 이탈리아 서부 영화의 세계는 과장된 세계이다: 〈살인은 조용하게 온다〉(코부치, 1968)에서 폭력이 절정에 이르는데, 이

영화에서 유타 주의 약탈자 중 가장 피흘리기 좋아하고 크라우스 킨스키가 그 역을 한 로코는 그를 제지시켰던 보안관과 완전히 죄가 면제된 곳으로 떠나기 전에 주인공 사일런스를 죽인다. 형식적인 차원에서 모든 것은 역시 과장으로 향하고 있다: 공간 속에서 대상물들의 희박성, 가슴을 조이는 듯한 음악적 분할에 의해 강조되는 신의 시간적 확장, 리얼리스트적 사실들의 풍자적인 강조, 매우 클로즈업된 장면들의 증가 등이다──〈옛날옛적 서부에서〉의 결말에서 프랭크와 하모니카 맨을 대립시키는 권총을 사용한 결투 속에 압축된 요소들 같은 것이다. 이탈리아 서부 영화는 이처럼 서부 영화 고유의 신화를 부인하는데, 비록 몇몇 협약적인 모티프를 모방하고, 미국 배우들을 사용하며 유희적이기도 하고, 다소 현혹시키려고 미국인의 가명을 쓰고, 할리우드 시네마를 이용(세르지오 레오네/봅 로버트슨)하거나 패러디를 실행하는 등, 이런 식으로 미국 모델에 참조하고 있다는 것이 명백하다 할지라도 말이다: 〈옛날옛적 서부에서〉 영화에서, 기차역에서 살인자들의 오랜 기다림은 가령 〈하이눈〉(진네만, 1952)을 반복하고 있지만, 잭 엘럼을 계속 성가시게 하는 파리는 암시적으로 무례한 코믹 스타일을 도입하고 있다. 더욱이 대서양을 건넜을 때 서부 영화는 충분히 변화하였다. 때문에 정통주의자들은 이 서부 영화를 단지 단계적 이행일 수 있는 장르에 완전히 통합시키기를 거부하고, 사업적 이득을 그 유일한 동기로 만들면서 이 서부 영화를 실격시키거나 두드러지게 '스파게티 웨스턴'이라는 경멸적인 명칭을 붙이고 있다.

장르 체제

장르란 우리가 이것을 제작, 분류, 해석 등의 범주로 간주하고 있지만, 그 자체들이 포개어진 실체가 아니다. 마치 장르 혼합의 영구적인 실천과 마찬가지로 상호 작용, 상호 영향, 계속되는 장르화 등으로 이루어진 그 역사가 보여주고 있는 것처럼 말이다. 장르는 미분(微分)식으로 정의되고 그 위치, 형식, 다른 것들에 비교한 한계 등을 동시에 발견할 수 있는 시스템과 등급으로 조직화되어 있다. 그러므로 장르의 역사는 각 시네마토그래프 컨텍스트로 인해 항상 진화하는 방식으로 정리되는 **장르 체제**의 역사라 할 수 있다.

장르 체제의 논리

장르 체제는 무엇보다도 먼저, 장르 체제 속에서 사용하고 있는 장르 카테고리 전체와 이 카테고리들이 서로 맺고 있는 관계로 한정된다. 이 관계는 공존과 병렬 방식이라고 생각될 수 없는데, 왜냐하면 보았다시피 장르는 다른 장르에서 하나의 장르로 만들어지기 때문이다. 그러므로 장르 체제는 구체화할 수 있는 분명히 구분된 공간의 경계선으로 데쿠파주할 수 있는 수뇌부 지도의 이미지에 속하지 않는다. 더욱이 장르 체제는 모두 동일한 차원에서 간주하지 않아야 할 모든 장르들을 제시하고 있는데, 모든 장르는 등급별 방식, 즉 다양한 방식이 있긴 하지만 이 방식으로 조직되어지기 때문이다.

한편, 구분할 수 있는 비평적·미학적·이데올로기적인 판단 기준에 근거를 둔 모든 장르에 대한 등급이 존재한다: 가령 1950년대 프랑스 시네마에서, 특히 여성 멜로드라마는 신문에서 평이 나쁜 장르이다. 왜냐하면 이는 '유혹과 정복이라는 남성적인 관점에 특권을 주고 또 30년대 언어에서 제한되었고 50년대에 여성 육체의 이미지로 확대된, 에로티시즘으로 표현되는' 성(性)에 대한 대화를 위해 도덕적이고 감정적인 표현방식으로 성관계에 대해 말하는 것에 대한 문화적 거부감 때문이었다.[20] 독일군이 프랑스를 점령하는 동안 페탱파 시네마가 장르를 만들었던 이데올로기적 사용으로 장르에 던져진 치욕은 이러한 문화적 가치의 상실에 덧붙여진다.

다른 한편으로, 몇몇 장르들은 제작된 영화의 양, 영화의 성공, 동시대의 또 다른 장르에 그 자질 중 몇 가지를 보급하고 수출할 수 있는 역량 등으로 판단하는 주된 형식처럼 나타난다. 이처럼 스티브 닐은 미국 시네마의 장르 체제에 대한 전체적인 통시적 도식을 제시한다. 그는 자신이 할리우드 시네마의 연속적인 '시대'라고 정의한 것 속에서 하나나 두 장르의 이환율로부터 미국 시네마의 장르 체제를 조직하고 있다.[21] 러시아 형식주의자들의 '장르에 대한 논쟁'에서 영감을 얻은 진화론적 관점에 의거해(제5장, p.165 참조) 지배적인 장르들은 작품을 구조화하고, 대중의 교체와 이데올로기적·경제적·기술적 변화 등의 영향 아래 다른 것으로 대체하기 전에 다른 장르의 양식을 변형시킨다. 그에게 있어 사진 촬영, 환등기와 또 다른 시각적 스펙터클, 보드빌 등과 같은 다른 예술적 형식들의 결합으로 제작된 초창기 미국 시네마는 이러한 형식에서 발생한 세 가지 장르, 즉 '촬영,' 트릭 영화와 **슬랩스틱**(다시 말해 키스톤 드 맥 세네트를 그 상징으로 하고 있는 벌레스크 코미디) 등이 눈에 띈다. 스튜디오의 구성, 더 부르주아층으로 대중의 확장, 영화의 연장, 유성 영화의 도착 등은 무대 위에 점차적으로 멜로드라마와 코미디를 올려놓는다. 우리는 이때부터 '서부 영화'가 제일 먼저 벌레스크, 그 다음 멜로드라마, 그리고 보다 적은 한도로 뮤지컬 코미디 등과 결합한다는 데 놀라지 않는다. 제2차 세계대전 이후 이데올로기적 위기와 스튜디오 시스템의 격동의 시기 동안 드라마와 **서사시**(다시 말해 대스펙터클)는 각 장르의 새로운 경치를 조직하고 대중이 부활하고 특수 효과가 출현하는 등 부수적인 자극

---

20) 노엘 뷔르슈와 주느비에브 셀리에, 《프랑스 시네마에서 기묘한 성(性)전쟁, 1930-1956》, 같은 책, p.248.
21) 스티브 닐, 〈장르 문제〉, 《영화 장르 리더 II》, 배리 키스 그랜트, 같은 책, p.174-175.

으로, 대부분 새로운 **블록버스터**를 제작하는 공상과학 영화와 호러 영화에 자리를 양도하기 전, 서부 영화, 전쟁 영화, 뮤지컬 코미디 속에 확산된다.

장르 체제의 논리를 구성하고 있는 이러한 계층적 매개변수에, 특히 제2차 세계대전부터 유럽 시네마토그래프, 즉 자율적이지 못하고 다른 시네마토그래프의 영향과 침투에 강력히 따르고 있는 시네마토그래프에 있어, 커다란 중요성을 지닌 아이덴티티를 나타내는 매개변수를 덧붙여야 한다. 유럽의 장르 체제 자체는 경쟁, 아이덴티티의 숨김이나 저항, 장식이나 이질 문화 수용 등, 이러한 방식 위에 또 다른 장르 체제, 특히 주된 할리우드 시네마 체제와 접촉하고 있다. 이 현상은 제작과 동시에 수용의 차원을 포함한 결과이다: 이렇게, 1950년대 프랑스 시네마는 그 고유의 영역에 대한 미국과의 경쟁에 대답하는 데 관심을 가지고, 부분적으로 1953년 프랑스 박스 오피스 최초의 영화인 기트리의 〈만약 베르사유 사람들이 내 말을 들었다면〉처럼 국내 작품, 혹은 이탈리아와 스페인과 함께 촬영된 대량의 작품을 향하고 있다. 더불어 프랑스 영화는 탐정 영화, 오페레타, 역사 영화와 문학 각색과 같은 장르들을 체계화하려는 더 확고한 의지를 표현하고 있다. 역사 영화와 문학 각색은 에로티시즘과 '정사' 의 극치로 양념이 뿌려진 프랑스풍의 화려한 스펙터클과 동일하게 맥을 같이하면서, 자주 1960년대에 그 영광의 시기를 겪은 활극 영화와 뒤섞이고 〈가죽 코〉 (알레그레, 1951), 〈몬테크리스토 백작〉(베르네, 1954), 〈꼽추〉(훈너벨), 〈캡틴〉(훈너벨, 1960), 〈프라카스 함장〉(가스파−위, 1961), 〈클레브 공주〉(델라노이, 1961), 〈철가면〉(드쿠앙, 1962) 등의 주인공인 장 마레라는 스타를 확실히 만들어 내기조차 한다. 만약 우리가 또한 수용을 고찰한다면 문제는 더 복잡해진다. 이때 모든 것은 마치 우리가 1950년대 프랑스 시네마의 장르 체제를 하나가 아니라 두 개 가지고 있는 것처럼 일어난다; 첫째는 이 시기의 국내 작품을 구성하고 있는 것, 둘째는 국내 시네마 장르와, 국내 작품 속에 존재하지 않은 수입 영화 장르(가령 서부 영화나 뮤지컬 코미디처럼)가 공존하는 영화 공급의 수용을 구성하고 있다. 아마도 우리는 다음과 같이 또다시 더 멀리 나아가서 생각할 수 있다. 즉 이는 수용에 대한 더 깊은 비평 연구를 통해 입증되어지기를 요구하는 것이지만, 관객들이 장르에 영화를 확인시키고 장르나 시네마토그래프 컨텍스트 속에 장르를 위치시키기 위해 그들이 사용하고 조작하는 수많은 장르 체제들이 공존하는 식으로 존재한다는 것이다: 동일한 시대와 지리학적인 배경 속에서 다양한 수용 관계자들, 즉 교양 잡지, 대중 잡지, 다양한 대중의 카테고리 등은 관객의 장르 체제를 동일한 방식과 논리에 따라 구성하고 있지 않다. 왜냐하면 이들은 자신들 시네마의 사회적이고 미학적인 경험, 시네마토그래프 문화, 가치 시스템, 국가와 아이덴티티를 나타내는 시네마토그래프에 대한 자신들의 동의나 거부의 정도 등을 통해 구별된다. 개별적으로 고찰된 장르들이 해석 범주, 다시 말해 관객의 세계와 영화의 세계 사이에 가능한 매개물이듯이, 장르 체제는 이러한 해석들이 실현될 수 있도록 하는 그만큼의 틀과 논리이다.

그러므로 장르 체제를 이해하기 위해서는 시네마토그래프 작품의 구성 속에서, 그리고 장르가 거기서 수행하는 사용과 마찬가지로 그 수용 속에서 장르가 차지하는 위치를 고찰하는 것이 필요하다. 장르의 기능은 영원하지도 어디든지 동일하지 않기 때문에, 이러이러한 상황 속에서 그것의 존재방식에 대해 질문하기보다 오히려 장르가 그 상황 속에서 수행하고 있는 역할을 한정하는 것이 더 가치 있다: 이것은 장르 개념에 보편적인 의미를 부여하는 것을 포기하므로 각 컨텍스트 속에서 장르의 의미와 조작적인 가치를 포착한다는 것을 함축하고 있다.

할리우드 장르의 시스템

고전 시대에 할리우드 장르의 시스템은 두말할 것도 없이 가장 잘 알려지고 연구된 장르 체제이다. 우리는 스튜디오 시스템 속에서 각 장르와 장르 영화의 프레그넌시와 경제적이고 이데올로기적 차원에서 그 중요성을 벌써 환기시켰다(제3장 참조). 우리는 이러한 할리우드 시스템 연구를 연장할 수 있다. 장 피에르 에스크나지의 연구에 따르면[22] 각 장르는 그 연구에서 '스펙터클한 이야기' 형식에 따라, 초창기에 지배적이고 인기 있는 생생한 스펙터클 모델을 반복한, **스펙터클한 스타일**과 시네마가 스토리를 이야기하는 데 몰두했을 때 초점이 맞춰진 **로마네스크 스타일**을 결합시키기 위해 고안해 낸 불안정하고 일시적인 그만큼의 해결책, 즉 할리우드 스타일의 '특유어'라고 제안하면서 말이다. 보드웰·스테거·톰슨의 연구[23]에서 영감을 얻기도 하고 구분되기도 하면서, 로마네스크 스타일이 로마네스크 형식을 위해 1910년 이후 사라졌을 거라고 생각하는 것 대신, 에스크나지는 할리우드 스타일을 스펙터클한 스타일과 로마네스크 스타일의 통합으로 정의하자고 제안한다. 제1차 세계대전 이후 무성 영화인 벌레스크는 주인공들의 유혹할 만한 성격의 연기, 번호와 개그나 묘기 등의 연결, 수평적인 정면성에 의뢰 등으로 인해, 스펙터클한 스타일은 이때부터 내러티브 스타일 속에 용해되지 않음을 잘 보여주고 있다. 따라서 뮤지컬 코미디는 그 구조 속에 내러티브 부분과 춤추고 노래하는 스펙터클한 부분을 통합시키고, 할리우드 스타일의 기본적인 이중성을 증명

---

22) 장 피에르 에스크나지, 《히치콕과 현기증의 모험》, 《할리우드 인벤션》, 같은 책, p.33-45, 92-95.

23) 데이비드 보드웰·자네 스테거·크리스틴 톰슨, 《고전 할리우드 시네마》, 같은 책.

하고 있다. 모든 것은 전쟁과 위험 극복이 주인공의 제스처에서 유혹의 순간을 이루고 있는 모험 영화 같다; 연출자에 따라 다소 중요한 방식으로, 벌레스크적인 순간이 뿌려진 코미디; 이야기에서 주관적인 장면이 연결되고 남성 등장인물의 관점에서 팜므 파탈의 스펙터클이 연결되는 필름 누아르; 감정의 음악적 파티션에 근거를 둔 페이소스의 스펙터클은 이야기에 리듬을 붙이고 있다; 어떤 현상에 대한 설명, 그 존재에 대한 이의, 내린 결론을 둘러싼 토론 등, 이러한 신(scène)이 공격, 침입 등의 신과 교대하는 호러 영화나 판타스틱 영화; 주인공이나 살인자들의 액션이 병사나 졸병 등, 개인이나 소(小) 그룹의 스토리 속에서 다루어진 전쟁 영화.

그러므로 할리우드 장르의 분류는 멜로드라마나 코미디처럼 오히려 로마네스크식이지만, 스펙터클한 자질이나 순간들을 포함하는 장르와 모험 영화, 액션 영화, **서사시** 등, 상대적이거나 주관적인 관점을 통해 드러낸 등장인물들의 스토리를 이야기하는 이러한 영화들처럼, 오히려 스펙터클한 장르 사이에서 이루어지는 경향이 있다. 한편, 스튜디오 속에서 다양한 조직원들의 작업 분담은 장르의 이러한 이중적 차원을 입증한다: 가령 뮤지컬 코미디의 춤과 노래 순서는 전문화된 조직원에 의해 조정된다. 결국 할리우드 스튜디오 장르는 경제적 · 상업적 · 이데올로기적일 뿐만 아니라, 문체론적인 논리의 합류점에 속한다.

할리우드를 떠난 장르 체제

장르에 대한 연구는 할리우드 고전 시네마에 대해서는 매우 장황하고, 일본 시네마에 대해서는 유효하지만——두 개의 시네마는 장르 시스템으로 강하게 구조화된 시네마토그래프이다——유럽 시네마의 경우에는 상대적으로 아직 처녀지이다. 프랑스 시네마의 경우, 이 부재는 물론 시네마토그래프 제작 속에서 각 장르의 위치로 설명되어진다. 피에르 빌라르의 표현을 인용해 보면 "프랑스 시네마는 장르 시네마에 매우 관심을 가지고 있지만, 이것이 시네마 장르는 아니다."[24] 그렇지만 장르로 된 프랑스 시네마가 존재하고, 장르로 포맷되지 않은 많은 영화들은 프랑스에서 장르로 표지된 영화들이다: 앞에서 보았다시피 1950년대에 더욱 강하게 장르에 호소하였지만, 1930년대는 역시 진지하거나 가벼운 불바르 작가들(번스타인·바타유·페도·아샤르뿐만 아니라 신에서 에크랑으로 이행하는 파뇰과 기트리)에게 영감을 얻은 극적 코미디, 오페레타-영화나 식민지 영화 등으로 장르의 존재를 입증하고 있다. 식민지 영화는 〈외인부대〉(페데르, 1933)에서 〈땅끝을 가다〉(뒤비비에, 1935)와 〈아프리카 기병〉(그레미옹, 1936)까지 이국적인 모험, 희생 정신, 식민지 군대의 영웅적인 행동 등을 찬양하고 있다.[25] 그러나 안정된 시장의 부족과 탄탄한 작품 구조의 부재는 프랑스 시네마 장르가 수많은 하위-장르나 시리즈로 빠르게 굳혀지고, 세분되며, 다양화되지 않은 경향이 있다.

프랑스 시네마의 장르 체제에 관한 분석의 부재와 장르 연구에 대한 상대적인 빈약함은 할리우드 스튜디오 장르나 일본 시네마의 시스템보다 더 불안정한 현상을 파악하는 어려움으로만 설명되지 않는다. 이 어려움은 역시 할리우드 시네마 장르와의 비교, 특히 여기서 강력하게 코드화되고 아주 명백하게 표지될 수 있는 뮤지컬 코미디와 서부 영화와 같은 장르와의 비교에서 기인한 것이다. 각 장르의 성질과 구조에 대해 비교하는 유형의 연구를 모방하는 대신, 할리우드에의

---

24) 피에르 빌라르, 《프랑스 시네마의 고전 시대. 유성 영화에서 누벨바그까지》, 같은 책, p.553.

25) 1930년대 프랑스 식민지 영화에 대한 참조: 《30년대 장르》, 미셸 라니, 마리 클레르 로파르, 피에르 소를랭, 생드니, 뱅센대학 출판, 1986, 《마르레브 식민지 영화. 사실과 같은 상상의 세계》, 압들카데르 브날리, 파리, 세르프, 〈일곱번째 예술〉, 1998.

참조는 말하자면 연구 영역을 괴멸시키고 있다: 스튜디오의 시스템에 비교할 만한 장르의 구조화된 시스템을 발견하지 못했기 때문에 우리는 장르 체제의 부재나 약함이 있다고 생각하는데, 그 당시 연구 영역은 틀림없이 동일한 논리로 구성되어 있지 않다. 장르 전체를 뒷전으로 하고 작가·학파·사조 등에 특권을 주고 있는, 비평가들과 대학인들의 프랑스 시네마에 대한 이해는 마침내 다음의 문제가 있다: 가령 지네트 뱅상도가 주목한 것처럼 "가뱅 영화들의 리얼리즘은 자주 멜로드라마식 리얼리즘인데, 이는 1930년과 1940년대 '시적 리얼리즘'이란 명칭이 은폐시켰던 것이다."[26] 이러한 영화들의 리얼리스트적 정착이 어떻든간에, 이 영화들은 수동적인 주인공인 남성 스타-등장인물의 감정적인 갈등을 멜로드라마식 목록에 의거해 소개하고 있다: 그러므로 우리는 시적 리얼리즘의 장식으로서 카르네의 〈안개 낀 부두〉(1938)나 〈해는 떠오른다〉(1939)를 생각해 볼 수 있지만, 이 영화들은 그 이후 동일한 장르인 멜로드라마의 다양한 면과 닮은 필름 누아르의 요소들을 통합시킨 〈아기 동고에 대한 진실〉(드쿠앙, 1951)과 같이 분석되어질 수 있다.

장르 체제의 논리와 의미에 관한 연구는 그럼에도 불구하고 이탈리아에서 더 앞선 것 같다. 이는 특히 1960년대에 국내나 외국 영화계에서, 완전히 확인된 이탈리아 서부 영화, 페플림, 이탈리아 코미디 등, 이 세 가지 장르의 강력한 존재 때문이다. 단지 이 시기를 단지 환기시켜 보면, 이러한 지배적인 세 가지 장르는 아이덴티티를 나타내는 극점과 할리우드를 통해 강하게 표지된 국제적인 극점 사이에 긴장감 속에서 구성되어지는 것 같다. 장 질리가 보여준 것처럼 코미디는 다각적인 모습으로 이탈리아의 현실 속에, 또 국가나 로컬의 스펙터클한 전통 속에 강하게 정착한다: 1950년대 말 에스파냐·포르투갈 반

---

26) 지네트 뱅상도와 클로드 고퇴, 《장 가뱅, 신화분석》, 파리, 나탕, 1993, p.120.

도에서 그 자율성을 찾은 이 장르는 그럼에도 불구하고 멜로드라마와 오랜 관계를 유지해 나가고(여기서 웃음은 절망과 결코 거리가 멀지 않기 때문이다), 그리고 '유머, 아이러니, 풍자 등을 통한 이탈리아 사회 문제를 처리할 방법으로 코미디를 활성화시켰던' 네오리얼리즘의 결정적 영향으로,[27] 이 영화들은 경제적 기적의 꿈을 포기하고 가장 어두운 절망에 웃음을 섞고 있다. 즉 이 영화들은 〈마돈나 거리의 한탕〉(모니첼리, 1958)에서 〈소름끼치며 더럽고 심술궂은〉(스콜라, 1975)나, 촌극 영화의 구조가 표현하고 있는 세분화된 사회의 증인인, 사랑하고 파렴치하며 파괴적인 〈몬스터〉(리지, 1963)의 인물 묘사까지이다. 동일한 배우들(가스먼·토나치·만프레디·소르디 등)을 코미디아 델라르테를 계승한 마스크로 만드는, 친숙한 스타-시스템에 의뢰는 코미디에 매우 강력한 이탈리아의 아이덴티티를 역시 부여하고 있다. 서부 영화는 미국 장르의 규범을 이용하고 변형시키면서, 또 시네마와 할리우드 신화론에 대한 비평적 매혹을 드러내면서(p.224-226 참조) 대립된 극점에 위치하고 있다. 페플럼은 그 나름대로 매개적인 위치를 차지하고 있다: 첫째, 국가의 과거에 부분적으로 연결시키는 '고대의' 테마, 둘째, 로마를 주제로 한 화려한 스펙터클 영화와 〈카비리아〉(패스트로네, 1914)에 의해 창조된 마시스테 같은 반복된 영웅들로 된 이탈리아 시네마 속에서 오래 전부터 확인된 존재로 인해, 페플럼은 연속적으로 이탈리아에서 새겨지고 있다. 그러나 1950년대에 이 장르는 할리우드 시네마와 **서사시**를 경유하여 에스파냐·포르투갈 시네마로 귀환한다고 말하는 것이 더 올바른 것 같다. 할리우드 시네마와 서사시 그 자체는 넓게는 1915년경 그 초창기에 웅장한 무대장식과 제작된 기구의 움직임 등이 이탈리아 영화에 의해 영향을 받았다. 그 영향 중 하나로, 그리피스가 반복한 카비리아의 이동촬영은 이탈리아에서 탄

---

27) 장 질리, 《이탈리아 코미디》, 파리, 앙리 베이리에, 1983. p.89.

생했다는 고유명사의 흔적을 간직하기조차 했다. 더욱이 〈벤허〉(와일러, 1959)나 〈클레오파트라〉(맨케비츠, 1963) 같은 몇 편의 화려한 할리우드 스펙터클 영화들은 일부 이탈리아 예술과 기술팀과 함께, 이탈리아에서 상당 부분 촬영되어졌다. 서부 영화와 페플럼 사이에 일련의 일치는 마침내 페플럼 장르의 아이덴티티를 망가뜨린다: 동일한 감독들이 서부 영화와 페플럼을 위태롭게 하고(레오네는 가령 1960년에 〈오드의 투기장〉을 감독한다), 고대 로마의 비전, 국가 실록의 해석과 연출 등은 때로 미국 서부 영화의 모델을 거친다. 서부를 향한 여행, 약속된 땅의 탐색——앞선 10년 동안 할리우드가 찬양한 미국 민족의 신화·역사적 기원——등은 이렇게 미학적인 틀과 미국이 자기 역사를 표현한 형상을 이탈리아에 제공하고 있다. 미국의 문화적 작품을 통한 이러한 우회적인 방법은 서부 영화 속에서처럼 음향 효과가 넣어지며, 음악으로 연출되는 영화로 만들어진 기병대의 기습이나(〈클레오파트라 군단〉(코타파비, 1960)) 로마 지역까지 덮개가 덮여진 짐수레나 우발적 사고와 더불어 긴 행군(〈로물루스와 레무스〉(코부치, 1961)) 등의 형태를 띠고 있다. 총이나 사막 같은 무대장식에서 모든 것은 정말 확실하다. 더욱이 페플럼이나 서부 영화는 자주 이탈리아 시네마 역사가들에 의해 장르로서보다는 소재로서 생각될 수 있다. 이는 페플럼과 서부 영화가 그 형식적인 협약을 통해서라기보다는 상업적 이득의 추구와 그 내용을 통해 정의된다는 구실에서이다. 그러므로 1960년대 이탈리아 시네마의 컨텍스트로 보아, 강대국 미국 앞에서 국내와 동시에 국제적인 시네마의 문제시되는 아이덴티티를 생각하는 방식 또 지방, 국가, 국제적인 한정 사이에서 취해진 이탈리아의 문화적 아이덴티티를 연출하는 방식으로서 장르 체제의 논리를 서술하는 것이 불가능한 건 아니다.

초창기 시네마 시리즈와 장르 명칭

만약 우리가 장르에 그 현실적인 뜻을 주고자 한다면, 초창기 시네마에서 그 뜻을 찾지 않는다고 거의 놀랄 일이 아니다. 이는 초창기 시네마의 완강한 '외국인의 신분'을 생각해야 한다는 것이다.[28] 초창기 시네마는 동시대의 관객에게 있어 그랬던 것처럼 그 뒤를 따랐던 시네마에 낯설다. 이 관객은 노엘 뷔르슈가 **MRI**(제도의 표현 방식)라고 불렀던 것의 코드와 협약을 내재화시켰고, 이 **MRI**는 1910년대에 점차적으로 정리된다.

제도화에 부합하는 기간은 생기 있는 이미지 포착에 필요한 협약과 논리를 정리하는 장소이다(우리가 시네마토그래프 언어로서 지칭하는 것이라고 하자). 이 기간은 역시 **매개적인 이질성**(외적인 일련의 표현 수단에 영화의 통합)에서 더욱더 큰 동질성으로의 이행 장소이다. 이 이행은 다른 것보다도, 물질적(음향보다 비주얼의 우선권)이고 코드(보여주기보다는 내레이션의 우선권)의 서열을 통해 드러내어진다.[29]

이것에 초창기 시네마의 제작과 수용의 불안정한 실천을 첨가해야 한다. 왜냐하면 초창기 시네마는 동질적이고 체계화된 총체로 이루어져 있지 않기 때문이다. 이러한 컨텍스트 속에서 이 기간에 새겨진 공통의 주제·형식·이데올로기적 자질에 따라 모았던 영화 전체를 분

---

28) 이 신조어는 초창기 시네마가 이상하다는 것이 아니라, 오히려 외국과 관계된다는 것을 부각시키기 위해 독창성이라는 의미에서 택해졌다. 앙드레 고드로와 드니 시마르, 〈초창기 시네마의 외국인의 신분: 연구 검토와 관점〉, 《프랑스 시네마의 초창기 20년》, 장 A. 질리·미셸 라니·미셸 마리·뱅상 피넬, 파리, 누벨 소르본 출판, 1995, p.15-28 참조.
29) 앞의 책, p.24.

류하고 자리매김할 수 있도록 하는 구조와 모티프를 찾기란 어렵다. 사실 리비오 벨로이가 환기시킨 것처럼, 시네마토그래프 제작의 특성 중 하나는 "완전히 거꾸로, 갑작스러운 교체와 거칠고 때로 기대치 않은 전복 과정을 고무시키기 위해, 모든 종류의 안정성을 거부하는 것 같은 일반적인 역동성과 변증법에 순응한다"는 것이다.[30] 더욱이 초창기 시네마는 노엘 뷔르슈의 표현을 다시 취해, 1908년 전에 통용되는 예술적 속성의 부재로 인해 가능하게 된 차용과 표절 등의 실천, 즉 강렬한 '표시의 순환'으로 특징지어진다: "영화는 그 내용과 연출과 데쿠파주 등에 있어, 그 어떤 다른 외국이나 동국의 영화인들에 의해 표절되곤 했었고, 이는 반론의 여지도 없었다."[31] 그러므로 표시의 순환은 영화 전체를 통일하는 차용, 유연 관계, 유사성 등을 낳는다: 이러한 실천은 고전 시네마에서 장르 영화의 제작과 비교할 수 없는 장르와 장르 자료체의 결과를 창조하는 데 기여한다.

초창기 시네마의 장르 체제를 분명히 하기 위한 경험론적인 첫번째 방향은 "영화 가공물을 순환시키는 사람들이 이 영화를 어떻게 명칭하고 이러한 명칭하는 제스처가 우리에게 가르쳐 주는 것을 조사하는 데에 있다."[32] 사용되고 있는 장르 명칭의 조사는 모호한 동시에 유동적인 카테고리들과 해결할 문제임을 보여주고 있다. 이는 아주 약하지만 어쨌든 합의되지 않은 장르에 대한 의식을 나타내고 있다. 제작자가 자신의 카탈로그 안에 부여한 명칭은 무엇보다도 서술적이고 상업적인 기능을 가지고 있으며, 그리고 자신들의 선택 속으로 다양한 프로그램을 구성하고자 하는 영화관 경영자들을 인도해야 한다. 가령 파테

---

30) 리비오 벨로이, 〈반복, 변화, 재구성: 초창기 시네마에서 장르 개념에 관하여〉, 《시네마토그래프 장르의 탄생》, 같은 책, p.70.

31) 노엘 뷔르슈, 〈무한정한 빛들이창. 시네마토그래프 언어의 탄생〉, 파리, 나탕, 1990, p.189.

32) 프랑수아 조스트, 〈세기초 시네마토그래프 장르의 논리〉, 《시네마토그래프 장르의 탄생》, 같은 책, p.100.

카탈로그는 1903년부터 '시리즈,' 다시 말해 영화가 언급되어지는 항목들을 제시한다. 이러한 항목들은 1907년에 모두 열두 개이다.[33] 이 항목들은 야외 신; 코믹 신; 트릭(혹은 변형) 신; 스포츠, 곡예 신; 역사적 · 정치적 · 시사성 있는 신; 자극적인 성격의 노골적인 신; 댄스와 발레 신; 드라마적이고 리얼리스트적인 신; 마술과 콩트 신; 종교적이고 성서적인 신; 시네-포토그래프적 신; 예술적이고 산업적인 신 등이다. 그러므로 이 시리즈를 정의하는 데 사용되는 기준은 다양하다; 어떤 것들은 테마의 내용, 또 어떤 것들은 제작방식(가령 야외 신), 또 어떤 것들은 말투 등, 이런 식이다…. 우리는 또 다른 카탈로그에서도 동일한 지적을 할 수 있다. 미국, 바이오그래프사의 **Advance Partial List**는 1902년에 열네 개 항목의 리스트 속에 판매한 영화를 분류시키고 있다: 코미디 장면, 스포츠와 오락 장면, 군대 장면, 레일로드 장면, 경치 장면, 주목할 만한 인물 장면, 다양한 장면, 트릭 픽처스, 마린 픽처스, 어린아이 픽처스, 총기 박사와 경찰 장면, 팬 아메리카 엑스포지션 장면, 보드빌 장면, 퍼레이드 픽처스 등이다.[34] 1907년 뤼미에르 카탈로그를 보면, 이것은 사회가 그때까지 채택했던 알파벳 분류에 항목별 분류를 대체하면서, 장면으로 장르 분류의 의지를 나타내고 있지만, 파테의 항목과 부합하고 있는 이 열한 개의 항목은 분류의 엄격함을 더욱 증명하고 있다. 이것은 장르 신, 코미디 장면, 프랑스 군대 장면, 외국 군대 장면, 바다 신, 댄스, 대중의 축제, 파노라마, 프랑스와 프랑스 식민지 여행, 외국 여행, 공식 축제 등이다.[35] 이러한 모든 데쿠파주는 우리가 각 항목별 내용을 고찰해 볼 때 다소 정확하게 드러

---

33) 앙리 부스케, 《1896-1906년대 파테 카탈로그》, 1996과 《1896에서 1914년대 파테 카탈로그: 1907-1908-1909》, 파리, 앙리 부스케 출판사, 1993.

34) 스티브 닐, 〈장르 문제〉, 《영화 장르 리더 II》, 같은 책, p.168.

35) 뱅상 피넬, 《발명가이자 영화인인 뤼미에르 형제》, 파리, 나탕, 〈시놉시스〉, 1994, p.110-111: 뤼미에르 일람표 분석 제시 참조.

난다. 그 이름 자체만으로도 이질성을 알려 주기에 충분한 바이오그래프사의 '다양한 장면'(Miscellaneous Views)이라는 항목별 이외에, 1907년 뤼미에르 카탈로그의 장르 신은 다른 것보다도 어린 시절 신, 소방수, 투우, '삶과 정열'에 대한 열세 개의 일람, 역사에 대한 일람, 재편성된 신 등을 포함하고 있다. 이러한 직접적인 편성과 재편성은 여전히 아홉 개 항목만을 세고 있는 1900년도 파테 카탈로그에서 '일반적인 장면−장르 신' 항목처럼 카탈로그에 나란히 배치되었다: 이러한 시리즈는 1907년도 카탈로그에서 사라졌고──초창기 시네마의 제작과 장르 명칭의 불안정성에 대한 명백한 증거──거리 신('보헤미안 교회 입구'), 서커스의 번호('사람−뱀'), '다섯 개의 장면으로 된 체험한 신'인 '정략 결혼'만큼 다양한 영화를 재분류한다.[36] 상대적으로 변화하는 이러한 장르 명칭들 중에서, 그럼에도 불구하고 프랑스 작품 속에서, 상당한 통일성을 제공하고 반복적인 주제와 형식적인 자질들을 제시하고 있는 하나의 장르 명칭이 존재하는 것 같다: 이것은 바로 요정극이다. 프랭크 케슬러가 분석한 것처럼[37] 다른 시리즈와 달리 이 명칭은 19세기에 매우 인기 있는 무대 요정극과 이것과의 아주 근접한 유사성 때문에, 이 영화의 다이제시스와 구조 유형에 대한 정확한 정보를 제공하고 있다: 판타스틱하거나 놀라운 주제를 댄스 신, 트릭 등과 연결시키고 호화로운 화려한 피날레로 끝나는 화려한 스펙터클의 연극이다. 이 장르는 일련의 형식론적인 자질과 마찬가지로 등장인물의 목록(멜리에스의 〈카라보스 요정〉(1906)처럼 요정극으로 분류되지 않지만 요정들이 있는 영화가 존재하기 때문이다)을 통해서도 구분되지 않는다. 케슬러는 서로 상보적인 네 가지 자질들을 분석한다: 첫

---

36) 리비오 벨로이, 〈반복, 변화, 재구성: 초창기 시네마에서 '장르' 개념에 관하여〉, 《시네마토그래프 장르의 탄생》, 같은 책, p.72.

37) 프랭크 케슬러, 〈요정극−기원 장르〉, 《시네마토그래프 장르의 탄생》, 같은 책, p.229−238.

째, 자주 내레이션을 통해 동기 부여되지 않은 댄스 신의 존재, 둘째, 화려한 모든 기록에 투자하는 장면으로 호화로운 피날레, 셋째, 요정극과 트릭 영화가 공유하고 있고 정면적인 소개 방식을 부각시키고 있는 매혹적인 성격, 넷째, 색조의 아주 체계적인 사용 등이다. 멜리에스가 이 장르의 전문가라는 것을 부인할 수 없다 해도, 파테처럼 고몽 역시 동일한 구조 위에서 만들어진 다량의 요정극을 제작한다.

끝으로 다양한 카탈로그를 통해 소개된 약 열 개 가량의 시리즈나 항목은 많은 하위−카테고리를 은폐시키는 것같지 않음을 환기시켜 보자. 여기서 형용사는 광고의 논리로 볼 때, 영화의 기대되는 효과를 확대시키고 '예상하고 동시에 그것을 약속한다.'[38]

장르 한정의 이질성이 물론 초창기 시네마의 특성이라 할 수 없지만(제1장 참조), 아주 심한 명칭의 불안정성과 그 전체적인 부정확성은 그이후 시네마 장르와 초창기 시네마 장르를 강하게 구분짓게 한다. 이시기에 장르 체제의 또 다른 특성은 특별한 방식으로, 수많은 장르의 논리를 결합시키는 것에 기인한다: 방금 보았다시피, 영화관 경영자에게 자신들이 만든 영화를 팔기 위해 영화의 분류에 관심을 갖는 간행자들의 논리, 전시자들의 논리 등이다. 이 전시자들은 자신들의 프로그램 속에 대중에게 영화를 소개하는데, 이 프로그램들에 동업조합이나 전문 잡지가 평하는 논설의 논리를 첨가하는 것이 적합할 터이다. 전시자들은 사실 다양한 특징이 있는, 수많은 영화 프로그램 속에 영화 장르를 통합시키는 방식으로 자신들이 샀던 영화 장르들을 자주 재정의하고 있다: 그렇기 때문에 전시자들은 카탈로그의 명칭에 품질, 화려한 스펙터클, 웃음을 자아내는 코믹성 등의 약속을 덧붙이거나 대체한다. 그러나 영화관 경영자들의 장르 체제의 논리는 상업적이지만

---

38) 프랑수아 조스트, 〈세기초 시네마토그래프 장르의 논리〉, 《시네마토그래프 장르의 탄생》, 같은 책, p.102.

은 않은데, 왜냐하면 이들은 같은 프로그램 속에서 상영된 영화에 부여하는 명칭들 역시 '감정의 상영 프로편성'으로 기능하고 있기 때문이다. 그런데 이러한 프로편성은 상연의 시간성, 관객의 감정적인 경로 등으로 구성되어 있다: 사실 1911-1912년 고몽사의 프로그램을 분석하면서 프랑수아 조스트가 보여준 것처럼[39] 이 프로그램은 반복적인 **일람표**에 따라 전개되고, 이 일람표는 역시 상연 시간을 폐회하는 오케스트라가 연주하는 소곡으로 시작하는 세 개의 부분으로 구성되어 있다. 이러한 영화 상연은 하나의 상영 시간에서 또 다른 상영 시간까지 동일한 경로를 통해 일어나는 감정과 장르를 교체하고 있다: 이처럼 첫번째 부분의 프로그램은 항상 직접적인 편성(여행, 파노라마)으로 시작하는데, 항상 드라마가 이 편성의 뒤를 잇고, 그 자체는 음성신(phonescène)과 그 다음은 시네마의 새로운 가능성 앞에서 관객을 경탄으로 이끄는 유혹에 자리를 남겨두고 있다. 그러므로 영화의 별 가치 없는 길이는 초창기 장르 체제에서 필수적인 역할을 한다고 강조해야 하는데, 길이는 프로그램의 구성을 함축하고 있기 때문이다.

결국 간행자들의 명칭과 영화관 경영자들의 광고, 상영프로편성 전략 등과 구분되는, 장르에 대한 담론이 이 시기의 잡지에 존재한다: 《사진술의 일반적이고 국제적인 연보》에서 1907년에 출판된 멜리에스의 텍스트 《시네마토그래프 장면》과 마찬가지로[40] 1908년 《시네 저널》과 《일러스트레이션》을 기점으로 해서, 프랑수아 조스트는 네 개의 항목에 따라 프랑스 초창기 시네마의 장르 지도를 조직하자고 제안한다. 이 네 가지 항목은 이 시기 장르 영역의 기본적인 논점의 역할을 한다. 처음 두 가지는 영화가 배열되는 두 개의 양 축을 한정하는데, 하

---

39) 앞의 책, p.108-109.
40) 멜리에스는 여기서 역사적이고 계층적인 관점에서 시네마토그래프 촬영 범주를 크게 네 개로 구분한다: '야외 촬영' '과학적인 촬영' '복합적인 주체' '트랜스포메이션 촬영,' 몽트뢰유 스튜디오들의 아주 모방된 큰 특성.

나는 직접적인 편성이고 반대로, 다른 하나는 그 당시까지 실현 불가능한 효과가 특징이고 미숙한 시네마토그래프가 가능케 하는 창작물이다: 이런 식으로 야외 신, 수많은 촬영뿐 아니라 연극 신(왜냐하면 이러한 것들은 녹화로만 관찰되기 때문이다)은 직접적인 편성 쪽에 강력하게 위치하는 반면, 요정극, 트릭 영화나 리얼리스트적 모방은——가령 푀이야드의 《있는 그대로의 삶》(1911-1912)과 함께——창작물 쪽에 배치된다. 두 개의 또 다른 항목인 삶과 연극(여기서 현실과 대립된, 허구적 장소로 간주된)은 첫번째 항목을 다시 나누고 있다. 이렇게 리얼리스트적 모방은 삶 쪽에 위치하며, 요정극은 연극 쪽에 위치하고 재구성된 현실은 삶과 연극의 혼합이다.[41]

각 장르의 파악과 형식주의적 영감의 또 다른 방향은 초창기 시네마 장르 이론을 제시하고 있다. 다시 말해 이 이론은 장르 명칭과 이 시기에 엄격한 영화 분류 방식 등의 관찰에 기초를 두지 않고, 정의를 내리는 형식론적인 기준, 만화와 영화를 구성하는 다양한 차원 중에서 시·공간적인 연결 등에 근거를 두고 있다. 톰 거닝이 시작한 이러한 장르의 이론화는[42] 아주 초창기, 다시 말해 1907년 이전 시기에 특히 관심을 갖는다. 이 이론화는 내러티브 시네마에만 관계하고 이 이론이 제시한 모델은 이론적인 동시에 역사적인데, 왜냐하면 확인된 네 가지 장르는 미숙한 시네마토그래프의 계속되는 네 가지 시기에 부합한다. 그러므로 거닝은 다음과 같이 구분한다:

— 단일한 장면의 내러티브 영화 장르, 어김없이 단일한 구조. 〈물 뿌리는 사람〉(뤼미에르, 1895)은 영화 탄생의 발단이 된 동시에 상징적이다.

— 비(非)연속성의 장르: 이 장르는 적어도 두 장면의 내러티브 영

---

41) 앞의 책, p.104-106.
42) 톰 거닝, 〈비(非)-연속성, 연속성, 불연속: 초창기 영화에서 장르 이론〉, 《아이리스》 2권 1호, 〈고문서, 기록, 픽션, 1907년 전 시네마〉, 같은 책, p.101-112.

화들로 구성되어 있다. 이 영화에서 장면들 사이에 비(非)연속성은 스토리 차원에서 불연속성과 단절을 통해 강조되고 입증되어진다. 예를 들어 〈렛 미 드림 어게인〉(스미스, 1900)의 경우로, 첫 장면은 젊고 귀여운 여성을 끼고 술 마시고 즐기고 있는 남자를 보여주고 있다. 오버랩 효과로 연결된 두번째 장면은 자신의 침대에서 깨어나, 분명 젊지도 귀엽지도 않은 부인 옆에 누워 있는 첫 장면과 동일한 남자를 보여주고 있다. 〈로베르 우댕 극장에서의 한 부인의 증발〉(멜리에스, 1896)처럼 트릭 영화는 변형을 허용하기 위해 이용되는 테크닉이 무엇이든 지간에, 역시 비(非)영속성의 장르에 속한다.

— 연속성의 장르. 여기서 액션의 연속성은, 특히 장면 연결 양쪽 모두 동일한 행동을 반복하는 행동의 시간적인 중복을 통해 경감될 수 있는 다양한 장면들 사이에 단절과 불연속성을 커버하고 있다. 이것은 20세기 초창기 동안 매우 인기 있었던 〈도둑 잡아라!〉(윌리엄슨, 1901) 같은 추적 영화의 경우이다. 이 영화에서 모든 장면들은 다른 사람에게 쫓기고 있는 등장인물을 보여주고 추적당한 자와 추적한 자가 영역에서 사라질 때까지 계속된다: 마지막 장면에서 두 그룹은 다시 만나고, 도망자는 체포되고… 이것이 영화의 결말이다.

— 불연속성의 장르, 여기서는 교차 편집의 영향으로, 행동의 연속성이 행동의 불연속성과 어깨를 나란히 하고 있다. 이때 추적 영화는 빈번하게 구조(救助) 영화로 변형된다. 이 구조 영화에서 평행한 두 행동은 〈운명의 시간〉(1908)과 바이오그래프사 쪽에서 감독한 그리피스의 많은 영화들처럼 실제적인 서스펜스를 창조하고 있다.

그러므로 장르와 장르 체제는 불안정한 형식과 규약을 가지고 있으며, 각 컨텍스트에 고유한 논리에 따라 조직되어진다. 바로 이를 바탕으로 한 시대나 시네마토그래프에 대한 각 장르의 연구 못지않게 개별적으로 고찰된, 장르의 연구도 구축되어질 수 있을 것이다. 이러한 연구 관점에서 우리는 각 장르를 보편적인 원형으로 변형시키기를 피한다. 그리고 우리는 "초창기 프랑스, 이탈리아 등, 동시대 시네마에 장르가 존재할까?"[43]라는 고전 할리우드 상황을 벗어나 자주 제기되는 문제를 장르의 성격·역할·기능 등에 대한 질문으로 대신한다. 다시 말해 스튜디오의 할리우드 시스템을 또 다른 시네마토그래프의 장르성을 가치 평가하는 척도로 만드는 대신에 시네마토그래프적·역사적·이데올로기적인, 이러한 각 컨텍스트에 따라 장르의 논리가 어떻게 정리되는지, 영화뿐 아니라 제작자와 비평적 수용 등이 장르 카테고리와 어떤 관계를 유지하고 있는지, 장르 개념 자체가 어떤 의미와 어떤 특별한 의미 작용을 취하고 있는지 등을 보아야 할 것이다.

---

43) 동시대 시네마 장르 문제에 대해서는 제4장, p.154-158 참조.

결 론

일반적인 제도법에 대해 정리하기는커녕, 시네마 장르는 릭 알트만이 제시한 비유를 다시 취해 일종의 '쥬라기 공원'을 이루고 있다. "쥬라기 공원에서 가장 다양한 시기에 창조된 장르들은 계속해서 영역을 공유하고 있다."[1] 이 메타포를 부연하고 이 책에서 부각된 요점 중 몇 가지를 다시 취해 보면, 각 장르는 스필버그 영화 속에서 유혹의 공원을 꽉 채우고 있는 피조물처럼, 이중의 제목으로 된 인공물이라고 우리는 상기해 볼 수 있다. 왜냐하면 각 장르는 영화 집합체들인 동시에 다양한 과정을 통해 제작되고 이용된 명칭이며, 영화를 순환하게 하고 통제하기도 할 뿐만 아니라, 해석을 가능케 하는 담론 행위이기 때문이다. 바이오테크놀로지로 인해 탄생되었으며 통제할 수 없는 자연 번식을 피하기 위해 모두 동일한 성으로 짜여진 공룡들은 영화화의 논리에 따라 생물학적인 성을 바꾼 것이 기억난다. 마찬가지로, 역사·사회·문화·시네마토그래프 등의 변화를 합치시키고 지속시키고 있는 의미론적이거나 통사론적인 교체와 같이 장르는 이데올로기적이고 사회적인 기능을 가지고 있기 때문에 재정의를 면할 수 없다. 더욱이 개구리 DNA가 새로운 수법의 공룡을 탄생시키기 위해, 과거의 몬스터들인 DNA와 결합된 것처럼, 각 장르는 이화수정하고 혼합된다. 이는 새로운 장르로 안정되는, 새로운 사이클의 창조를 설명하는, 그 당대에는 보이지 않은 과정인 장르화 과정의 열쇠이다. 이렇게

---

1) 릭 알트만, 〈재사용할 수 있는 보따리: 장르의 생산과 재순환 과정〉, 《아이리스》 20호, 〈시네마 장르의 개념에 대해〉, 같은 책, p.28.

여기서는 과학적이고 기술적이며, 저기서는 예술적이고 문화적인 혼합과 이노베이션 전략은 한편, 똑같이 경제적이고 상업적인 이득에 의해 유도된다: 이것은 수많은 방문객들의 호감을 사고, 수많은 관객들을 매혹시키는 것이다. 끝으로, 다양한 시대에 속하고 장르 체제의 산물이자 합성물인 장르와 명칭의 병렬은 우리의 장르에 대한 의식 속에 다양한 시대와 에코시스템 속에서 나타났고 전개되었던 쥬라기 공원에서 동·식물류의 공존에 부합한다. 이렇게 당대의 대중·제작자·영화인 등은 경쟁하고 혼합된 수많은 장르 시스템을 이용한다.

장르의 문제가 분류의 논리로 귀결될 수 없다는 것이 분명히 이때부터라면(공룡의 섬을 조직하고 통제하도록 주장하는 것만큼 장르 상황의 절차를 제시하는 것은 헛된 것 같다), 장르에 대한 생각은 계속적인 겹침과 성층 구조를 고려하고 시네마 장르를 구성하고 만드는 복잡한 상호 작용 놀이를 설명할 수 있는 모델을 제시할 의무가 있다. 장르는 이때부터 닫히고, 정태적이고 한정된 총체로서 간주될 수 없지만, 오히려 균형점, 장르 과정의 준(準)안정성 등을 이루고 있다. 그러므로 시네마토그래프 장르의 일반적인 모든 정의는 부분적으로 단지 회귀적일 수 있다. 그럼에도 불구하고 튜더에 의하면 "장르란 우리가 집단적으로 그것이 무엇이라고 생각하는 것이다"[2]라고 인정하는 것만이 관건이 아니다. 한편으로, 이러한 영화 그룹과 우리가 시네마토그래프 장르라 부르는 카테고리와 다른 한편으로, 이 책의 각 장마다 밝히고자 했던 경제적·커뮤니케이션·이데올로기적인 동기로 인해 두드러지는 장르의 역동성을, 서로 관계시키기 위해 서로 분리하는 것도 관건이다. 장르 이론은 사실상 이러한 장르 과정의 이론이다.

그러므로 시네마 장르는 인류학적 장소, 다시 말해 기록되고 상징화된 의미의 장소로 유추하여 **시네마토그래프적 장소**로서 간주될 수 있

---

2) 앤드류 튜더, 《장르》, 《장르 리더 II》, 같은 책, p.5.

다. 우리의 의도는 여기서 장르 개념에 장소 개념을 대체하는(이것은 신화와의 몇몇 의식(儀式)주의적 접근에서 이루어질 수 있는 것) 것이 아니라, 시네마토그래프 장르로 행하여지는 명칭·인정·매개물 등의 행동의 기능을 더욱 분명히 하려는 것이다. 인류학적 장소는 하나의 공간으로, 이곳은 '살고 있는 사람들에게 있어서는 의미 원칙이고, 이곳을 관찰한 사람들에게 있어서는 관념의 원칙' 같은 공간이다.[3] 즉 이곳에는 아이덴티티와 이타성의 문화적 지표, '방향이 정해지고, 측량주가 설치되고, 상징화된 인정 세계의 중심' 등이 정리되어 있다.[4] 그러므로 이 개념은 현실적인 공간인 동시에 이 공간을 자주 드나드는 사람들이 공간과 유지하는 관계를 가리키고 있다. 마치 장르 개념이 영화의 구체적인 총체인 동시에 장르에 대한 의식을 가리키는 것처럼 말이다. 인류학적인 장소는 아이덴티티를 나타내고 있다. 왜냐하면 많은 개인들은 이 장소에서 자신을 인정하고 이곳을 통해 관계적으로, 그리고 역사적으로 정의되기 때문이다. 그런데 관계적이라고 한 이유는 우리가 그곳에서 다른 사람들과의 관계방식을 읽을 수 있기 때문이다. 그리고 역사적이라고 한 이유는 아이덴티티와 관계를 변화시키면서, 개인들은 최소의 안정성으로 정의되기 때문이다: 그들은 고대의 정착이나(엄격한 의미로 공간의 경우에) 전통의 흔적들을 보존하고, 그 공간에 거주하는 사람들은 거기서 "인식 대상이어야 할 필요는 없는 지표들을 재인식하고 있다."[5] 이 장소들은 이처럼 삶과 참조의 틀이다. 이는 역시 장소는 지표를 고정시키면서 제약을 하고 스트레오 타입의 축사(縮寫)를 할 수 있다고 말하려는 것이다. 그러므로 장르 카테고리의 집단적 실천과 사용은 시네마토그래프적이고 문화적

---

3) 마르크 오제, 〈20세기 서〉, 《농-리외(Non-lieux). 초현대성의 인류학 입문》, 파리, 쇠이유, 1992, p.68.
4) 마르크 오제, 《다른 것들의 방향. 인류학의 현실》, 파리, 파야르, 1994, p.162.
5) 마르크 오제, 《농-리외. 초현대성의 인류학 입문》, 같은 책, p.71.

인 장소를 구축하며, 장르 명칭은 이 장소에 영화를 배치시키는데, 이처럼 영화에 아이덴티티를 부여하고, 영화를 다른 영화와 관계시키고, 역사 속에 영화를 위치시키면서 말이다. 끝으로 더 이상 거주하지 않거나 '존속' 하지 않은 상징적 공간들은 역사가들에게 귀중한 기억의 장소가 된다. 이 장소에서 우리는 더 이상 차이가 없는 것의 이미지를 발견한다. 그러므로 인류학적 장소는 그 구조 자체만으로 그렇지 않지만, 인류학적 장소를 이용한 사람들은 거기에 사회적 의미를 부여하고 자신들이 주체가 되는 장소를 이처럼 인류학적으로 만든다: 예를 들어 공항은 승객들에게 면소(免訴)지만, 거기서 일하는 사람들에게는 다양한 직업의 카테고리(파일럿, 스튜어디스와 스튜어드, 지상 요원, 안전 요원…)가 다양한 방식으로 존재하는 하나의 공간이다. 마찬가지로 장르는 하나의 장소에 놓여진 공동체와 이 공동체가 거기서 다른 공동체와 세상과 그들과의 관계를 정확히 결합시키지 않고서는 공동체에서 '생존' 하지 못한다.

참고 문헌

영화 장르 사전

VIRMAUX Alain et Odette, *Dictionnaire du cinéma mondial. Mouvements, écoles, courants, tendences et genres*, Paris, Éditions du Rocher, 1994.

PINEL Vincent, *Écoles, genres et mouvements au cinéma*, Paris, Larousse-Bordas/HER,. Comprendre/Reconnaître, 2000.

영화 장르에 관한 이론적 텍스트와 아티클 모음

ALTMAN Rick, *Film/Genre*, Londres, BFI, 1999.

BOURGET Jean-Loup, *Hollywood. La norme et la marge*, Paris, Nathan, 〈Nathan cinéma〉, 1998(Chapitres 1과 2).

BROWNE Nick(dir.), *Refiguring American Film Genres. Theory and History*, Berkeley/Los Angeles/Londres, University of California Presse, 1998.

BUSCOMBE Edward, 〈The Idea of Genre in the American Cinema〉, *Screen*, 11/2, 1970, p.33-45.

CASETTI Francesco, 〈Les Genres cinématographiques. Quelques problèmes de méthode〉, in *Ça cinéma*, 1979, p.37-40.

CAWELTI John, *Adventures, Mystery and Romance: Formula Stories as Art and Popular Culture*, Chicago, Chicago University Press, 1976.

GRANT Barry Keith(dir.), *Film Genre Reader*, Austin, University of Texas Press, 1986.

GRANT Barry Keith(dir.), *Genre Reader II*, Austin, University of Texas Press, 1995.

KAMINSKY Stuart, *American Film Genres: Approches to a Critical Theory of Popular Film*, Dayton, Pflaum, 1974.

LACASSE Alain(dir.), 〈Sur la notion de genre au cinéma〉, *Iris*, n° 20, Paris/ Iowa City, automne 1995.

NEALE Steve, *Genre*, Londres, British Film Institute, 1998.

NEALE Steve, *Genre and Hollywood*, Londres/New York, Routledge, 2000.

PIOTROVSKI Adrian, 〈Vers une théorie des ciné-genres〉, in *Les Formalistes russes et le cinéma. Poétique du film*, François Albéra, Paris, Nathan 〈Fac. cinéma〉, 1996.

QUARESIMA Leonardo, RAENGO Alessandra, VICHI Laura(dir.), *La Nascita dei gereri cinematografici*, Atti del V Convegno Internazionale di Studi sul Cinema, Udine, 26-28, marzo 1998, Udine, Forum, 1998.

SCHATZ Thomas, *Hollywood Genres: Formula, Filmmaking and the Studio System*, New York, Random House, 1981.

SERCEAU Michel(dir.), 〈Panorama des genres au cinéma〉, *CimémAction*, n° 68, Paris, Corlet-Télérama, 3ᵉ trimestre 1993.

VERNET Marc, 〈Genre〉, in *Lectures du film*, Jean Collet, Michel Marie, Daniel Percheron, Jean-Paul Simon, Marc Vernet, Paris, Albatros, 1980, p.108-114.

문학 장르 이론

ARISTOTE, *Poétique*, chapitre 5, traduction de Michel Magnien, Paris, Le Livre de Poche, 1990.

BRUNETIÈRE Ferdinand, *L'Évolution des genres dans l'histoire de la littérature*, tome 1, Paris, Hachette, 1890.

GENETTE G., JAUSS H. R., SCHAEFFER J.-M., SCHOLES R., STEMPEL W. D., VIËTOR K., *Théorie des genres*, Paris, Seuil, 〈Points〉, 1986.

SCHAEFFER Jean-Marie, *Qu'est-ce qu'un genre littéraire?*, Paris, Seuil, 〈Poétique〉, 1989.

TODOROV Tsvetan, *Intorduction à la littérature fantastique*, Paris, Seuil, 〈Points〉, 1970.

TV 장르 이론

ESQUENAZI Jean-Pierre, 〈Le Renouvellement d'un jeu de langage. Genres et canaux〉 in *Réseaux*, n° 81, 〈Les Genres télévisuels〉, sous la direction de François Jost, Paris, CNET, janvier-février 1997, p.105-118.

JOST François, 〈La Promesse des genres〉, in *Réseaux*, n° 81, 〈Les Genres télévisuels〉, sous la direction de François Jost, Paris, CNET; Janvier-février 1997, p.13-31.

특정한 영화 장르에 관한 작품 및 아티클

특정한 장르에 할애한 저서나 아티클에 대한 리스트는 작품 전체를 채우기에 충분할 것이다. 우리는 읽기 쉽도록, 몇 가지 입문서에 국한하여 선택했다(그러므로 입문서는 존재하거나 이 작품에서 문제시되고 있는 장르 카테고리 전체를 반영하지 않고 있다). 더군다나 독자는 여기서 지시하는 리스트만을 찾아볼 수 있을 것이다. 이 리스트는 텍스트 주석에서 인용된 아티클과 작품을 반복하고 있다. 우리는 다음에 이 아티클과 작품에다 몇 가지 중요한 참고 도서를 덧붙였다.

액션

ARROYO José(dir.), *Action/spectacle cinema: A Sight and Sound Reader*, Londre, British Film Institute, 2000.

TASKER Yvonne, *Spectacular bodies: gender genre and the action cinema*. Londres, Routelage, 1993.

재앙(영화)

RAMONET Ignacio, 〈Les Films-catastrophes américains. Des fictions pour la crise〉, in *Le Chewing-gum des yeux*, Paris, Éditions Alain Moreau, 1980.

코미디/벌레스크 영화

CAVELL Stanley, *À la recherche du bonheur. Hollywood et la comédie du remariage*, Paris, Éditions de l'Étoile/Cahiers du cinéma, 1993[1981].

GILI Jean, *La Comédie italienne*, Paris, Henri Veyrier, 1983.

KRAL Petr, *Le Burlesque ou morale de la tarte à la crème*, Paris, Stock, 1984.

KRAL Petr, *Le Burlesques ou parade des somnambules*, Paris, Stock, 1986.

ROLOT Christian, RAMIREZ Francis, *Cinéma, le genre comique, Actes du colloque de Montpellier, 9 et 10 mai 1996*, Montpellier, Université Paul-Valély, 1997.

SARRIS Andrew, 〈The Sex Comedy without Sex〉, *Americain Film*, vol. 3, n° 5, mars 1978, p.8–15.

SERCEAU Michel(dir.), 〈La Comédie italienne. De Don Camillo à Berlusconi〉, *CinémAction*, n° 42, Paris, Corlet–Télérama, 1987.

SIMON Jean-Paul, *Le Filmique et la comique*, Paris, Albatros, 1979.

뮤지컬 코미디

ALTMAN Rick, *La Comédie musicale hollywoodienne*, Paris, A. Colin, 1992[1987].

BONDEBJERG Ib, 〈Singing and dancing in Copenhagen. Hollywood et la construction du film musical danois〉, in *Les Cinémas européens des années cinquante*, sous la direction de Jean-Pierre Bertin-Maghit, Paris, AFRHC, 2000, p.199–214.

FEUER Jane, 〈The Self-Reflexive Musical and the Myth of Entertainment〉, in *Genre Reader II, op. cit.*, p.442–455.

GIACOMINI François, 〈Quand Naples défiait Hollywood. Le film musical italien〉, in *Les Cinémas européens des années cinquante*, sous la direction de Jean-Pierre Bertin-Maghit, Paris, AFRHC, 2000, p.215–226.

MASSON Alain, *Comédie musicale*, Paris, Stock, 1981.

다큐멘터리/다큐멘터리 영화 장르

GAUTHIER Guy, *Le Documentaire. Un autre cinéma*. Paris, Nathan, 〈Nathan cinéma〉, 1995.

GUYNN William, *Un cinéma de Non-Fiction. Le documentaire classique à l'épreuve de la théorie*, Aix en Provence, Publication de l'Université de Provence, 2001[1990].

NINEY François, *L'Épreuve du réel à l'écran. Essai sur le principe de réalité documentaire*, Bruxelles/Paris, De Boeck Université, 2000.

환상/공포

CARROLL Noël, 〈Nightmare and the Horror Film: The Symbolic Biology of Fantastic Beings〉, in *Film Quaterly*, n° 34, 1981, p.16−25.

CARROLL Noël, *The Philosophy of Horror, or Paradoxes of the Heart*, New York, Routeldge, 1990.

LENNE Gérard, *Histoire du cinéma fantastique*, Paris, Seghers, 1989.

LEUTRAT Jean-Louis, *Vie des fantômes. Le fantastique au cinéma*, Paris, Éditions de l'Etoile/Cahiers du cinéma, 1995.

MAC CARTY John, *Splatter Movies: Breaking the Last Taboo of the Screen*, New York, St. Martin Press, 1984.

PAUL William, *LaughingScreaming: Modern Hollywood Horror and Comedy*, New York, Columbia University Press, 1994.

ROUYER Philippe, *Le Cinéma gore. Une esthétique du sang*, Paris, Cerf, 〈7ᵉ Art〉, 1997.

필름 누아르

BORDE Raymond, CHAUMETON Étienne, *Panorama du film noir américain (1941−1953)*, Paris, Flammarion, 〈Champs/Contre-champs〉, 1988[1955].

BURCH Noël (textes traduits, réunis et présentés par), *Revoir Hollywood. La nouvelle critique anglo-américaine*, Paris, Nathan, 1993, p.153-219.

CHARTIER Jean-Pierre, 〈Les Américains aussi font des film 'noirs'〉, *La Revue du Cinéma*, 2ᵉ série, n° 2, novembre 1946.

KAPLAN E. Ann(dir.), *Women in Film Noir*, Londres, BFI, 1978.

KRUTNICK Frank, In *a Lonely Street: Film Noir, Genre, Masculinity*, Londres, Routledge, 1991.

LESUISSE Anne-Françoise, *Du film noir au noir. Traces figurales dans le cinéma hollywoodien*, Bruxelles/Paris, De Boeck Université, 2002.

NAREMORE James, 〈American Film Noir: The History of an Idea〉, *Film Quaterly*, vol. 49, n° 2, 1996, p.12-28.

NAREMORE James, *More than Night: Film noir in its contexts*, Berkeley/Los Angeles/Londres, University of California Press, 1998.

SILVER Alain, URSINI James(dir.), *Film Noir Reader II*, New York, Limelight Edition, 1999.

전쟁 영화

BASINGER Jeanine, *The World War II combat film: anatomy of a genre*, New York, Columbia University Press, 1986.

PUISEUX Hélène, *Les Figures de la Guerre, Représentations et sensibilités*, 1839-1996. Paris, Gallimard, 〈Le Temps des images〉, 1997.

멜로드라마

BOURGET Jean-Loup, *Le Mélodrame hollywoodien*, Paris, Stock, 1985.

ELSAESSER Thomas, 〈Tales of Sound and Fury: Observations on the Family Melodrame, in *Genre Reader II, op. cit.*, p.350-380.

SOCCI Stefano, 〈Le mélodrame italien〉, in *CinémAction*, n° 68, 〈Panorama des genres au cinéma〉 *op. cit.*, p.

WILLIAMS Linda, "Melodrama revised," in *Refiguring Américain Film Genres.*

Theory and History, p.42-88.

페플럼

AZIZA Claud, 〈Le peplum. L'Antiquité à l'écran〉, *CinémAction*, n° 89, Paris, Corlet-Télérama, 1998.

탐정 영화/갱 영화

PHILIPPE Olivier, *Le Film policier français contemporain*, Paris, Cerf, 〈7ᵉ Art〉, 1996.

ROSOW Eugène, *Born to lose: the gangster film in America*, New-York: Oxford University Press, 1978.

공상과학

DRUMMOND Lee, *American Dreamtime. A Cultural Analysis of Popular Movies, and Their Implications for a Science of Humanity*, Lanham, Rowman & Littlefield Publishers, 1996.

HOUGRON Alexandre, *Science-fiction et société*, Paris, Presses Universitaires de France, coll. Sociologie d'aujourd'hui, 2000.

PUISEUX Hélène, *L'Apocalypse nucléaire et cinéma*, Paris, Cerf, 〈7ᵉ Art〉, 1988.

서부 영화

ABEL Richard, 〈A Nation for Exports. American Westerns(1911-1912)〉, in *France/Hollywood. Échanges cinémathographiques et identités nationales*, sous la direction de Martin Barnier et Raphaëlle Moine, Paris, L'Harmattan, 〈Champs Visuels〉, 2002, p.147-172.

BAZIN André, 〈Évolution du western〉, in *Qu'est-ce que le cinéma?*, Paris, Cerf, 〈7ᵉ Art〉, 1995, p.229-239.

GALLAGHER Tag, 〈Shoot-Out at the Genre Corral: Problems in the 'Evolution' of the Western〉, in *Film Guerre Reader, op. cit.,* p.202-216.

KITSES Jim, *Horizons West,* Londres, Thames and Hudson, 1969.

LEUTRAT Jean-Louis, *L'Alliance brisée. Le Western des années 20,* Lyon, Presses Universitaire de Lyon-Institut Lumière, 1985.

LEUTRAT Jean-Louis, *Le Western. Archéologie d'un genre,* Lyon, Presses Universitaires de Lyon, 1987.

LEUTRAT Jean-Louis, LIANDRAT-GUIGUES Suzanne, *Les Cartes de l'Ouest. Un genre cinématographique: le western,* Paris, A. Colin, 1990.

MAUDUY Jacques, HENRIET Gérard, *Géographies du western Une nation en marche,* Paris, Nathan, 〈Fac. cinéma〉, 1989.

RIEUPEYROUT Jean-Louis, *Le Western ou le cinéma américain par exellence,* Paris, Cerf, 〈7ᵉ Art〉, 1953.

RIEUPEYROUT Jean-Louis, *La Grande Aventure du western. Du Far-west à Hollywood: 1894-1963,* Paris, Ramsay, 1987[1964].

VIVIANI Christian, *Le Western,* Paris, Henri Veyrier, 1982.

WRIGHT Will, *SixGuns and Society. A Structural Study of the Western,* Berkeley-Los Angeles-Londres, University of California Press, 1975.

여성 영화

BASINGER Jeanine, *A Woman's View: How Hollywood Spoke to Women, 1930-1960.* Londres, Chatto and Windus, 1993.

DOANE Mary Ann, 〈The Women's Film: Possession and address〉, in *Re-Vision: Essays in Feminist Film Criticism,* sous la direction de Mary Ann Doane, Patricia Mellecamp et Linda Williams, Frederick, MD, American Film Institute/University Publications of America, 1984, p.67-82.

DOANE Mary Ann, *The Desire to Desire: The Woman's Film of the 1940,* Bloomington, Indiana University Press, 1987.

HASKELL Molly, *From Reverence to Rape: The Treatment of Women in the Movies,* Chicago/Londres, University of Chicago Press, 1974.

VINCENDEAU Ginette, REYNAUD Béatrice(dir.), *CinémAction*, n° 67, 〈20 ans d'études féministes sur le cinéma〉, Paris, Corlet-Télérama, 2ᵉ trimestre 1993.

영화 이론과 역사

우리는 이 책의 글쓰기를 위해 참조했고, 텍스트 주석에 인용된 저서와 아티클 리스트를 다음에서 볼 수 있을 것이다. 어떤 것은 국내 시네마토그래프 연구에, 어떤 것은 시네마 역사에, 또 다른 어떤 것은 이론적인 점이나 시네마의 접근에 할애하고 있다. 비록 이러한 것들이 시네마 장르의 문제에 정면으로 접근하지 않는다 해도, 이것은 훑어보는 방식으로 이 문제를 환기시키거나 장르 현상을 포착하기 위해 필수불가결한 역사적이거나 개념적인 배경을 보여주고 있다.

이론적인 관점

ALBERA François, *Les Formalistes russes et le cinéma. Poétique du film*, Paris, Nathan, 〈Fac. cinéma〉, 1996.

ALTMAN Rick, 〈Intratextual Rewriting: Textuality as Langage Formation〉, in *The Sign in Music and Literature*, sous la direction de Wendy Steiner, Chicago, University of Chicago Press, 1981, p.39-51.

AUMONT Jacques, MARIE Michel, *L'Analyse des films*, Paris, Nathan, 〈Nathan cinéma〉, 2è éd. 1996(1998).

AUMONT Jacques, *Les Théories des cinéastes*, Paris, Nathan, 〈Nathan cinéma〉, 2002.

CASETTI Francesco, *Les Théories du cinéma depuis 1945*, Paris, Nathan, 〈Nathan cinéma〉, 1999[1993].

CRETON Laurent, *Économie du cinéma. Perspectives stratégiques*, Nathan, 〈Nathan cinéma〉, 3è éd., 2001(1995).

ESQUENAZI Jean-Pierre, 〈Le film, un fait social〉, in *Réseaux*, n° 99, 〈Cinéma et réception〉, sous la direction de Jean-Pierre Esquenazi et Roger Odin, Paris, CNET, 2000, p.13-47.

ISHAGPOUR Youssef, *D'une image à l'autre*, Paris, Denoël, 1982.

JULLIER Laurnet, *L'Écran post−moderne. Un cinéma de l'allusion et du feu d'artifice*, Paris, L'Harmattan, 1997.

METZ Christian, *Langage et cinéma*, Paris, Larousse, 1971.

MOINE Raphaëlle, 〈Stéréotypes et clichés〉, in *Cinéma et littérature*, sous la direction de Francis Vanoye, RITM, n° 19, Nanterre, Publidix, 1999, p.159−170.

ODIN Roger, 〈Sémio−pragmatique du cinéma et de l'audiovisuel. Modes et institutions〉, in *Towards a Pragmatics of the Audiovisual*, volume 1, sous la direction de Jürgen E. Müller, Münster, Nodus Publikationen, p.33−46.

초창기 영화

BOUSQUET Henri, *Catalogue Pathé des années 1896 à 1914: 1907−1908−1909*, Paris, Éditions Henri Bousquet, 1993.

BOUSQUET Henri, *Catalogue Pathé des années 1896 à 1914: 1896−1906*, Paris, Éditions Henri Bousquet, 1996.

BURCH Noël, *La Lucarne de l'infini. Naissance du langage cinématographique*, Paris, Nathan, 1990.

GAUDREAULT André, GUNNING Tom, 〈Le Cinéma des premiers temps, un défi à l'histoire du cinéma〉, in *Histoire du cinéma. Nouvelles approches*, sous la direction de Jacques Aumont, André Gaudreault et Michel Marie, Paris, Presses de la Sorbonne Nouvelle, 1989, pp.49−63.

GAUDREAULT André, SIMARD Denis, 〈L'Extranéité du cinéma des premiers temps: bilan et perspectives de recherches〉, in *Les Vingt Premières Années du cinéma français*, sous la direction de Jean A. Gili, Michèle Lagny, Michel Marie, Vincent Pinel, Paris, Presses de la Sorbonne Nouvelle, 1995, p.15−28.

GUNNING Tom, 〈Non−Continuity, Continuity, Discontinuity: A Theory of Genres in Early Film〉, in *Iris*, vol 2, n° 1, 〈Archives, document, fiction. Le cinéma avant 1907〉, *op. cit.*, p.101−112.

GUNNING Tom, 〈Attractions, truquages et photogénie. L'explosion du présent dans les films à truc français produits entre 1896 et 1907〉, in *Les Vingt Premières Années du cinéma français*, sous la direction de Jean A. Gili, Michèle Lagny,

Michel Marie et Vincent Pinel, Paris, Presses de la Sorbonne Nouvelle, 1995, p.177-193.

MUSSER Charles, 〈The Travel Genre in 1903-1904: Moving Toward Fictional Narratives〉, in *Iris*, vol 2, nº 1, 〈Archives, document, fiction. Le cinéma avant 1907〉, Paris/Iowa City, 1984, p.47-59.

PINEL Vincent, *Louis Lumière, inventeur et cinéaste*, Paris, Nathan, 〈Synopsis〉, 1994.

할리우드 영화

ALLEN Robert C., GOMERY Douglas, *Faire l'Histoire du cinéma. Les modèles théoriques*, Paris, Nathan, 〈Fac. cinéma〉, 1993[1985].

ALLOWAY Lawrence, *Violent America: The Movies 1946-1964*, New York, Moma, 1971.

BIDAUD Anne-Marie, *Hollywood et le Rêve américain. Cinéma et idéologie aux États-Unis*, Paris, Masson, 1994.

BORDWELL David, STAIGER Janet, THOMPSON Kristin, *The Classical Hollywood Cinéma. Film Style and Mode of Production to 1960*, New York, Columbia University Press, 1985.

BOURGET Jean-Loup, *Le Cinéma américain(1895-1980): de Griffith à Cimino*, Paris, Presses Universitaires de France, 〈Le monde anglophone〉, 1983.

BURCH Noël, 〈Double speak〉, in *Réseaux*, nº 99, 〈Cinéma et réception〉, sous la direction de Jean-Pierre Esquenazi et Roger Odin, Paris, CNET/Hermes Science Publications, 2000, p.99-130.

ESQUENAZI Jean-Pierre, *Hitchcock et l'aventure de Vertigo. L'Invention à Hollywood*, Paris, CNRS Éditions, 2001, p.43.

GOMERY Douglas, *Hollywood. L'Âge d'or des studios*, Paris, Cahiers du cinéma, 1987[1986].

MALTBY Richard, *Hollywood Cinema: An Introduction*, Oxford, Blackwell, 1995.

MOINE Raphaëlle, 〈Les Remakes américains de filmes français. Une question d'identités〉, in *France/Hollywood. Échanges cinémathographiques et identités nationales*, sous la direction de Martin Barnier et Raphaëlle Moine, Paris, L'Harmattan, 〈Champs Visuels〉, 2002, p.63−81.

NACACHE Jacqueline, *Le Film hollywoodien classique*, Paris, Nathan, 〈128〉, 1995.

VINCENDEAU Ginette, 〈Hijacked〉, in *Sight and Sound*, juillet 1997, p.23 à 25.

WOOD Robin, *Hollywood from Vietnam to Reagan*, New−York, Columbia University Press, 1986.

프랑스 영화

BAECQUE Antoine de, *Les Cahiers du cinéma. Histoire d'une revue I et II*, Paris, Éditions des Cahiers du cinéma, 1991.

BAECQUE Antoine de, *Politique des auteurs*, Paris, Éditions des Cahiers du cinéma, 〈Petite bibliothèque〉, n° 58, 2001.

BENALI AbdelKader, *Le Cinéma colonial au Maghreb. L'imaginaire en trompe−l'œil*, Paris. Cerf, 〈7è Art〉, 1998.

BILLARD Pierre, *L'Âge classique du cinéma français. Du cinéma parlant à la Nouvelle Vague*, Paris, Flammarion, 1995.

BURCH Noël, SELLIER Geneviève, *La Drôle de guerre des sexes du cinéma français, 1930−1956*, Paris, Nathan, 〈Fac cinéma〉, 1996.

ESQUENAZI Jean−Pierre, 〈Les critiques et les films: le cas d'*Alphaville*〉, *Sociologie de l'art*, n° 13, 2001, p.97−118.

LAGNY Michèle Lagny, ROPARS Marie−Claire, SORLIN Pierre, *Génériques des années 30*, Saint−Denis, Presses Universitaires de Vincennes, 1986.

SELLIER Geneviève, 〈Henry Bernstein et le cinéma français des années 30〉, in *CinémAction*, n° 93, 〈Le Théâtre à l'écran〉, sous la direction de René Prédal, Paris, Corlet−Télérama, 4ème trimestre 1999, p.82−88.

VINCENDEAU Ginette, GAUTEUR Claude, *Jean Gabin, anatomie d'un mythe*, Paris, Nathan, 〈Fac cinéma〉, 1993.

그 외 국가의 영화 제작

BINH N. T., PILARD Philippe(dir.), *Typiquement british. Le cinéma britannique*, Paris, Centre-Pompidou, 2000.

BORDWELL David, *Planet Hong Kong: Popular Cinema and the Art of Entertainement*, Cambridge, Mass. et Londres, Harvard University Press, 2000.

EISENSCHITZ Bernard, *Le Cinéma allemand*, Paris, Nathan, 〈128〉, 1999.

SCHIFANO Laurence, *Le Cinéma italien, 1945-1995. Crise et création*, Paris, Nathan, 〈128〉, 1995.

SEGUIN Jean-Claude, *Histoire du cinéma espagnol*, Paris, Nathan, 〈128〉, 1994.

SORLIN Pierre, 〈Ce qu'était un film populaire dans l'Europe des années 50〉, in *Les cinémas européens des années cinquante*, sous la direction de Jean-Pierre Bertin-Maghit, Paris, AFRHC, 2000, p.19-46.

TSEEIER Max, *Images du cinéma japonais*, Paris, Henri Veyrier, 1990.

TSEEIER Max, *Le Cinéma japonais*, Paris, Nathan, 〈128〉, 1997.

그 외 참고 서적

이 책은 문학 이론·철학·사회학·인류학 등에서 차용한 개념이나 분석의 도움을 받고 있다. 시네마 장르의 문제를 파악하기 위해 유용했던 이러한 영역에 속한 작품 리스트를 우리는 다음에서 볼 수 있을 것이다.

ALTHUSSER Louis, *Pour Marx*, Paris, Maspero, 1966.

AMOSSY Ruth, *Les idées reçues. Sémiologie du stéréotype*, Paris, Nathan, 〈Le Texte à l'œuvre〉, 1991.

ANDERSON Benedict, *Imagined Communities*, Londres, Verso, 1991.

AUGÉ Marc, *Non-Lieux. Introduction à une anthropologie de la surmodernité*, Paris, Seuil, 〈La libraire du XXe siècle〉, 1992.

AUGÉ Marc, *Le Sens des autres. Actualité de l'anthropologie*, Paris, Fayard, 1994.

BALANDIER Georges, *Le Désordre*, Paris, Fayard, 1988.

BARTHES Roland, *Mythologies*, Paris, Seuil, 1957.

DUBUISSON Daniel, *Mythologies du XXe siècle(Dumézil, Lévi-Strauss, Élisde)*, Lille, Presses Universitaires de Lille, 1993.

ECO Umberto, *De Superman au surhomme*, Paris, Grasset, Le Livre de Poche, 〈Biblio Essai〉, 1993[1978].

GENETTE Gérard, *Palimpsestes*, Paris, Seuil, 1982.

JAUSS Hans Robert, *Pour une esthétique de la réception*. Gallimard, Tel, 1978[1974].

LÉVI-STRAUSS Claude, *Anthrophologie Structurale I*, Paris, Plon, 1958.

LÉVI-STRAUSS Claude, *Les Mythologiques II. Du miel aux cendres*, Paris, Plon, 1966.

LIPPMAN Walter, *Public Opinion*, New York, Penguin Books, 1922.

MORIN Edgar, *L'Esprit du temps*, Paris, Grasset, 1962.

NEISSER Ulrich, *Cognition and Reality: Principales and Implications of Cognitive Psychology*, San Francisco, W. H. Freeman and Compagny, 1976.

SEARLES John R., *Sens et expression*, Paris, Minuit, 1982[1979].

TODOROV Tsvetan(textes réunis, présentés et traduit par), *Théorie de la littérature. Textes des formalistes russes*, Paris, Seuil, 1965.

장르 색인

영화 색인

유민희
원광대학교 불어불문학과 졸업
한국 외국어대학교 불문학 석사
한국 외국어대학교 불문학 박사
현재 원광대학교 프랑스 문화 · 언어학과 강의교수
역서:《시나리오 모델, 모델 시나리오》
《자기 분석에 대한 초고》

문예신서
363

영화 장르

초판발행 : 2009년 1월 5일

東文選
제10-64호, 78. 12. 16 등록
110-300 서울 종로구 관훈동 74번지
전화 : 737-2795

편집설계 : 李姃昊

ISBN 978-89-8038-646-8 94680

東文選 現代新書 9

텔레비전에 대하여

피에르 부르디외

현택수 옮김

텔레비전으로 방송된 이 두 개의 콜레주 드 프랑스에서의 강의는 명쾌하고 종합적인 형태로 텔레비전 분석을 소개하고 있다. 첫번째 강의는 텔레비전이라는 작은 화면에 가해지는 보이지 않는 검열의 메커니즘을 보여 주고, 텔레비전의 영상과 담론의 인위적 구조를 만드는 비밀들을 보여 주고 있다. 두번째 강의는 저널리즘계의 영상과 담론을 지배하고 있는 텔레비전이 어떻게 서로 다른 영역인 예술·문학·철학·정치·과학의 기능을 깊게 변화시키는지를 설명하고 있다. 이러한 현상은 시청률의 논리를 도입하여 상업성과 대중 선동적 여론의 요구에 복종한 결과이다.

이 책은 프랑스에서 출판되자마자 논쟁거리가 되면서, 1년도 채 안 되어 10만 부 이상 팔려 나가 베스트셀러 리스트에 오르고, 세계 각국에서 번역되어 읽혀지고 있는 피에르 부르디외의 최근 대표작 중 하나이다. 인문사회과학 서적으로서 보기 드문 이같은 성공은, 프랑스 및 세계 주요국의 지적 풍토를 말해 주고 있다. 이처럼 이 책이 독자 대중의 폭발적인 반응과 기자 및 지식인들의 지속적인 반향을 불러일으키는 이유는, 세계적으로 잘 알려진 그의 학자적·사회적 명성 때문이기도 하지만 무엇보다도 언론계 기자·지식인·교양 대중들 모두가 관심을 가질 만한 논쟁적인 내용을 담고 있기 때문이다.

東文選 現代新書 14

사랑의 지혜

알랭 핑켈크로트

권유현 옮김

　수많은 말들 중에서 주는 행위와 받는 행위, 자비와 탐욕, 자선과 소유욕을 동시에 의미하는 낱말이 하나 있다. 사랑이라는 말이다. 그러나 누가 아직도 무사무욕을 믿고 있는가? 누가 무상의 행위를 진짜로 존재한다고 생각하는가? '근대'의 동이 터오면서부터 도덕을 논하는 모든 계파들은 어느것을 막론하고 무상은 탐욕에서, 또 숭고한 행위는 획득하고 싶은 욕망에서 유래한다는 설명을 하고 있다.

　이 책에서 묘사하는 사랑의 이야기는 타자와 나 사이의 불공평에서 출발한다. 즉 사랑이란 타자가 언제나 나보다 우위에 놓이는 것이며, 끊임없이 나에게서 도망가는 타자로부터 나는 도망가지 못하는 것이다. 그리고 사랑의 지혜란 이 알 수 없고 환원되지 않는 타자의 얼굴에 다가가기 위해 애쓰는 것이다. 저자는 이 책에서 남녀간의 사랑의 감정에서 출발하여 타자의 존재론적인 문제로, 이어서 근대사의 비극으로 그의 철학적 성찰을 이끌어 가기 때문이다. 그러나 우리가 이웃에 대한 사랑을 이상적인 영역으로 내쫓는다고 해서, 현실을 더 잘 생각한다는 법은 없다. 오히려 우리는 타인과의 원초적 관계를 이해하기 위해서, 또 그것에서 출발하여 사랑의 감정뿐 아니라 다른 사람에 대한 미움의 감정까지도 이해하기 위해서, 유행에 뒤진 이 개념, 소유의 이야기와는 또 다른 이야기를 필요로 할 수 있다.

　알랭 핑켈크로트는 엠마뉴엘 레비나스의 작품에 영향을 받아서 근대가 겪은 엄청난 집단 체험과 각 개인이 살아가면서 맺는 '타자'와의 관계에 대해서 계속해서 질문을 던진다. 이것은 철학임에 틀림없다. 그렇기는 하지만 구체적인 인물에 의해 이야기로 꾸민 철학이다. 이 책은 인간에 대한 인식의 수단으로 플로베르·제임스, 특히 프루스트를 다루며, 이들의 현존하는 문학작품에 의해 철학을 이야기로 꾸며 나간다.

東文選 現代新書 44,45

쾌락의 횡포

장 클로드 기유보

김웅권 옮김

　섹스는 생과 사의 중심에 놓인 최대의 화두 가운데 하나라고 할 수 있다. 성에 관한 엄청난 소란이 오늘날 민주적인 근대성이 침투한 곳이라면 아주 작은 구석까지 식민지처럼 지배하고 있는 것이다. 이제 성은 일상 생활을 '따라다니는 소음'이 되어 버렸다. 우리 시대는 문자 그대로 '그것' 밖에 이야기하지 않는다.

　문화가 발전하고 교육의 학습 과정이 길어지면 길어질수록 결혼 연령은 늦추어지고 자연 발생적 생식 능력과 성욕은 억제하도록 요구받게 되었지 않은가! 역사의 전진은 발정기로부터 해방된 인간을 금기와 상징 체계로부터의 해방으로, 다시 말해 '성의 해방'으로 이동시키며 오히려 반문화적 현상을 드러내고 있다. 저자는 이것이 서양에서 오늘날 일어나고 있는 현상이라고 말한다. 서양에서 60년대말에 폭발한 학생 혁명과 더불어 본격적으로 시작된 '성의 혁명'은 30년의 세월을 지나 이제 한계점에 도달해 위기를 맞고 있다. 성의 해방을 추구해 온 30년 여정이 결국은 자체 모순에 의해 인간을 섹스의 노예로 전락시키며 새로운 모색을 강요하고 있는 것이다. 인간은 '섹스의 횡포'에 굴복하고 말 것인가?

　과거도 미래도 거부하는 현재 중심주의적 섹스의 향연이 낳은 딜레마, 무자비한 거대 자본주의 시장이 성의 상품화를 통해 가속화시키는 그 딜레마를 어떻게 극복할 것인가? 저자는 역사 속에 나타난 다양한 큰 문화들을 고찰하고, 관련된 모든 학문들을 끌어들이면서 폭넓게 성 문제를 조명하고 있다.

東文選 現代新書 81

영원한 황홀

파스칼 브뤼크네르

김웅권 옮김

"당신은 행복해지기 위해 사는가?"

당신은 왜 사는가? 전통적으로 많이 들어온 유명한 답변 중 하나는 "행복해지기 위해서 산다"이다. 이때 '행복'은 우리에게 목표가 되고, 스트레스가 되며, 역설적으로 불행의 원천이 된다. 브뤼크네르는 그러한 '행복의 강박증'으로부터 당신을 치유하기 위해 이 책을 썼다. 프랑스의 전 언론이 기립박수에 가까운 찬사를 보낸 이 책은 사실상 석 달 가까이 베스트셀러 1위를 지켜내면서 프랑스를 '들었다 놓은' 철학 에세이이다.

"어떻게 지내십니까? 잘 지내시죠?"라고 묻는 인사말에도 상대에게 행복을 강제하는 이데올로기가 숨쉬고 있다. 당신은 행복을 숭배하고 있다. 그것은 서구 사회를 침윤하고 있는 집단적 마취제다. 당신은 인정해야 한다. 불행도 분명 삶의 뿌리다. 그 뿌리는 결코 뽑히지 않는다. 이것을 받아들일 때 당신은 '행복의 의무'로부터 해방될 것이고, 행복하지 않아도 부끄럽지 않게 될 것이다.

대신 저자는 자유롭고 개인적인 안락을 제안한다. '행복은 어렴풋이 접근해서 조용히 잡아야 하는 것'이다. 현대인들의 '저속한 허식'인 행복의 웅덩이로부터 당신 자신을 건져내라. 그때 '빛나지도 계속되지도 않는 것이 지닌 부드러움과 덧없음'이 당신을 따뜻이 안아 줄 것이다. 그곳에 영원한 만족감이 있다.

중세에서 현대까지 동서의 명현석학과 문호들을 풍부하게 인용하는 저자의 깊은 지식샘, 그리고 혀끝에 맛을 느끼게 해줄 듯 명징하게 떠오르는 탁월한 비유 문장들은 이 책을 오래오래 되읽고 싶은 욕심을 갖게 한다. 독자들께 권해 드린다. — 조선일보, 2001. 11. 3.

東文選 現代新書 96

근원적 열정

뤼스 이리가라이

박정오 옮김

　뤼스 이리가라이의 《근원적 열정》은 여성이 남성 연인을 향한 열정을 노래하는 독백 형식의 산문시로 이루어져 있다. 이 글에서는 여성이 담화의 주체로 등장하지만, 남성 중심으로 이루어진 현존하는 언어의 상징 체계와 사회 구조 안에서 여성의 열정과 그 표현은 용이하지도 자유로울 수도 없다.

　따라서 이리가라이는 연애 편지 형식을 빌려 와, 그 안에 달콤한 사랑 노래 대신 가부장제 안에서 남녀간의 진정한 결합이 왜 가능할 수 없는지를 역설적으로 보여 주려 애쓴다. 연애 편지 형식의 패러디는 기존의 남녀 관계에 의문을 제기하고 교란시키는 적절한 하나의 전략이 되고 있는 것이다.

　서구의 도덕적 코드가 성경 위에 세워지고, 신학이 확립되면서 여신 숭배와 주술은 주변으로 밀려났다. 이리가라이는 그 뒤 남성신이 홀로 그의 말과 의지대로 우주를 창조하고, 그의 아들에게 자연과 모든 피조물을 통치하게 하는 사고 체계가 형성되면서 여성성은 억압되었다고 지적한다. 또한 그녀는 남성신에서 출발한 부자 관계의 혈통처럼, 신성한 여신에게서 정체성을 발견하고 면면히 이어지는 모녀 관계의 확립이 비로소 동등한 남녀의 사랑과 결합을 가능케 해준다고 주장한다.

　이리가라이는 정신과 육체의 이분법적인 서구 철학의 분류에서 항상 하위 개념인 몸이나 촉각이 여성적인 것과 연관되어 있다는 점을 인식하고 타자로 밀려난 몸에 일찍부터 주목해 왔다. 따라서 《근원적 열정》은 여성 문화를 확립하는 일환으로 여성의 몸이 부르는 새로운 노래를 찾아나선 여정이자, 여성적 글쓰기의 실천 공간인 것이다.

東文選 現代新書 102

글렌 굴드, 피아노 솔로

미셸 슈나이더

이창실 옮김

캐나다 태생의 전설적인 피아니스트 글렌 굴드에 관한 전기

정상에 오른 32세 나이에 무대를 완전히 떠났으며, 결혼도 하지 않고, 50세라는 길지 않은 생을 살았던 천재적인 피아니스트 글렌 굴드에 관한 전기나 책들이 외국에서는 이미 많이 나왔으나 국내에는 처음으로 번역 소개되었다.

삐걱거리는 의자, 몸을 흔들며 끙끙대는 신음, 흥얼대는 노래, 다양한 음색, 질주하는 템포, 악보를 무시하는 해석, ……독특한 개성으로 많은 음악애호가들의 사랑을 받아 왔던 글렌 굴드의 무대 경력은 불과 9년에 불과했다. 30세가 되면 연주회를 그만두겠다고 밝힌 바 있었으며, 32세에 이를 실행하였다. 50세에는 녹음을 그만두겠다고 했다가 50세가 되던 다음 다음날 임종했다. 짧다면 짧고 단순하다면 단순하다고 할 수 있는 이 연주가에 대해 한 편의 전기를 쓰는 일이 결코 쉬운 일이 아니었을 것이나, 여기서 저자는 통상적인 전기물의 관례를 깨뜨린 채 인물의 내면으로 곧장 빠져 들어감으로써 보다 강렬한 진실을 열어 보이는, 예기치 못한 방법으로 그의 삶과 예술 세계를 조명하고 있다. 그리하여 그동안 그의 음악을 들어 오던 독자들로 하여금 평소에 생각했던 점들이 너무도 또렷한 언어들로 구현되고 있다는 느낌을 떨쳐 버릴 수 없도록 해주고 있다. 굴드의 연주에 대한 날카로운 분석은 물론 그런 연주와 밀접하게 얽혀 있는 한 삶에 대한 저자의 이해와 긴 명상에 동참하는 기쁨을 누리게 해준다.

東文選 現代新書 113

쥐비알

알렉상드르 자르댕

김남주 옮김

아버지의 유산, 우리들 가슴속엔 어떤 아버지가 자리하고 있는가?

정신적 지주였던 아버지에 관한 자전적 이야기인 이 작품은, 소설보다 더 소설적인 부자(父子)의 삶을 감동적으로 담아내고 있다. 자녀들에게 쥐비알이라는 애칭으로 불렸던 그의 아버지 파스칼 자르댕은 여러 편의 소설과 1백여 편의 시나리오를 남겼다. 그 또한 자신의 아버지, 그러니까 저자의 할아버지에 대한 소설 《노란 곱추》를 발표하였으며, 이 작품 또한 수년 전 한국에 소개된 바 있다. 하지만 자유 그 자체였던 그의 존재 이유는 무엇보다도 여자를 사랑하는 일에 있었다. 그의 진정한 일은 여인을 사랑하는 것이었다, 특히 자신의 아내를.

그는 열여섯의 나이에 아버지의 여자친구인 거대한 재산 상속녀의 침대로 기운차게 뛰어들어 그녀의 정부가 되었으며, 자신들의 관계를 기념하기 위해 베르사유궁의 프티 트리아농과 똑같은 저택을 짓게 하고 파티를 열어 그의 아버지를 초대하는가 하면, 창녀를 친구로 사귀어 몇 달 동안 하루도 거르지 않고 서너 차례씩 꽃다발을 보내어 관리인으로 하여금 그녀가 혹시 공주가 아닐까 하는 착각에 빠지게끔 만들기도 하였다. 그런가 하면 자신의 어머니의 절친한 연인의 해골과 뼈를 집 안에 들여다 놓고, 그것이 저 유명한 나폴레옹 외무상이었던 탈레랑의 뼈라고 능청스레 둘러대다가 탄로나서 집 안을 발칵 뒤집히게 하는 등, 기상천외한 기행과 사랑의 모험을 한순간도 멈추지 않았다. 심지어 죽어서까지 그의 영원한 연인이자 아내였던 저자의 어머니에게 끊임없이 무덤으로부터 열렬한 사랑의 편지가 배달되게 하는가 하면, 17년이 지난 오늘날까지 그의 아내를 포함하여 그를 사랑했던 30여 명의 여인들을 해마다 그가 죽은 날을 기해 성당에 모여 눈물을 흘리게 하여, 그가 죽음으로써 안도의 숨을 내쉬었던 그녀들의 남자들을 참담하게 만들기도 하였다. 스위스의 그의 무덤에는 하루도 빠짐없이 지금까지도 제비꽃 다발이 놓이고 있다.

東文選 現代新書 153

세계의 폭력

장 보드리야르 / 에드가 모랭
배영달 옮김

충격으로 표명된 최초의 논평 이후 2001년 9월 11일의 뉴욕 테러 사건을 어떻게 해석해야 할까? 미국 영토에서 발생한 테러리즘에 대한 이 눈길을 끄는 표현은 무엇을 의미하는 것일까?

아랍세계연구소에서 개최된 이 두 강연을 통해서, 장 보드리야르와 에드가 모랭은 이 사건을 '세계화'의 현재의 풍경 속에 다시 놓고 생각한다.

보드리야르의 관점에서 보면 쌍둥이 빌딩이라는 거만한 건축물은 쌍둥이 빌딩의 파괴와 무관하지 않으며, 금융의 힘과 승승장구하던 자유주의에 바쳐진 세계의 상징적 붕괴와 무관하지 않다. "극단적으로 말해서 테러리스들이 이 일을 저질렀지만, 그것은 우리가 원하는 바였다."고 그는 역설한다.

자신이 심사숙고한 중요한 주제들이 발견되는 한 텍스트를 통해, 에드가 모랭은 테러 행위를 가능하게 만들었던 역사적 조건들을 상기시키고, 나아가 다른 미래를 창조하기 위해 세계적인 자각에 호소한다.

이 두 강연은 현대 테러리즘의 의미와, 이 절대적 폭력이 탄생할 수 있는 세계의 상황을 이해하는 데 매우 중요한 것이 되고 있다.

東文選 文藝新書 295

에로티시즘을 즐기기 위한 100가지 기본 용어

장 클레 마르탱

김웅권 옮김

즐기면서 음미해야 할 본서는 각각의 용어가 에로티시즘을 설명하는 대신에 그것을 존재하게 하며, 느끼게 만들고, 떨리게 하는 그런 사랑의 여로를 구현시킨다. 에로티시즘을 이해하는 게 중요한 게 아니라 그것을 즐기고, 도취·유혹·매력·우아함 같은 것들로 구성된 에로티시즘의 미로 속에 들어가는 게 중요하다. 각각의 용어는 그 자체가 영혼의 전율이고, 바스락거림이며, 애무이고, 실천이나 쾌락의 실습이다. 극단적으로 살균된 비아그라보다는 아프로디테를 찬양해야 한다.

이 책은 들뢰즈 철학을 연구한 저자가 100개의 용어를 뽑아 문화적으로 전환된 유동적 리비도, 곧 에로티시즘과 접속시켜 고품격의 단상들을 생산해 내고 있다.

에로티시즘이 각각의 용어와 결합할 때 마법적 연금술이 작동하고, 이로부터 솟아오르는 스냅 사진 같은 정신의 편린들이 격조 높은 유희를 담아내면서 독자에게 다가온다. 한 철학자의 방대한 지적 스펙트럼 속에서 에로스와 사물들이 부딪쳐 일어나는 스파크들이 놀라운 관능적 쾌락을 뿌려내는 이 한 권의 책을 수준 높은 고급 독자에게 권한다. '텍스트의 즐거움'을 함께 나누고자 한다.

장 클레 마르탱은 프랑스의 철학자로서 활발한 저술 활동을 펴고 있으며, 저서로는 《변화들. 질 들뢰즈의 철학》(들뢰즈 서문 수록)과 《반 고흐. 사물들의 눈》 등이 있다.

東文選 文藝新書 206

문화 학습 — 실천적 입문

주디 자일스 / 팀 미들턴
장성희 옮김

이 책은 문화 연구의 핵심 개념들을 소개하는 개론서로, 특히 문화 연구라는 주제를 처음 접하는 사람들을 위해 쓰여졌다. 저자들이 선택한 독서들과 활동·논평들은 문화 연구의 장을 열어 주고, 문화지리학·젠더 스터디·문화 역사 분야에서의 새로운 작업을 결합시킨다.

제I부는 문화와 문화 연구에 대한 다양한 해석들에 관한 논의로 시작해서 정체성·재현·역사·장소와 공간에 대한 탐구로 이어진다. 제II부에서는 논의를 확장시켜서 고급 문화와 대중 문화, 주체성, 소비와 신기술을 포함한 좀더 복잡한 주제들을 소개한다. 제I부와 제II부 모두 추상적 개념들을 경험적 자료들에 적용시키는 방법과 문화 분석에 있어 여러 학제적 접근 방법의 중요성을 예시해 주는 사례 연구들로 끝을 맺는다.

중요 이론가들과 논평가들의 저서에서 발췌한 인용문들이 텍스트와 결합되어 학생들이 주요 관건들·이론들·논쟁들에 접근하도록 돕는다. 이 책 전반에 등장하는 연습과 활동은 독자들로 하여금 제시된 문제들을 분석적으로 생각하게 고무한다. 심화된 연구와 폭넓은 독서를 위해 서지·참고 문헌·권장 도서 목록을 함께 실었다.

이 책은 그 다양성을 통해 문화 연구에 관한 지속적인 관심과 이해의 초석이 될 것이다.

주디 자일스는 리폰 & 요크 세인트 존 칼리지에서 문화 연구·문학 연구·여성학을 강의하고 있으며, 팀 미들턴은 리폰 & 요크 세인트 존 칼리지에서 문학 연구와 문화 연구를 강의하고 있다.

東文選 文藝新書 211

토탈 스크린

장 보드리야르
배영달 옮김

우리 사회의 현상들을 날카로운 혜안으로 분석하는 보드리야르의 《토탈 스크린》은 최근 자신의 고유한 분석 대상이 된 가상(현실)·정보·테크놀러지·텔레비전에서 정치적 문제·폭력·테러리즘·인간 복제에 이르기까지 현대성의 다양한 특성들을 보여 준다. 특히 이 책에서 보드리야르는 오늘날 우리를 매혹하는 형태들인 폭력·테러리즘·정보 바이러스와 관련하여 기호와 이미지의 불가피한 흐름, 과도한 커뮤니케이션, 프로그래밍화된 정보를 분석한다. 왜냐하면 현대의 미디어·커뮤니케이션·정보는 이미지의 독성에 의해 증식되며, 바이러스성의 힘을 지니기 때문이다.

보드리야르는 현대성은 이미지의 독성과 더불어 폭력을 산출해 낸다고 말한다. 이러한 폭력은 정열과 본능에서보다는 스크린에서 생겨난다는 의미에서 가장된 폭력이다. 그리고 그것은 스크린과 미디어 속에 잠재해 있다. 사실 우리는 미디어의 폭력, 가상의 폭력에 저항할 수가 없다. 스크린·미디어·가상(현실)은 폭력의 형태로 도처에서 우리를 위협한다. 그러나 우리는 스크린 속으로, 가상의 이미지 속으로 들어간다. 우리는 기계의 가상 현실에 갇힌 인간이 된다. 이제 우리를 생각하는 것은 가상의 기계이다. 따라서 그는 "정보의 출현과 더불어 역사의 전개가 끝났고, 인공지능의 출현과 동시에 사유가 끝났다"고 말한다. 아마 그의 이러한 사유는 사유의 바른길과 옆길을 통해 새로운 사유의 길을 늘 모색하는 데서 비롯된 것일 터이다. 현대성에 대한 탁월한 통찰력을 보여 주는 보드리야르의 이 책은 우리에게 우리 사회의 현상들을 비판적으로 읽게 해줄 것이다.